湛若水著作選刊

聖學格物通

第三册

〔明〕湛若水／撰
戢斗勇　張永義／整理

上海古籍出版社

聖學格物通卷之五十二

正朝廷下

○漢桓帝延熹八年，李膺復拜司隸校尉。時小黄門張讓弟朔爲野王令，貪殘無道，畏膺威嚴，逃還京師，匿於兄家合柱中。膺知其狀，率吏卒破柱取朔，赴雒陽獄，受辭畢，即殺之。自此諸黄門常侍皆鞠躬屏氣，不敢出宫省。帝怪問其故，並叩頭泣曰：「畏李校尉。」時朝廷日亂，綱紀頽弛，而膺獨持風裁，以聲名自高，士有被其容接者，名爲登龍門云。

臣若水通曰：桓帝之時，朝廷不正甚矣，由權横猖獗、綱紀頽弛之所致也。李膺之威望，誅貪殘於合柱中，朝綱爲之一肅。然不旋踵黨禍興，朝綱至於掃地，豈非天哉。

○晉惠帝元康四年，司隸校尉傅咸上言：「貨賂流行，所宜深絶。」時朝政寬弛，權豪放恣，咸奏免河南尹澹等官，京師肅然。

臣若水通曰：晉惠以暗弱之資，行寬縱之政，朝綱大紊，堂陛頹毁矣。傅咸持風裁而京師肅然，朝廷一正。其弛其張，在人而已矣。傳曰：「不有君子，其能國乎？」

○晉成帝咸和元年，司徒王導稱疾不朝，而私送郄鑒。卞壼奏導虧法從私，無大臣之節，請免官。雖事寢不行，舉朝憚之。時貴游子弟多慕王澄、謝鯤爲放達，壼厲色於朝曰：「悖禮傷教，罪莫大焉，中朝傾覆，實由於此。」欲奏推之。

臣若水通曰：爲國以禮，禮者，國之楨榦也。故禮達而朝廷尊矣。晉之中朝頃覆，皆王、謝放棄禮法之疚也。然則後之人君欲正朝廷以立國者，舍禮何以哉？壼不畏强禦，言人之所不敢言，忠義之氣與日月争光矣。

○晉穆帝永和二年，都鄉文穆公何充有器局，臨朝正色，以社稷爲己任，所選用皆以功効，不私親舊。

臣若水通曰：朝廷以有人而尊也。晉室不綱，臣之不職矣。若何充者，其羣鳥之孤鳳歟！臨朝正色，社稷自任，選用功能，朝綱爲之一振，偉哉！

○晉穆帝升平四年，燕太原王恪雖綜大任，而朝廷之禮兢兢嚴謹，每事必與司徒評議之，未嘗專決。

臣若水通曰：朝廷之禮，率由權豪壞之也。慕容恪當國家危疑之秋，而能謹禮法，博詢公議，可謂能尊朝廷以安社稷矣。

○陳宣帝太建九年，梁主入朝于鄴。自秦兼天下，無朝覲之禮。至是始命有司草具其事，致積、致饔，設九儐、九介，受享於廟，三公、三孤、六卿致食、勞賓、還贄、致享，皆如古禮。

臣若水通曰：鄴，後周之都。周平齊，故梁朝於周也。積者，每積有牢禮米禾芻薪也。饔者，腥牲也。五代志曰：梁王之朝周，入畿，大冢宰命有司致積，其饔五牢，米九十筥，醯、醢各三十五甕，酒十八壺，米禾各五十車，薪芻各百車。既至，大司空設九儐以致館。梁王束帛乘馬，設九介以待之，禮成而出。明日王朝，受享於廟。既致享，大冢宰又命公一人玄冕乘車，陳九儐以束帛乘馬，致食于賓及賓之從各有差。致食訖，又命公一人弁服乘車執贄，設九儐以勞賓，王設九介迎於門外。明日，朝服乘車，還贄于公，公皮弁迎于大門授贄。授贄，並於堂之中楹。又明日，王朝服，設九介，乘車以見于公。事畢，公致享。明日，三孤一人又執贄，勞於梁王。明日，王還贄。又明日，王見三孤，如三公。明日，卿一人又執贄勞王，王見卿又如三孤。於是三公、三孤、六卿，又各餼賓並屬官之長，爲使牢米束帛同三公。臣謂君臣之相覲，古之制也。封建廢，而朝覲之禮亡矣。周主因梁之朝，慨然復古禮之盛，其亦曠世之一快覩也。周之朝廷，於是益尊矣。

○唐太宗貞觀十年，魏王泰有寵於上，或言三品以上多輕視魏王。上怒，引三品以上，作色讓之曰：「隋文帝時，一品以下皆爲諸王所顛躓，彼豈非天子兒邪？朕但不聽諸子縱橫爾。聞三品以上皆輕之，我若縱之，豈不能折辱公輩乎？」房玄齡等皆惶懼流汗拜謝。魏徵獨正色曰：「臣竊計當今羣臣必無敢輕魏王者。在禮，臣子一也。春秋：『王人雖微，序於諸侯之上。』三品以上皆公卿，陛下所尊禮。若紀綱大壞，固所不論。聖明在上，魏王必無頓辱羣臣之理。隋文帝驕其諸子，使多行無禮，卒皆夷滅，又足法乎？」上悅曰：「理到之語，不得不服。朕以私愛忘公義，曏者之忿，自謂不疑，及聞徵言，方知理屈。人主發言，何得容易乎。」

臣若水通曰：朝綱之弛，自親貴始也。太宗愛寵魏王而怒及羣臣，朝廷不正之漸矣。向徵魏徵引春秋倡大義、尊王人、振朝綱，則貞觀之治不足觀也已。傳曰「體統正而朝廷尊」，其斯之謂乎。

○唐太宗貞觀十四年十二月，言事者多請帝親覽表奏，以防壅蔽。帝以問魏徵，對曰：「斯人不知大體，必使陛下一一親之，豈唯廟堂，州縣之事亦當親之矣。」

臣若水通曰：先正有言，論治者貴識體。所謂體者，朝廷上下之禮也。元首明，股肱良，則庶事康，是之謂朝廷正矣。元首叢脞，股肱惰，則萬事隳，是之謂朝廷不正矣。魏徵一言，而太宗乃悟，此其所以成貞觀之治也歟。

○唐太宗貞觀十五年，帝嘗臨朝謂侍臣曰：「朕爲天子，常兼將相之事。」給事中張行成退而上書，以爲：「禹不矜伐，而天下莫與之争。陛下撥亂反正，羣臣誠不足望清光，然不必臨朝言之。以萬乘之尊，乃與羣臣校功争能，臣竊爲陛下不取。」帝甚善之。

臣若水通曰：人主之責在任將相，將相得而朝廷尊矣。太宗以天子之尊，乃欲兼行將相之事，而猶矜己以誇人，與羣臣校功争能矣，自卑孰甚焉。張行成一言而朝廷之體尊，其亦得尊主之道者歟。

○唐肅宗至德元載，塞上精兵皆選入討賊，惟餘老弱守邊，文武官不滿三十人，披草萊，立朝廷，制度草創，武人驕慢，大將管崇嗣在朝堂背闕而坐，言笑自若。時監察御史李勉奏彈之，繫於有司，上特原之，歎曰：「吾有李勉，朝廷始尊。」

臣若水通曰：武臣驕慢，背闕坐笑，是不知有朝廷之尊矣。御史李勉聲其罪，以正體統，而朝廷始尊，此肅宗之所以歸功於勉也。雖然，人君不能自尊，而賴臣下以尊之，亦可悲矣。然則自尊之道，在正心以正朝廷，君人者不可不知。

○唐穆宗長慶元年冬十月，裴度上表，極陳朋比姦蠹之狀。以爲逆豎構亂，震驚山東，姦臣作朋，撓敗國政，陛下欲掃蕩幽鎮，先宜肅清朝廷。

臣若水通曰：先正有言：朝廷者，天下之本。未有朝廷不正，而可以正天下者也。裴度謂陛下欲掃蕩幽鎮，先宜肅清朝廷，可謂得正朝廷以正百官之體矣。有天下者，其知所務哉。

○唐文宗太和二年春三月己卯，上親策制舉人賢良方正。昌平劉蕡對策，其畧曰：「陛下將杜篡弒之漸，則居正位而近正人，遠刀鋸之賤，親骨鯁之直，輔相得以專其任，庶職得以守其官。奈何以褻近五六人，總天下之大政，禍稔蕭墻，姦生帷幄。臣恐曹節、侯覽復生於今日。」又曰：「威柄陵夷，藩臣跋扈，或有不達人臣之節。首亂者以安君爲名，不究春秋之微，稱兵者以逐惡爲義，則政刑不由乎天子，征伐必自於諸侯。」

臣若水通曰：唐之季葉，内竪弑立，藩臣稱兵，始於朝廷之不正，而紀綱廢壞也。劉蕡以布衣發憤，一言切中時病，可以爲社稷之臣矣，乃棄而不取，胡寅所謂逵天理逆人心者是也，何以爲朝廷哉。

○後唐明宗天成二年，吴馬軍都指揮使柴再用戎服入朝，御史彈之，再用恃功不服。侍中徐知誥陽於便殿誤通起居，退而自劾，吴王優詔不問，知誥固請奪一月俸，由是中外肅然。

臣若水通曰：五代之世，人臣恃功驕恣者，良由朝廷不正，而紀綱法度之不立爾。知誥自劾，而中外肅然，所謂朝廷正而百官萬民莫敢不正矣。

○陸贄奏議曰：風化之大，禮讓爲先；禮讓之行，朝廷爲首。朝廷者，萬方之所宗仰，羣士之所楷範，觀而效焉，必有甚者。是以朝廷好禮，則俗尚恭敬；朝廷尊讓，則時耻貪競。朝廷有失容之慢，則凌暴之弊播于人；朝廷有動色之争，則攻鬭之禍流于下。聖王知其然也，故選建賢德以爲公卿，使人具瞻，不諭而化。

臣若水通曰：朝廷四方之極，不可以不正也。故體統正而朝廷尊，天下化服。以德宗之猜疑，則朝廷何由而崇尊？百官何由而承式？諸侯固將以解體，四方由之而起釁，禮讓風化之効，胡可得也？贄之言，德宗不能用，至今而始驗也，惜哉。

○宋神宗熙寧三年，文彦博久居樞密，以王安石多變舊典，言于神宗曰：「朝廷行事，務合人心，宜兼采衆論，以静重爲先。陛下勵精求治，而人心未安，蓋更張之過也。」

臣若水通曰：鎮之以静重，兼之於衆論，協之於人心，則朝廷正矣。朝廷正，則政出於一而天下治矣。文彦博老成忠厚之論，足以破紛更亂政之惑矣。惜乎神宗之心溺於功利之説，而不知大不利者在朝廷爾。

○宋哲宗元祐六年二月，以劉摯爲尚書右僕射兼中書侍郎，蘇轍爲尚書右丞，王巖叟簽書樞密院事。轍除命既下，右司諫楊康國奏曰：「轍之兄弟謂其無文學則非也，蹈道則未也。其學乃學爲儀、秦者也，其文率務馳騁，好作爲，縱横捭闔，無安静理。陛下若悦蘇轍文學而用之不疑，是又用一安石也。轍以文學自負而剛狠好勝，則與安石無異。」不報。巖叟居言職五年，正諫無隱。及拜簽樞密，謝，因進曰：「太后聽政以來，納諫從善，務合人心，所以朝廷清明，天下安靜。願信之勿疑，守之勿失。」復進言於帝曰：「陛下今日聖學，當深辨邪正，正人在朝則朝廷安，邪人一進便有不安之象。非謂一夫能然，蓋其類應之者衆，上下蒙蔽，不覺養成禍胎爾。」又曰：「或聞有以君子小人參用之説告陛下者，不知果有之否？此乃深誤陛下也。自古君子小人無參用之理，聖人但云君子在内，小人在外，則泰；君子在外，小人在内，則否。小人既進，君子必引類而去。若君子與小人競進，則危亡之基也。」兩宮深然之。

臣若水通曰：朝廷之正不正，由於用人之邪正爾。故一蘇轍立朝則朝廷不正，何也？不正之類將從之也。一王巖叟立朝則朝廷正，何也？正人之類將從之也。所謂正不正之分，豈有他哉，於心術焉見之也。四凶之於十六相，其才華孰能辨之哉？後之人主欲尊朝廷者，當慎於邪正之擇，而勿貪人之文采焉可也。

○宋儒程頤上英宗書云：朝廷紀綱汗漫離散，莫可總攝。本源如此，治將安出？

臣若水通曰：朝廷之正，在紀綱而已矣。紀綱者何？君臣父子是也。禮曰：「聖人作爲君臣父子，以爲紀綱。紀綱既正，天下自定。」是故紀綱壞，不足以言朝廷矣。程頤此言，誠知治國家天下之大要也，爲人君者其慎之哉。

○范祖禹曰：朝廷者，四方之極也。非至公無以絶天下之私，非至正無以止天下之邪。人君一不正其心，則無以正萬事。苟以術御下，是自行詐也，何以禁臣下之欺乎？是以術行而欺愈多，知用而心愈勞。蓋以詐勝詐，未有能相一者也。

臣若水通曰：朝廷何以爲四方之極也？四方之所取正焉者也，故在公正而已矣。人君之道，如天運於上，一正以勝百邪，一公以絶天下之私。故孟子曰：「君正莫不正。」苟以詐術御下，已自不正矣，何以正朝廷而示天下之正乎？

○朱熹曰：發號施令，羣聽不疑。進賢退奸，衆志咸服。紀綱得以振肅而無侵撓之患，政事得以脩明而無阿私之失。此所以朝廷百官、六軍萬民無敢不出於正，而治道畢矣。

臣若水通曰：朱熹之言，蓋本於董仲舒正朝廷以正百官萬民之意，然非無其本也，其要係於君心焉而已爾。君心正，則萬化隨之。然其所以得此心之正者，豈有他哉，敬而已矣。敬則天理日明，人欲日消，而凡施爲注措，皆當於義而無愆也。太平之治，豈不可坐而致哉。

○國朝禮部奏定百官常朝班次及奏事等禮儀，太祖皇帝謂中書省臣曰：「朝廷之禮，所以辨上下、正名分，不以賤加貴，不以卑踰尊，百官在列，班序有倫，奏對雍容，不失其度。非惟朝廷之尊，抑亦天下四方瞻仰所在也。今文武百官朝參奏事，有未閑禮儀者，是禮法不嚴於殿陛，何以肅朝廷乎？自今凡新任官及諸武臣禮儀有不閑習者，令侍儀司官日於午門外演習之。且命御史二人監視，有不如儀者糾舉之，百官入朝失儀者亦糾舉如律。」

臣若水通曰：朝廷之禮主於嚴，君臣之分主於敬。若無嚴敬，則上下不辨，名分不正，豈足以謂之朝廷哉？豈足以成天下之治、正天下之民哉？伏覩我聖祖諭中書省臣之言，可謂能正心以正朝廷矣。臣願聖明法祖以正朝廷、以正百官萬民，而天下正矣。

○諸司職掌：朝儀，凡朝班序立，公侯序于文武班首，次駙馬，次伯，自一品以下各照品級，文東武西，依次序立。風憲糾儀官居下朝北，紀事官居文武第一班之後，稍近上，便於觀聽，不許攙越。如有事奏，須要從班末行至御前跪奏，不許於班內橫過。奏畢，即便入班序立。

臣若水通曰：朝廷，禮法之所在，朝儀不肅則禮法隳矣。故必有拜立之節、劾奏之儀，夫然後上下之間截然名分之不易，而禮法行矣。禮法行，而朝廷焉有不正者哉。

○禮儀定式：凡朝參遇有聖諭教誡，須當專心致意，拱聽分明，即便省身克己，不許放肆，馳心外想。

臣若水通曰：臣子對君之言，當尊之如天，而不可少忽也。是故專心致意，誠也；拱聽，恭也；省身克己，敬也；戒放肆馳心，立信也。誠敬恭信，所以尊君如尊天以尊朝廷也，朝廷尊則莫不出於正矣。

○永樂二年十一月，刑部尚書鄭賜等奏，奉天征討官有以罪繫獄者，請論功定議。太宗皇帝曰：「朝廷大公至正之道，有功則賞，有過則刑。刑賞者，治天下之大法，不以功掩過，不以私廢公。此輩征討之功，既酬以爵賞矣，今有犯而不罪，是縱惡也。縱惡何以治天下？其論如律。」

臣若水通曰：刑賞者，朝廷之大法也。所以爲朝廷者，以其有刑賞之正也。刑賞廢、紀綱弛，焉足以爲朝廷哉？伏覩太宗文皇帝諭鄭賜之言，朝廷大公至正之道，不以功而可廢矣。仰惟聖明法祖圖治，公道大行，私恩盡黜，則帝王之治可致矣。

○憲綱：凡有朝會，行禮失儀，聽糾儀御史舉劾。常朝官奏事，理有未當及失儀者，聽侍班御史并給事中劾奏，依律罰俸。

臣若水通曰：朝廷以禮而尊也，故叔孫制禮而漢尊，李勉一言而唐尊，李綱一入而宋尊，非禮儀不足以肅之也。然欲使朝廷之尊，豈徒聲音笑貌爲之哉？盍亦反其本矣。

聖學格物通卷之五十三

正百官上

○書虞書舜典：輯五瑞，既月，乃日，覲四岳群牧，班瑞于群后。

臣若水通曰：此舜見諸侯來朝之事也。史臣言舜初政之時，輯斂五等瑞信，以徵五等之諸侯。五瑞，謂天子始封諸侯所錫之珪。公桓珪，侯信珪，伯躬珪，子穀璧，男蒲璧，五等。其珪頭斜鋭，以合符於天子。冒珪之刻小大、長短、廣狹之度，以驗其信否者也。既，盡也。〔盡〕〔一〕此正月四方諸侯有至者，如四岳爲四方之諸侯，群牧爲九州之牧伯，則日日覲見之，蓋欲以少接得盡其詢察禮意。既見之後，則又須還其瑞，以與天下正始也。夫不徒徵之，而日日見之，然後還其瑞焉。見之，所以通其意也；頒之，所以新其始也。孚上下之情，同道德之化，聖人所以治天下如此。今之布政、郡、州，古之諸侯也。明主欲同天下之化，必因其來朝召見詢之，然後心志可一，而治化可行也。

〇舜典：帝曰：「咨！汝二十有二人，欽哉！惟時亮天功。」

臣若水通曰：此帝舜總命羣臣之言。咨，嗟嘆而告四岳九官十二牧，爾二十有二人，不可不欽敬爾職，以明亮天之事也。孔子告哀公問政曰：「爲政在人。」夫政由人生者也，今觀帝舜之初治，拳拳於羣臣，既分命之，又總告之，其丁寧諄復如此，成有虞之盛治，由此故也。伏望聖明留心於用人，以追唐虞之治，幸甚。

〇臯陶謨：無曠庶官，天工人其代之。

臣若水通曰：此臯陶陳知人之謨於帝舜也。蔡沈曰：「曠，廢也。言不可用非才，而使庶官曠廢厥職也。天工，天之工也。人君代天理物，庶官所治，無非天事。苟一職之或曠，則天工廢矣，可不深戒哉。」然則廢人職且不可也，而至於廢天工焉，可乎？

〇商書仲虺之誥：佑賢輔德，顯忠遂良，兼弱攻昧，取亂侮亡，推亡固存，邦乃其昌。

臣若水通曰：此仲虺以正臣下之道告成湯也。蔡沈曰：「諸侯之賢德者，佑之輔之；忠良者，顯之遂之，所以善善也。諸侯之弱者兼之，昧者攻之，亂者取之，亡者傷之，所以惡惡也。推亡者，兼攻取侮也；固存者，佑輔顯遂也。推彼之所以亡，固我之所以存，邦國乃其昌矣。」臣謂不但諸侯，由諸侯以至於羣臣，皆當如此，則害治者去而輔治者安，而治可幾矣。舜誅四凶，命十六相，天下無爲而治。可見爲治之道非有他，惟進賢退不肖爾。然則賢愚同混而不亂者，未之有也，惟聖明留意焉。

○周書洪範：人之有能有爲，使羞其行，而邦其昌。凡厥正人，既富方穀。

臣若水通曰：此箕子衍皇極之疇，言造就羣臣之道也。人，有位之人也。有能有爲，謂有才幹者。羞，進也。昌，盛也。正人者，在官之人也。富，禄之也。穀，善也。有能有爲者，不進於行則德不勝才，非吉士也，故必使之進其行焉。行者德之實事，才之本也。如此不惟有以擴充其才，且有德以將之，不至恃才妄作矣。由是官使皆賢才，而邦國有不昌盛矣乎？夫在官之人有禄可仰，斯可責其爲善而羞行也。否則，雖欲進行，其可得乎？

○周官：六卿分職，各率其屬，以倡九牧，阜成兆民。

臣若水通曰：此成王訓迪六卿之言也。六卿者，冢宰、司徒、宗伯、司馬、司寇、司空也。屬者，每卿六十屬，六卿三百六十屬也。倡，亦率也。九牧者，九州之牧伯也。阜，厚也。成，化也。言六卿各分其職，不相侵奪，各倡其屬，勤供職事，以爲九牧之倡。政治明，教化洽，使兆民之衆，莫不阜厚而化成也。夫朝廷百官乃萬邦之表率也，百官正則萬邦正矣；萬邦正，則兆民安矣。然欲正百官者，又在人君正心始也。

○詩小雅巧言：亂之初生，僭始既涵。亂之又生，君子信讒。君子如怒，亂庶遄沮。君子如祉，亂庶遄已。

臣若水通曰：此詩乃大夫傷讒之所作也。言亂之所以生者，由讒人以不信之言始入，而王涵容不察其真僞也。亂之又生者，則既信其讒言而用之矣。君子見讒人之言，惡之如怒，則亂庶幾遄沮矣。見賢者之言，喜之如祉，則亂庶幾遄已矣。若夫忠讒莫辨，善惡不分，則百官何由而正哉？人主欲正百官，必明善惡之歸，鑒忠讒之别，在正其一心而已；正其心，在正其喜怒而已。喜怒者發於君心，而小人最易於窺伺，一或不正，則讒邪得入，亂之所由生也，百官安得正乎？

○禮記王制曰：千里之外設方伯。五國以爲屬，屬有長。十國以爲連，連有帥。三十國以爲卒，卒有正。二百一十國以爲州，州有伯。八州，八伯、五十六正、百六十八帥、三百三十六長。八伯各以其屬，屬於天子之老二人，分天下以爲左右，曰二伯。

臣若水通曰：屬、連、卒、州，以大小異其名，皆聚之意也。長、帥、正、伯，亦以大小而異其官也。凡此皆因賢侯爲之統於外者也，二伯統於内者也。所謂自陝以東，周公主之；自陝以西，召公主之者也。陳澔曰：「八伯爲八州之伯，二伯爲天下之伯也。」内外相承，而體統立矣。

○王制曰：天子三公、九卿、二十七大夫、八十一元士。大國三卿，皆命於天子，下大夫五人，上士二十七人。次國三卿，二卿命於天子，一卿命於其君，下大夫五人，上士二十七人。小國二卿，皆命於其君，下大夫五人，上士二十七人。

臣若水通曰：三公，師、保、傅也，象三光也，取數於陽也。卿、大夫、元士之數，三倍之也，所以備陽道之用也。次國二卿，命於天子，殺於大國也。小國二卿，皆命於其君，殺於次國也。卿、大夫、士之數皆奇也，取數於陽也，佐其君以陽道治人者也，生育之義也。

○王制曰：制三公，一命卷，若有加則賜也，不過九命。次國之君不過七命，小國之君不過五命。大國之卿不過三命，下卿再命。小國之卿與下大夫一命。

臣若水通曰：制三公，三公命服之制也。卷與衮同，有降龍無升龍也。有加則賜者，三公若加一命，與王者之後同，故賜衮也。不過九命者，孔穎達曰：「三公八命，身着鷩冕，若加一命，則爲上公，而着衮冕。」九，旒服九章也。加，賜制特數也。不過九，示定制也。次國之君，謂侯、伯也，及天子之卿出封者，皆七命，服七章七旒之鷩冕也。小國之君，謂子、男也，及天子之大夫出封者，皆五命，服五章五旒之毳冕也。是故制其命數，而官爵之禮著矣。

○坊記：子云：「制國不過千乘，都城不過百雉，家富不過百乘。以此防民，諸侯猶有畔者。」

臣若水通曰：千乘之國，諸侯之國也。都城，卿大夫都邑之城也。家富，卿大夫之富也。夫名分者，人君所以御臣之柄。是故大夫而僭卿，則卿可僭諸侯，諸侯可僭天王，天下之亂，何時而已乎？古之明王聖帝，防微於其漸，故服采以章之，爵位以辨之。名分正則百官正而天下定矣。於乎，寵禄之過其分，而弗致三家、六卿之黨者，臣未之聞也。吁！可不懼哉。

○表記：子曰：「邇臣守和，宰正百官，大臣慮四方。」

臣若水通曰：邇臣，近君者也，故欲其守和。蓋過於和則流而爲同，不及於和則過而爲亢。是故知剛知柔、納約自牖者，可以語守和之道矣。宰者，太宰之官，掌建邦之六典，故以正百官，使不越其分，不曠其職，而百官正矣。大臣，二伯、六卿也，爵位既重，故慮四方，先天下之憂而憂，後天下之樂而樂，自不容已矣。邇臣、太宰、大臣各脩其職，此朝廷所以無不正之官乎。

○周禮天官：以八柄詔王馭羣臣。一曰爵，以馭其貴；二曰禄，以馭其富；三曰予，以馭其幸；四曰置，以馭其行；五曰生，以馭其福；六曰奪，以馭其貧；七曰廢，以馭其罪；八曰誅，以馭其過。

臣若水通曰：正百官者，當審其馭之之法。無法以馭之則亂，亂則庶事隳矣。是故有爵以貴之，有禄以富之，有予以幸之，有置以行之，有生以福之，有奪以貧之，有廢以罪之，有誅以過之。八者之柄操，而後羣臣之職正。故書曰：「臣無有作福作威玉食。」故爲人主，臨莅百官之上，在攬其威福予奪之柄而後可。

○天官：以官府之六叙正羣吏。一曰以叙正其位，二曰以叙進其治，三曰以叙作其事，四曰以叙制其食，五曰以叙受其會，六曰以叙聽其情。

臣若水通曰：叙秩次，乃一尊一卑之不容紊者也。其曰以官府之六叙正羣吏者，何哉？蓋位有貴賤，治有大小，事有先後，食有多寡，會有詳畧，情有好惡，其分之殊，誠不容以弗辨者也。以此六叙而正之，則莫不一於正矣。其於董正治官，何難之有哉？

○太宰之職掌建邦之六典，以佐王治邦國。一曰治典，以經邦國，以治官府，以紀萬民。二曰教典，以安邦國，以教官府，以擾萬民。三曰禮典，以和邦國，以統百官，以諧萬民。四曰政典，以平邦國，以正百官，以均萬民。五曰刑典，以詰邦國，以刑百官，以糾萬民。六曰事典，以富邦國，以任百官，以生萬民。

臣若水通曰：擾猶馴也，統猶會也，詰猶禁也，任猶使也，生猶養也。天官冢宰之職統百官，是故大司徒以下之官，於此亦正焉。冢宰建立六者典常之法，以佐王之治。冢宰掌邦治，故一曰治典，其曰經、曰治、曰紀，皆其職也。司徒掌邦教，故二曰教典，其曰安、曰教、曰擾，皆其職也。宗伯掌邦禮，故三曰禮典。司馬掌邦政，故四曰政典。司寇掌邦禁，故五曰刑典。司空掌邦事，故六曰事典。其自曰和邦國以下，曰統、曰諧也，曰平、曰正、曰均也，曰詰、曰刑、曰糾也，曰富、曰任、曰生也，皆各以其職也。是故六典舉而六官正矣。

○大宰〔二〕：以八法治官府。一曰官屬，以舉邦治。二曰官職，以辨邦治。三曰官聯，以會官治。四曰官常，以聽官治。五曰官成，以經邦治。六曰官法，以正邦治。七曰官刑，以糾邦治。八曰官計，以弊邦治。

臣若水通曰：府者，百官所居也。糾，察也。弊，斷也。官屬者，六官各有屬也。屬各六十，故以舉邦治也。官職者，六官各有職也。職各有別，故以辨邦治也。官聯者，衆官共舉之，而後事得會合，故曰會也。官常者，非連事通職而各自聽治之，故曰聽也。官成者，官有成事品式，依而行之，以經紀邦治也。官法者，當職所主之法度，將此以正邦之政治也。官刑者，官中之刑也。官計者，平治官府之計也。是故八法脩而百官無不正矣。

○國語魯語：叔孫穆子曰：「天子有虎賁，習武訓也；諸侯有旅賁，禦災害也；大夫有貳車，備承事也；士有陪乘，告奔走也。」

臣若水通曰：訓，教也。虎賁掌先後，王而趨舍則守，王閑在國則守宫門，所以習武教者也。旅賁掌戈盾，夾車而趨，車止則持輪，所以備非常、禁災害也。貳，副也。陪，重也。奔走，使令也。夫自天子以至百官，尊卑之分森若堂陛然。是故有虎賁之臣，有旅賁之士，有貳車之御，有陪乘之徒，上下有章，不可以毫髮僭差也。文、武、周公之道不衰，周官之法行，則楚公子圍以大夫而干諸侯之服者，罪不容誅矣。

○漢順帝漢安元年八月，遣侍中杜喬、周舉，守光禄大夫周栩、馮羡、魏郡欒巴、張綱、郭遵、劉班，分行州郡，表賢良，顯忠勤。其貪污有罪者，刺史、二千石驛馬上之，墨綬以下便輒收舉。喬等受命之部，張綱獨埋其車輪於雒陽都亭，曰：「豺狼當路，安問狐狸！」遂劾奏大將軍冀、河南尹不疑，以外戚蒙恩，居阿衡之任，而專肆貪叨，縱恣無極，以害忠良。謹條其無君之心十五事，斯皆臣子所切齒者也。書御，京師震竦。

臣若水通曰：激濁揚清，人主所以振肅百僚也。順帝遣八使分行州郡，表賢懲貪，可謂知務矣。張綱獨埋輪於都亭，慨然有芟鋤罪魁之志，遂劾梁冀之惡。夫冀無忌憚，甚至殺賢臣、弑幼君，釋此不問，惡在其爲激濁揚清、振肅百僚也哉？

○漢桓帝延熹二年，以大司農黄瓊爲太尉。是時新誅梁冀，天下想望異政。瓊首居公位，乃舉奏州郡素行貪污至死徙者十餘人，海内翕然稱之。瓊辟汝南范滂，滂少勵清節，爲州里所服。嘗爲清詔使，案察冀州，滂登車攬轡，慨然有澄清天下之志，守令贓污者皆望風解印綬去。

臣若水通曰：人之恒情，必有所懲而後有所勸。故舜誅四凶，而天下咸服。故正百官者，在慎勸懲而已。黄瓊首居公位，力去奸貪，而海内翕然。范滂案察冀州，有志澄清，贓吏解去，肅僚貞度。君子於二臣有取焉。

○晋武帝太康五年，劉毅上疏曰：「今立中正定九品，高下任意，榮辱在手，操人主之威福，奪天朝之權勢，公無考校之負，私無告訐之忌，用心百態，營求萬端，廉讓之風滅，爭訟之俗成。臣竊爲聖朝耻之。」

臣若水通曰：唐虞取士，惟賢惟能；成周取士，鄉舉里選。是以官必稱任，士無倖進，風動咸寧，此其由也。自後漢立四科，去古未遠。魏承漢統，立中正之官，定九品之制，用人之法始弊矣。晉踵其失，是以官無純德，朝多弊政，此劉毅所以懇切爲晉武言也。惜乎晉武非大有爲之君，不能更張以新治化，遷延不振，晉因以亡。後之有天下者，宜可以鑒矣。至於身言書判之法立，年格詩賦之制興，上既以言而求人，下皆以言而進用。是以凡庸者或得以伸於上，純德者或反以屈於下。遂使賢能之典、舉選之制，不見於後世矣。嗚呼，惜哉！

○晉武帝太康十年，劉頌上疏曰：「古者六卿分職，冢宰爲師。秦漢以來，九列執事，丞相都總。今尚書制斷，諸卿奉成，於古制爲太重。可出衆事付外寺，使得專之；尚書統領大綱，若丞相之爲，歲終課功，校簿當罰而已，斯亦可矣。」

臣若水通曰：成周公、孤之任，論道燮理，弘化寅亮，六卿分職，率屬阜成兆民，未嘗以相侵奪也。後世宰輔，下侵衆職，此百官之所以不正，而作威作福之禍興也。劉頌之言，豈不信哉。

○晉孝武太元十四年，徐邈與范甯書曰：「足下慎選綱紀，必得國士〔三〕以攝諸曹，諸曹皆得良吏以掌文案，又擇公方之人以爲監司，則清濁能否，與事而明。足下但平心處之，何取于耳目哉。」

臣若水通曰：上下大小，體統不紊，而後百官得其正。故君擇相，相擇六曹，六曹統監司，監司統庶僚，如綱之有紀。故得一正人，則用無非正人，百官正而萬事理矣。徐邈之言，可謂知要哉。

○晉懷帝永嘉二年。尚書令楊褒好直言。成主雄初得蜀，用度不足，諸將有以獻金銀得官者。褒諫曰：「陛下設官爵，當網羅天下英豪，何有以官買金邪？」雄謝之。

臣若水通曰：設官所以爲民，設爵所以待官也。故重其爵，所以重其官也；重其官，所以重其民也。自輸粟拜爵之制啓，而爵始輕。爵輕而官不重，何以望其有以澤乎民哉？故上進之以義，則下之進也以義。故百官正，下懷義以報其上，然而不王者，未之有也。上進之以利，則下之進也以利。故百官不正，下以利而事其上，然而不亡者，未之有也。

○梁武帝天監元年癸酉，詔：「公車府謗木、肺石傍，各置一函。若肉食莫言，欲有橫議，投謗木函；若以功勞才器，寃沈莫達，投肺石函。」上身服浣濯之衣，常膳惟以菜蔬。每簡長吏，務選廉平，皆召見於前，勗以政道。擢尚書殿中郎到溉爲建安内史，左户侍郎劉鬷爲晉安太守，二人皆以廉潔著稱。溉，彦之曾孫也。

又著令：「小縣令有能，遷大縣。大縣有能，遷二千石。」以山陰令丘仲孚爲長沙内史，武康令東海何遠爲宣城太守。由是廉能莫不知勸。

臣若水通曰：正萬民必本於正百官，正百官必本於正朝廷，而正其心始也。夫正心者，聖學之要也。孟子曰：「我亦欲正人心、息邪説。」梁武帝立謗木、肺石，通下情也。詳於擇守，知先務也。通下情、急先務，宜乎百官正而萬民正矣。然而不免海内之亂者，何哉？武帝好尚佛教，心術之邪〔故〕〔四〕也。人君其慎於擇術哉。

○魏太師宇文泰始作九命之典，以叙内外官爵，改流外品爲九秩。

臣若水通曰：書曰：「不惟其官，惟其人。」魏以九命設官，其爵禄之差等辨矣。然居之者，人也。辨其官而不辨其人，則高墉之集、鼫鼠之羞，其召亂必矣。故以德而定爵，以能而授官，則賢者在位，能者在職，豈非天下有道之隆邪？操用舍之權者，慎之哉。

○隋治書侍御史趙郡李諤上書曰：「士大夫矜伐干進，無復廉耻。乞明加罪黜，以懲風軌。」

臣若水通曰：書曰「爾惟風，下民惟草」，故正民者先正百官也。又曰「爾身克正，罔敢弗正」，故欲正百官者先正君身也。李諤欲抑干進、勵廉耻，可謂救時之弊矣。然徒欲正其末〔五〕，而不知先正其本，未見其能正也已。是故人君欲知正百官之道者，則盍反其本矣。

校記：

〔一〕「盡」，據嘉靖本補。

〔二〕「大宰」，嘉靖本作「天官」。

〔三〕「士」，原作「事」，難通，按資治通鑑晉紀二十九太元十四年條作「士」，據改。

〔四〕「故」，據嘉靖本補。

〔五〕「末」，原作「未」，據文意改。

聖學格物通卷之五十四

正百官下

○唐高祖武德七年三月，初定令。以太尉、司徒、司空爲三公，次尚書、門下、中書、秘書、殿中、内侍爲六省，次御史臺，次太常至太府爲九寺，次將作監，次國子學，次天策上將府，次左、右衛至左、右領衛爲十四衛；東宮置三師、三少、詹事及兩坊、三寺、十率府；王公置府佐、國官，公主置邑司，並爲京職事官。州、縣、鎮、戍爲外職事官。自開府儀同三司至將仕郎，二十八階，爲文散官；驃騎大將軍至陪戎副尉，三十一階，爲武散官；上柱國至武騎尉，十二等，爲勳官。

臣若水通曰：所謂正百官者，非特具其位也，正其人也。唐之設官，内外文武，名位兼備矣。而治不古若者，豈其名職之咎邪？書曰：「官不必備，惟其人。」非其人而官之，猶無官也。不慎於擇人，而詳於設官，未見其能治者也。故漢有良吏之稱，唐則無之；唐有藩鎮之禍，漢則無之，官其可以徒設耶？今天下之官，大率取法周官，可謂具備矣。求其人以充之，克知三有宅心，灼見三有俊心，如周之取人者，惟君相在焉。

○唐太宗貞觀五年，初，帝令群臣議封建，魏徵、李百藥以爲封建不便。顏師古以爲不若分王，宗子勿令過大，間以州縣雜錯而居。十一月，詔皇家宗室及勳賢之臣，宜令作鎮藩部，貽厥子孫，非有大故，無或黜免，所司明爲條例等級以聞。至十一年六月，詔荆王元景等二十一王，長孫無忌等十四人刺史，皆令世襲。無忌等皆不願之國，上表固讓。其明年，詔停襲封刺史。

臣若水通曰：在易之比：「地上有水，比。先王以建萬國，親諸侯。」夫天之立君以主之而已，非欲其有之也。主之而同其利，天下之公也。有之而專其利，一人之私也。堯舜以來，封建尚矣。至秦乃不然，豈秦法可行而堯舜之道不可行乎？有天下者自私焉爾矣。若太宗者，英明出類，而有志乎封建之事，卒不果行，何哉？傳曰：「有關雎、麟趾之意，然後可以行周官之法度。」然則太宗蓋未有誠敬以爲之本爾。故魏徵、李百藥迎其意，長孫無忌諸人避其嫌，可以見之矣。我國家創制立法，上倣成周，下參時宜，分封同姓，親疏有差，省郡雜處，師古之論於今行之矣。

〇唐太宗貞觀八年十二月，中書舍人高季輔上言：「外官卑品，猶未得禄，饑寒切身，難保清白。今倉廩寖實，宜量加優給，然後可責以不貪，嚴設科禁。」

臣若水通曰：士之入官，則不可並耕而食矣，是故禄以代其耕也。抱關擊柝者，皆有常職以食於上，古之制也。唐有官而無禄，豈設官之道邪？忠信重禄，所以勸士。上之勸之者未至，而欲士之不貪，豈可得乎？故禄以養其廉恥之心也，廉恥興而百官正，百官正而天下之治無難矣。

〇唐睿宗景雲二年，分天下置汴、齊、兖、魏、冀、并、蒲、鄜、涇、秦、益、緜、遂、荆、岐、通、梁、襄、揚、安、閩、越、洪、潭二十四都督，各糾察所部刺史以下善惡。惟洛及近畿州不隸都督府。太子右庶子李景伯、舍人盧俌等上言：「都督專殺生之柄，權任太重，或用非其人，爲害不細。今御史秩卑望重，以時巡察，姦宄自禁。」其後竟罷都督，但置十道按察使而已。

臣若水通曰：百僚糾察，則善有勸、惡有懲，而百官正矣。都督擅權自恣，豈無作好作惡偏黨之私者哉？或用非其人，則百官由是而反側矣。向非李、盧之言，改置十道按察使，則唐之禍亂豈小哉。後之正百官者，其尚慎之。

○唐玄宗開元二十四年二月甲寅，宴新除縣令於朝堂。上作令長新戒一篇，賜天下縣令。

臣若水通曰：太宗嘗謂縣令尤爲親民，擇之惟慎。玄宗猶精是選，一時縣令必非庸材矣。故宴新除縣令於朝堂，復作令長新戒以賜之，其崇重如此，可謂克繩祖武矣。孰不洗心竭力，以副德意哉。

○唐代宗大曆元年，刑部尚書顏真卿上疏曰：「郎官御史，陛下之耳目。今使論事者先白宰相，是自掩其耳目也。陛下患群臣之爲讒，何不察其言之虛實？若所言果虛，宜誅之；果實，宜賞之。不務爲此，而使天下謂陛下厭聽覽之煩，託此爲辭，以塞諫諍之路，臣竊爲陛下惜之。」

臣若水通曰：御史，朝廷之耳目，而使論事先白宰相，是借其耳目於人矣。耳目之官得其正乎？如是而望其視遠惟明，聽德惟聰，以通天下之壅蔽，亦難矣。此顏真卿所以盡忠於代宗，而召元載之謗。爲人君者，豈可自掩其耳目，以成孤立之勢哉？

○唐憲宗元和十二年閏十二月壬辰，詔以宦者爲館驛使。左補闕裴璘諫曰：「内臣外事，職分各殊，切在塞侵官之源，絶出位之漸。事有不便，必戒於初。令或有妨，不必在大。」上不聽。

臣若水通曰：正百官之分，在乎謹内外之防而已。成周之制，王與公、卿、大夫、士聽外政，后與妃、嬪、夫人聽内政。宦者，内政之屬也。自秦而後，古制漸失。至於知驛之官，唐初猶以御史二人爲之，舊制也。至是乃以宦官代焉，是又時事之一變矣。防微杜漸之戒，可苟也哉？裴璘諫之，而憲宗不聽，惜夫！

○唐文宗太和五年五月辛丑，上以太廟兩室破漏，踰年不葺，罰將作監、度支判官、宗正卿俸。亟命中使帥工徒，輟禁中營繕之材以葺之。左補闕韋温諫，以爲：「國家置百官，各有所司。苟爲隳曠，宜黜其人，更擇能者代之。今曠官者止於罰俸，而憂軫所切即委内臣，是以宗廟爲陛下所私，而百官皆爲虛設也。」上善其言，即追止中使，命有司葺之。

臣若水通曰：文宗罪宗正之曠官止於罰俸，以有司之職分代於宦官，名實謬戾，百官不正矣。史言其優游不斷之弊，爲害豈小也哉。

○賈誼新書曰：古者聖王制爲列等，内有公、卿、大夫、士，外有公、侯、伯、子、男，然後有官師、小吏，施及庶人，等級分明而天子加焉，故其尊不可及也。

臣若水通曰：加者，居其上之謂。公、卿、大夫、士，輔内治以施外。公、侯、伯、子、男，布外治以承内。内外之間，官師、小吏承德意以致之民。内外、大小相承，而體統不紊，則百官正矣。此天子之所以爲至尊也歟。

○班固白虎通曰：王者所以立三公九卿何？曰：天雖至神，必因日月之光；地雖至靈，必有山川之化。聖人雖有萬人之德，必須俊賢三公、九卿、二十七大夫、八十一元士，以順天成其道。

臣若水通曰：百官之職，爲上爲德，爲下爲民者也。故王者立三公、九卿，各有所統。公統卿，卿統大夫，大夫統元士，皆以爲德爲民也。是故百官得其正則上下理，百官不得其正則上下亂，可不重哉。

○宋仁宗慶曆三年冬十月，以張昷之、王素等爲都轉運按察使。先是，知諫院歐陽脩言：「天下官吏既多，朝廷無由遍知其賢愚善惡，乞立按察之法，於内外朝官三丞郎官中，選强幹廉明者爲之，使至州縣遍見官吏。其公廉無狀皆以硃書於名之下，其中材之人以墨書之，歲具以聞。」詔從之。富弼、范仲淹復請詔中書、樞密通選逐路轉運按察使，即委使自擇知州，知州擇知縣，不任事者皆罷之。於是昷之等首被兹選。昷之河北，王素淮南，沈邈京東，施昌言河東，李絢京西。

臣若水通曰：守令之職最爲親民，故民之休戚，繫於守令。守令之賢否，繫於按察使。按察使得其人，以自擇其守；守得其人，以自擇其令，則百官正而膏澤及於民矣。歐陽脩等請立按察使并其選之之法，可謂善矣。雖然，選按察使者，責在冢宰；選冢宰者，責在君心。君心不正，則任冢宰非其人；冢宰非其人，則按察使不得其人；按察使不得其人，則守不得其人，則令不得其人，而萬民受其殃矣。人君之於官人，可不慎其始哉。

〇宋徽宗崇寧二年九月，始定選人階官。吏部侍郎鄧洵武言：「神宗稽古建官，既正省、臺、寺、監之職，而以寄禄階易空名矣。今選人七階，自兩使判官至主簿、尉，有帶知安州雲夢縣而爲河東幹當公事者，有河中府司録參軍而監楚州鹽場者，有瀛州軍事推官充濮州教授者，殽亂分錯，莫甚於此。宜造爲新名，因而制禄。」詔悉更之，乃改留守、節察判官爲承直郎；書記，支使，防、團判官爲儒林郎；留守，節察推官，軍、監判官爲文林郎；防、團推官爲從事郎；令、録爲通仕郎；知令、録爲登仕郎；判官、簿、尉爲將仕郎。後改通仕爲從政，登仕爲脩職，將仕爲迪功。

臣若水通曰：孔子稱：「名不正則言不順，言不順則事不成。」夫正其名，將以責其實也。如帶知安州雲夢縣而爲河東幹當公事者，名實乖戾，何以責成。鄧洵武之言，其亦足以正一時之庶官矣。人君有志於治者，其毋以因循苟且爲安，當以維新復古爲重哉。

○宋孝宗淳熙二年，帝謂葉衡等曰：「朝廷用人，止論其賢否如何，不可有黨。如唐之牛、李，其黨相攻，四十年不解，皆緣主聽不明，所以致此。文宗乃言：『去河北賊易，去朝中朋黨難。』朕常笑之。爲人主者但公是公非，何緣有黨？」又曰：「近來士大夫好倡爲清議，此語一出，切恐相師成風，便以趨事赴功者爲猥俗，以矯激沽譽者爲清高，駸駸不已，如東漢激成黨錮之風，深害治體，豈可不戒。卿等宜書諸紳。」

臣若水通曰：朋論一啓，則是非、異同、善惡反易，百官不可得而正矣。孝宗以朋黨之病在於主聽不明，其得正百官之要乎！然不知主聽不明之病又安在哉。蓋治病者貴拔其根，根不拔而徒治其標，未見其能去病也。主聽不明之病，在正心之學未純。孝宗能知此，則是非昭明而百官正矣。奈何此學不講，邪人得以指正人爲邪，僞學之名起而真儒去矣，豈非病根之未除乎。

○元仁宗皇慶元年春正月，制進翰林國史院秩。帝諭省臣曰：「翰林、集賢儒臣，須朕自選用，毋輒擬奏。人言御史臺任重，朕謂國史院尤重。蓋御史臺是一時公論，國史院是萬世公論。」於是陞翰林國史院秩從一品，尋敕博選中外才學之士居之。

臣若水通曰：仁宗以國史院繫萬世公論，重于御史臺，故隆秩而慎選之，是矣。誠使得德行道藝之士而居之，則以其公是公非是非乎天下，而天下以勸以懲。能使天下勸且懲，則世道有賴焉矣，其任豈不重也乎？若夫徒取文藝小技之流以當之，亦豈足以爲重哉。

○宋儒程顥曰：今之監司多不與州縣一體，監司專欲伺察州縣，州縣專欲掩蔽，不若推誠心與之共治，有所不逮，可教者教之，可督者督之。至於不聽，擇其甚者去一二，使足以警衆可也。

臣若水通曰：正庶官者，在感之以誠而畏之以威也。故監司之於州縣，兩忘其伺察掩蔽之私，感之以誠則上下相孚，畏之以威則貪頑激勵，賢者孚心，中人勵行，則百官正矣。

○程頤言：今日供職，只第一件便做他底不得。吏人押申轉運司狀，某不曾簽。國子監自繫臺省，臺省繫朝廷官。外司有事，合行申狀，豈有臺省倒申外司之理？只爲從前人只計較利害，不計較事體，直得恁地。須看聖人欲正名處見得道，名不正時，便至禮樂不興，自然住不得。夫禮樂，豈玉帛之交錯，鍾鼓之鏗鏘哉？

臣若水通曰：禮莫大於分。外分以言禮，非禮也；外禮以言分，非分也。夫以上下倒行而逆施之，百官且不正矣，況望其禮樂之興哉？是故正百官以圖治者，自正名分焉始矣。程頤之言，真爲治者之龜鑑哉。

○國朝乙巳六月，以儒士勝穀、楊訓文爲起居注。皇祖諭穀曰：「吾見元末大臣門下之士，多不以正自處，惟務謟諛以圖合。見其人所爲非是，不相與救正，及其敗也，卒陷罪戾。爾從徐相國幕下久而無過，故授爾是職。且盡心所事，勿爲苟容。苟事有差謬，皆是爲己之累。辟之良玉，一有微疵，即爲棄物，不能成器矣。」諭訓文曰：「起居之職，非專事紀録而已矣，要在輸忠納誨，致主於無過之地，而後爲盡職也。吾平日於百官所言，一二日外猶尋繹不已。今爾在吾左右，可不盡言？且爾素稱謹厚，當始終一致。苟易其所守，則患必生矣。辟如馳馬，能戒於險阻則不墜，肆意於平曠則顛蹶。吾每以此自警，故以語爾等。」

臣若水通曰：人臣以正自處，則能以正事人，是能正厥官矣。皇祖之諭勝穀者，其此之謂乎。人臣以謹自守，則能以謹輸忠，是能盡其職矣。皇祖之諭楊訓文，其此之謂乎。雖然，人臣固當正己以事君，而人君尤當正己以率臣，君心一正，則群臣莫敢不一於正矣。皇祖之所以正己以正百官者，惟聖明念之哉。

○洪武十三年正月己亥，胡惟庸等既伏誅，上諭文武百官曰：「朕自臨御以來，十有三年矣。中間圖任大臣，期於輔治，故立中書省以總天下之文治，都督府以總天下之兵政，御史臺以振朝廷之紀綱。豈意姦臣竊持國柄，枉法誣賢，操不軌之心，肆姦欺之弊，嘉言結於衆舌，比朋逞於群邪，蠹害政治，謀危社稷，譬隄防之將決，烈火之將然，有滔天燎原之勢。賴神發其姦，皆就殄戮。朕今革去中書省，陞六部，倣古六官之制，俾之各司所事。更置五軍都督府，以分領軍衛。如此則權不專於一司，事不留於壅蔽。卿等以爲何如？」監察御史許士廉等對曰：「歷朝制度，皆取時宜。況創制立法，天子之事，聖裁實爲典要。但慮陛下日應萬幾，勞神太過。愚臣以爲，宜設三公府，以勳舊大臣爲太師、太傅、太保，總率百僚庶務。其大政，發兵、銓選、制禮、作樂之類，則奏請裁決，其餘常行事，則脩制奉行。庶幾臣下絶姦權之患，主上無煩劇之勞。」上然之。

臣若水通曰：明王之治天下，在於端大本、正大體、攬大權而已也。我皇祖鑒姦臣之弊，收下移之權，乃革中書省，陞六部以分理機務，置五軍都督府以分領軍衛。雖有内閣以閲總百官庶務，而裁決實由於上。此大本所以立，大體所以正也。其法制至精至備，此所以爲億萬年之規，而享久安長治之福也歟。

○洪武三十年正月己卯，陞翰林院脩撰張信爲侍讀，編脩戴彝爲侍講。上諭之曰：「官翰林者，雖以論思爲職，然既列近侍，且在朕左右，凡國家政治得失，生民利病，當知無不言。昔唐陸贄、李絳之徒，在翰林皆能正言讜論，補益當時，顯聞後世。爾等當以古人自期，勿負朕擢用之意。」

臣若水通曰：孟子謂：「君子之事君也，務引其君以當道，志於仁而已。」況翰林近臣，他日將膺台鼎爕調之任，君德之得失、治道之興廢繫焉，誠不可非其人也。苟得賢德之士以充其任，則能正身輔德，以致主於王道，凡國家政治之是非、生民之利病，皆舉之矣。若唐陸贄諸人居翰林之任，雖其正言讜論不能無補於當時，然君則未志於仁，亦豈能盡其職哉。皇祖訓迪侍讀、侍講之官如此，其董正庶官之道至矣。

○洪武禮制：一、凡文武官常朝視事，以烏紗帽、團領衫、束帶爲公服。一品玉帶，二品花犀帶，三品金鈒花帶，四品素金帶，五品銀鈒花帶，六品、七品素銀帶，八品、九品烏角帶。

臣若水通曰：古者服飾車旗之辨，尊卑、貴賤之所由分也。我聖祖創制立法必致謹乎此，其所以辨尊卑之分而正百官之等者，皆在是矣。

○諸司職掌：凡文武百官出入朝門，各照品級第加遜敬。如一品以下官遇公、侯、駙馬，加敬禮，立則旁立，行則後從。三品、四品官遇一品官，加遜禮，行立俱後從。五品以下官倣此，俱不許攙越失儀。如有宣召，不在此限。

臣若水通曰：朝廷莫如爵，序爵所以辨貴賤也。聖祖制朝儀，凡百官出入朝門，各照品級相遜。所謂士讓爲大夫，大夫讓爲卿。濟濟相讓，而國無不治矣。其有道之氣象，豈不宛然可見乎。

○諸司職掌：監察御史職專糾劾。凡文武大臣，果係姦邪小人，搆黨爲非，擅作威福，紊亂朝政，致令聖澤不宣，災異迭見，但有見聞，不避權貴，具奏彈劾。

○諸司職掌：凡百官有司，才不勝任，猥瑣闒茸，善政無聞，肆貪壞法者，隨即糾劾。其外有司，擾害良善，貪贓壞法，致令田野荒蕪，民人受害，體訪得實，具奏提問。

○憲綱：風憲任綱紀之重，爲耳目之司。内外大小衙門官員，但有不公不法等事，在内從監察御史，在外從按察司糾舉，須明著年月，指陳實跡，明白具奏。若係機密重事，實封御前開拆，不許虚文泛言。若挾私搜求細事，及糾言不實者抵罪。

臣若水通曰：風憲之司，所以肅百僚、貞百度，其任重矣。然欲正其官者，當正其本。是故大臣，百官之本；朝廷，四方之本，正之在風憲而已。風憲之人，必公恕存心，然後可也。蓋公則明而不枉，恕則慎而不濫，正直忠厚兼備矣。聖祖謨訓，其風憲之矩範歟。

○憲綱：都察院、按察司堂上官及首領官，各道監察御史、吏典，但有不公不法及曠職廢事、貪淫暴横者，許互相糾舉，毋得徇私容蔽，亦不許挾私妄奏。

臣若水通曰：風憲之職得其正，則百官皆得其正矣。所謂正者，公而無私也。苟爲不公，過則爲作威以削，不及則容隱不振，不惟無以正人，亦且不能正己矣。書曰：「位不期驕，禄不期侈」，此之謂也。聖祖之制，勉之以秉公，戒之以徇私，可謂至中至正也，是宜治官董正而奕世永昌也乎。

○憲綱：凡監察御史、按察司官分巡去處，但知有司等官守法奉公、廉能昭著者，隨即舉聞。若姦貪廢事、蠹政害民者，即便拿問。應請旨者，具實奏聞。若知善不舉，見惡不拏，杖一百，煙瘴地面安置，有贓者從重論。

臣若水通曰：風憲之職，在於舉善去惡而已矣。惡不去不足以爲懲，善不舉不足以爲勸。故去一惡而千萬人懼，舉一善而千萬人慕。故懲惡勸善之典行，而百官正矣。雖然，昔姚崇請擇十使，朱熹曰「本源之地在朝廷」，二者惟明主圖之。

○禮儀定式：凡房舍、服色、傘蓋、器皿、床榻、鞍轡、弓矢，各照品級遵用。上可以兼下，下不可以僭上，並不許雕刻龍鳳紋并玄黃、紫色、金飾、硃漆。

臣若水通曰：百官之正，在名器而已。故降殺之間，不可以毫髮僭差也。孔子曰：「惟名與器不可以假人。」左氏傳曰：「辨等威，異物采，皆納民於軌物。」語謂：「禁亂之所由生，猶防止水之所自來也。」觀於聖制，則與孔子正名謹器之意脗合矣。晉文之請隧，于奚之請繁纓，奚有哉。

聖學格物通卷之五十五

正萬民上

○易履象曰：上天下澤，履；君子以辨上下，定民志。

臣若水通曰：此履卦大象之詞也。乾爲天，兑爲澤，履卦上乾而下兑，故天在上，澤居下，上下尊卑，理之正也，所謂履也，人之所履莫大乎禮，故爲履。君子觀此象以辨别上下之分，以定其民志。孔子曰：「道之以德，齊之以禮。」禮者，所以一民志於德者也。蓋民之心志同得此理，然情蕩而性鑿，故有不定。若上下之禮既辨，則禮有以制其心，而人心之本體以復，無將迎而動静皆定矣。故正萬民之道，莫大於禮。有君民之任者，所當深念焉。

○蠱象曰：山下有風，蠱；君子以振民育德。

臣若水通曰：此蠱卦大象之詞。艮爲山，巽爲風，蠱上艮下巽，故爲山下有風之象。山下有風，山之木以風而摧，故其象爲蠱也。君子體蠱之象，而治天下之蠱者，當振民以育其德也。蓋德者，人所同得之理也。人惟不知脩德而風俗弊壞，此蠱之極也。治蠱之道無他，鼓舞作興，使人皆察識其德性之真，而復其本然者而已耳。天下皆知脩德，風俗美而至治臻矣。蠱之元亨，其以此歟。

○噬嗑象曰：雷電，噬嗑；先王以明罰敕法。

臣若水通曰：此噬嗑卦大象之詞也。嗑者，合也。噬者，嚙也。上、初皆剛爻，中三柔爻，其間又有九四一剛爻梗於其中，必噬嚙之然後可合，故爲噬嗑。欲噬嗑之者，必在於刑法，以去其梗化之人。然非明威，則無以用其刑法也。雷取其威，電取其明。雷者震也，電者離也。上離明、下震威，而後可以用刑法而噬嗑矣。夫法者，垂世立教之典也。明罰以敕之者，懼其法之易墮也。蓋法不立則任情以遂其私，罰不明則玩法而不知守。故約之以法而歸於道，懲之以罰而振其法，使人皆知循法而行，則罰不必用也。罰也者，待夫犯法者之奸惡也，民無有犯則正矣。先王正民之道，豈有加於此哉。

○繫辭：子曰：「小人不恥不仁，不畏不義，不見利不勸，不威不懲。小懲而大誡，此小人之福也。易曰『屨校滅趾，无咎』。此之謂也。」

臣若水通曰：威，謂刑罰也。校，木械也。趾，足也。屨校滅趾者，以木械屨之於趾而傷其趾也。仁義，人之本心也。不仁不義，其可耻而畏甚矣。小人無惻隱羞惡之心，故不耻不畏，則無所用耻，無復可畏矣。然趨利避害，小人本心之明也。故苟爲仁義而利焉則勸矣，苟爲不仁義而威焉則懲矣。上之於民，豈能盡以利導之哉？必初九爲用刑之始加於民者，故屨之以校而滅其趾，薄刑于下，將以禁於爲惡之初。是小有所懲，使民大有所畏，而不爲不善，則有處仁遷義之機矣，其爲福孰大於是？傳曰：「君子以義正萬民。」其刑法之謂乎。

○書商書盤庚：永敬大恤，無胥絶遠。汝分猷念以相從，各設中于乃心。

臣若水通曰：此盤庚告庶民之言也。恤，憂也。絶遠，不相聯屬也。猷，圖也。相從，相與也。設，立也。言汝當永敬我之所大憂念者，無相絶遠而上下之心志不相聯屬，然後可也。汝當分君之所圖而共圖之，分君之所念而共念之。然必各存中正之心，而後可以分猷念以相從。不然，則心不中正，各執己見之偏，安能從人乎？

○周書洪範：皇建其有極，斂時五福，用敷錫厥庶民。惟時厥庶民于汝極，錫汝保極。

臣若水通曰：此洪範皇極之疇也。皇，君也。建，立也。極者，至極之義，無過不及之名，即天理是也。言人君當體天理之純，盡人倫之至。語父子則極其親，而天下之爲父子者，於此取則焉；語夫婦則極其別，而天下之爲夫婦者，於此取則焉；語兄弟則極其愛，而天下之爲兄弟者，於此取則焉，則極建矣。然此極乃人之福，詩所謂「自求多福」也。人君集之於身則爲己福，用敷極於民則爲錫民以福。當時之民，亦皆觀感而化，於親、義、序、別、信之理，與君保守其極，而不敢失墜也。夫皇極君民所以相與者如此，無非一心之感應爾。仰惟皇上居皇極之位，當日臻聖學以純其心，以盡天理人倫之至，極立而天下化之，所謂君正莫不正矣。

○君陳：有弗若于汝政，弗化于汝訓，辟以止辟，乃辟。

臣若水通曰：此成王命君陳治洛之言也。若，順也。政者，紀綱法度。訓者，命令教誡。言殷民有不順汝之政，不化汝之訓，刑之可也。然刑期無刑，刑必當刑，乃可以爲戒，所謂刑一人而千萬人懼也。必如此而刑，則可以止刑矣，然後可以刑之也。夫情僞微曖，天下至難辨者，莫刑獄若也。非秉至公至明之心者，其孰能與於此？

○畢命：道有升降，政由俗革。不臧厥臧，民罔攸勸。

臣若水通曰：此康王命畢公保釐東郊之言也。有升降，猶言有隆有污也。世道有隆污，人事氣運之變遷也。政由俗革，因世道之隆污，而爲吾紀綱法度之施也。如周公之時，殷民方洶洶不靖，不得不尚嚴以謹毖之。至君陳時，民漸式化，不得不用寬和是也。畢公之時，已非周公、君陳之時，蓋殷民有化而爲善者矣，善之可也，不善厥善，民將何所勸乎？夫有善不賞，有惡不罰，雖堯舜不能以治天下，豈惟殷民然哉。人君欲正天下之民者，必致慎乎賞罰之際可焉。

○詩國風鳲鳩：鳲鳩在桑，其子在棘。淑人君子，其儀不忒。其儀不忒，正是四國。

臣若水通曰：此詩美君子之用心均平專一，而儀，足以正四國也。言鳲鳩之在桑，其子則在棘矣。善人君子，其儀則不忒而可以正四國矣。蓋人君者，四國之所取正者也。故欲正四國之民者，在不忒其儀也。大學引此詩而言曰：「其爲父子兄弟足法，而後民法之也。」人君欲正萬民，在先正其倫理。父父、子子、兄兄、弟弟，而儀法立焉，所謂「其儀不忒」矣。由是四國之民得於觀感而興起者，莫不一出于正，而罔有邪慝之風焉，故君子正己而物正。書曰「表正萬邦」，孟子曰「其身正而天下歸之」，皆此意也。後之爲人上者，徒欲正民，不先正己，而人倫之間慚德多矣。顧乃欲以聲音笑貌矯民於正，是謂所藏乎身不恕而能喻諸人者，未之有也。故曰：欲正萬民在正儀表，欲正儀表在正一心，以爲正天下之大本焉。

○春秋莊公二十有二年：春，王正月，肆大眚。

臣若水通曰：書「肆大眚」，譏失刑也。肆者，縱也。大眚者，大罪也。夫刑罰之設，所以禁奸懲惡，使人易避而難犯也。書曰「眚災肆赦」，蓋謂過誤者爾。若大罪皆肆，則廢天討，虧國典，縱有刑虐無辜，惡人幸以免矣。呂刑有五刑、五罰之赦，以其有疑也，大眚果有疑乎？周官有三宥、三赦之法，以其有故也，大眚果有故乎？無疑無故，肆爲輕貸之典，則惡不懲而善不勸，將何以正民乎？

○禮記王制曰：命太師陳詩，以觀民風。命市納賈，以觀民之所好惡。志淫好辟。

臣若水通曰：詩之所咏，民風寓焉。中正則其風美矣，淫蕩則其俗惡矣，故以是觀民風也。物賈之貴賤，係民之好惡。好質則用物貴矣，好侈則玩物貴矣，故以是觀民情也。以二者而觀之，志淫蕩則其好必辟矣。是故觀詩、觀賈，而其俗可知也，知其俗而其教可立也。

○王制曰：命典禮考時月，定日，同律、禮、樂、制度、衣服，正之。

臣若水通曰：此先王巡狩之典，所以大一統於天下者也。時謂春夏秋冬四時，月謂月之大小，日謂日之甲乙。律謂十二律，黄鍾、太簇、姑洗、蕤賓、夷則、無射、仲吕、林鍾、大吕、夾鍾、南吕、應鍾是也。禮者五禮，樂者六樂。制度者，權衡丈尺之類。衣服者，上衣下裳之制也。蓋禮制不定則風俗不同，風俗不同則道德不一而民志且不定矣。今之天下一統，而民風土俗或有因地而異者矣。觀風之臣，所以代天子巡狩，布王化而一之也，其亦有能以耳目之見聞而達之宸聽者乎。

○内則曰：后王命冢宰降德于衆兆民。

臣若水通曰：書曰：「惟皇上帝，降衷于下民。」德也者，固兆民之所自有也，而曰后王命冢宰以降之，何也？蓋百姓日用而不知，其裁成輔相，固有待夫君相之教矣。是上帝之降衷，降於有生之始也。后宰之降德，降於有生之後也。君相也，上帝也，固民性之所以正也。

○坊記：子云：「小人貧斯約，富斯驕。約斯〔一〕盜，驕斯亂。禮者，因人之情而爲之節文，以爲民坊者也。故聖人之制富貴也，使民富不足以驕，貧不至於約，貴不慊於上，故亂益亡。」

臣若水通曰：禮者，分而已矣。夫富貴、貧賤匪分以定之，大亂之道也。是故聖王爲之井田以養其生，爲之服采以章其等，爲之黨序庠校以養其德。夫然，故富焉而有制，貧焉而有資，分定而弗約弗驕，弗盜以亂也。夏、商、周運祚靈長者，豈不由於此哉。嗚呼，自井田一壞，而亂源始啓矣。故富者田連阡陌，貧者無立錐之地，其不驕而亂，則約而盜爾，烏望其民德之正哉？

○坊記曰：子言之：「君子之道，辟則坊與，坊民之所不足者也。大爲之坊，民猶踰之。故君子禮以坊德，刑以坊淫，命以坊欲。」

臣若水通曰：聖王之坊民也至矣，故化之不足，則以禮坊之，所以制其心也。禮之不足，則以法坊之，所以禁其奸也。法之不足，則以命坊之，所以安其義也。是故三坊立，而民俗正矣。

○周禮天官：正月之吉，始和，布治于邦國都鄙。乃縣治象之法于象魏，使萬民觀治象，浹日而斂之。

臣若水通曰：此周禮天官之職也。周以建子爲正，正月則子月也。子月一陽生於地中，氣始温和，歲功將興，而王法之所當行矣。於是頒布六典以下之事於天下。然布之以言，不若示之以象尤爲著明易曉也。故又以治法畫之爲象，懸于雉門之兩觀以示夫民，必至一旬乃已。吁！此民之所以易於治也。既頒之以典則，而又示之於象魏，則民德其有不正，民俗其有不正乎？

○地官：州長各掌其州教治政令之法。正月之吉，各屬其州之民而讀法，以考其德行道藝而勸之，以糾其過惡而戒之。若以歲時祭祀州社，則屬其民而讀法，亦如之。春秋以禮會民而射於州序。

臣若水通曰：州長所掌教治政令之法，即所謂三物、八刑之屬也，讀法讀此而已。夫一州必有才德兼備之士，即所謂德行道藝者也，因有以考而勸之，所以作興之也。一州未必無不率教化之人，即所謂過惡者也，因有以糾而戒之，以禁厲其餘。以至春祈秋報，歲時之祭祀，則以此時不惟令之以讀法，又令之以習射，使其容體比於禮，節奏比於樂，以養其正而禁其邪也。先王正萬民之道，可謂至矣備矣。

○夏官：訓方氏掌道四方之政事，與其上下之志，誦四方之傳道。正歲，則布而訓四方，而觀新物。

臣若水通曰：此夏官之政也。訓方氏，夏官之屬，掌訓正萬民者也。道四方之政事者，道其善政於民也。上下之志，君臣之善念也。四方之傳道，傳說往古之善事者也。一歲之始，布爲教言，既訓以所道，又訓以所誦，則四方之民所聞無非正言，所見無非正道矣。又於新物之出陳而觀之，以察其民之好惡，即王制之命市納賈以觀民之好惡志淫好僻者也。夫然，則所以正民情、正民志、正民風俗之道，莫備於是矣。爲人君者，可以不法乎？

○周禮大司徒：令五家爲比，使之相保。五比爲閭，使之相受。四閭爲族，使之相葬。五族爲黨，使之相救。五黨爲州，使之相賙。五州爲鄉，使之相賓。

臣若水通曰：使之者何？各立其長而教令使之也。相保者，保其不爲非也。相受者，宅舍容其寄託也。相葬者，助益喪禮也。相救者，救恤凶禍也。相賙者，給足其禮物也。相賓者，賓興其賢者也。自比至鄉，其人漸多，故其責漸大，各從其重者言之以互見爾，其實比、閭、族、黨、州、鄉，每處數者兼備，非謂比則保而不受，閭則受而不保也。是故比、閭、族、黨、州、鄉之法行，而萬民各得其正矣。

○論語：子曰：「道之以德，齊之以禮，有耻且格。」

臣若水通曰：孔子此章之言，欲爲治者知化民之本，不可徒恃其末也。齊，一也。格，至也。蓋德與禮乃所謂本，德、禮皆天理也。自其得於心而言，則謂之德；自其見於事理而言，則謂之禮。人心同有此理，特蔽於欲、溺於習而爲不善爾。爲人上者能以人治人，德以正其心，禮以正其行，因其所同然者而感觸之，良心未有不勃然而興起者。感化之效，至於耻其不善，而且有以至於善。去不善以至於善，則民皆歸於正矣。

○孟子曰：君子反經而已矣。經正則庶民興，庶民興，斯無邪慝矣。

臣若水通曰：孟子此章，言正民之道在於自正其道也。君子不求於邪道之息，而求於正道之興爾。經，常也。君子但明乎君臣之義、父子之親、夫婦之別、長幼之序、朋友之信五者之常道，使之復大明於世，則庶民同此心、同此理者，皆勃然興起其同然者矣，如此則邪僻不善之說自不能容。夫邪正之不容並立者也，世衰道微，邪説並起，以爲吾道害，要之大經之不正故也。歐陽脩云：「使王政明而禮義充，雖有佛，無所施於吾民矣」，意亦如此。如今之世，異端末學足以妨道者豈少哉！司世道者，尚求端本澄源之道焉。

○國語周語：祭公謀父曰：「先王之於民也，茂正其德，而厚其性；阜其財求，而利其器；用明利害之鄉，以文脩之。使務利而避害，懷德而畏威，故能保世以滋大。」

臣若水通曰：茂，勉也。阜，大也。大其財求，不障壅也。鄉，方也。示之以好惡鄉方也。文，禮法也。保，守也。滋，益也。書曰：「正德、利用、厚生，惟和。」謀父之言，蓋本諸此乎！夫民衣食不足則禮義不興，故利用阜財，所以厚生而正其德也。夫然後民知務利而避害，懷德而畏威也。爲萬民之主者，可不求諸？

○魯語：曹劌曰：「夫禮，所以正民也。是故先王制諸侯，使五年四王、一相朝也。終則講於會，以正班爵之義，帥長幼之序，訓上下之則，制財用之節，其間無由荒怠。」

臣若水通曰：王，謂來王事天子也。歲聘以脩業，間朝以謀禮。五年之間四聘於王，國將朝天子先相朝也。終，畢也。謂朝畢則習禮於會，以正爵次、序尊卑之義。其間，朝會之間也。夫先王之治天下也，必立禮以正之，群牧師長講會以訓帥之，所以正民也。是故朝會之典，各有常期。故天子郊則諸侯會焉，諸侯祀則卿大夫佐焉。講會以正班爵，訓道以制財用，故怠荒之心無自而生也。爲國以禮，豈虛語哉。

○魯語：公父文伯之母曰：「昔聖人之處民也，擇瘠土而處之，勞其民而用之，故長王天下。夫民勞則思，思則善心生；逸則淫，淫則忘善，忘善則惡心生。沃土之民不材，淫也。瘠土之民莫不嚮義，勞也。」

臣若水通曰：墝确爲瘠，瘠土利薄，又勞而用之，使不淫逸，不淫逸則嚮義，故長王天下也。沃，肥美也。不材，器能者少也。善心生，故嚮義也。夫善惡之幾，思與忘而已矣。故天之欲成是人也，使之動心忍性，增益其所不能，思而已爾，故能嚮義而知方焉。公父文伯之母斯言，誠萬世治民之良法也，君天下者，其可不求諸？

○晉語：管敬仲曰：「畏威如疾，民之上也；從懷如流，民之下也；見懷思威，民之中也。畏威如疾，乃能威民。威在民上，弗畏有刑。從懷如流，去威遠矣，故謂之下。其在辟也，吾從中也。」

臣若水通曰：敬仲，夷吾字。疾，病也。懷，心也。從心所思，如水流行，民之下行也。見懷思威者，見可懷則思可畏，民之中行也。能畏上，乃能威下，能威民，故在人上也。弗畏有刑者，不畏威則有刑罪也。去威遠，言徒知可懷而不知思威，故相去之遠，爲下也。辟，罪也。弗畏有刑，故曰罪也。高不在上，下欲避罪，故曰從中也。夫聖人之治萬民也，仁以育之，義以正之。故德以化之，其仁乎！刑以威之，其義乎！是故使民畏其刑而慕其德，禁其欲心而動其畏敬，民不縱欲則不溺於懷，民知敬義則必知畏矣。管敬仲謂民之上者必畏威，民之下者必從懷，至於其中則見懷思威也。君子之居民上，可不觀民以自考耶！

○晉語：范文子曰：「吾聞君人者刑其民，成，而後振武於外，是以内龢而外威。」

臣若水通曰：刑其民，謂以刑正其民。成，平也。天地生萬物，而成之以秋。聖人正萬民，而治之以刑。故武也者，刑之大者也。苟内治不平，豈能振武於外？故聖人必明刑弼教於其國，然後國無不和，外無不威，而武斯振矣。治天下者，當以正民爲先。

○齊語：管子曰：「昔聖王之處士也，使就閒燕；處工，就官府；處商，就市井；處農，就田野。令夫士，群萃而州處，閒燕則父與父言義，子與子言孝，其事君者言敬，其幼者言悌。少而習焉，其心安焉，不見異物而遷焉。是故其父兄之教不肅而成，其子弟之學不勞而能。夫是，故士之子恒爲士。令夫工，群萃而州處，審其四時，辨其功苦，權節其用，論比協材，以旦暮從事，施於四方，以飭其子弟，相語以事，相示以巧，相陳以功。少而習焉，其心安焉，不見異物而遷焉。是故其父兄之教不肅而成，其子弟之學不勞而能。夫是，故工之子恒爲工。令夫商，群萃而州處，察其四時，而監其鄉之資，以知其市之賈，負、任、擔、荷〔二〕，服牛、軺馬，以周四方，以其所有易其所無，市賤鬻貴，旦暮從事於此，以飭其子弟。相語以利，相示以賴，相陳以知賈。少而習焉，其心安焉，不見異物而遷焉。是故其父兄之教不肅而成，其子弟之學不勞而能。夫是，故商之子恒爲商。令夫農，群萃而州處，察其四時，權節其用，耒、耜、枷、芟，及寒，擊菒除田〔三〕，以待時耕。及耕，深耕而疾耰之，以待時雨。時雨既至，挾其槍、刈、耨、鎛，以旦暮從事於田，而脱衣就功，首戴茅蒲，身衣襏襫，霑體塗足，暴其髮膚，盡其四支之敏，以從事於田野。少而習焉，其心安焉，不見異物而遷焉。是故其父兄之教不肅而成，其子弟之學不勞而能。是故農之子恒爲農，野處而不暱。其秀民之能爲士者，必足賴也。」

臣若水通曰：萃，集。州，聚也。物，事也。權，平也。賴，贏也。槍，椿也。芟，大鎌也，所以芟草也。監，視也。資，財也。視其貴賤有無也。背曰負，肩曰擔。荷，揭也。襏襫，蓑薜衣也。茅或作萌。萌，竹萌之皮，所以爲笠也。暱，近也。夫先王之處民也，士、農、工、商各有其地，所以專其業也。地壹則事專，事專則業專，業專則志定矣。民志定，則天下治矣。齊桓師管子之言，猶足以成霸圖，況明君聖主本之以誠而化之以道者乎！

校記：

〔一〕「斯」，原作「期」，據嘉靖本及禮記改。

〔二〕「荷」，原作「何」，據嘉靖本及國語改。

〔三〕「擊菓除田」，原作「擊菓除用」，據國語改。

聖學格物通卷之五十六

正萬民下

○漢高帝元年十一月，沛公悉召諸縣父老豪傑，謂曰：「父老苦秦苛法久矣！吾當王關中，與父老約法三章爾：殺人者死，傷人及盜抵罪。餘悉除去秦法，諸吏民皆按堵如故。凡吾所以來，爲父老除害，非有所侵暴，無恐。且吾所以還軍霸上，待諸侯至而定約束爾。」乃使人與秦吏行縣鄉邑告諭之，秦民大喜，爭持牛羊酒食饗軍士。沛公又讓不受，曰：「倉粟多，非乏，不欲費民。」民又益喜，惟恐沛公不爲秦王。

臣若水通曰：秦之所以得罪於天下者，暴虐之政，使民無所措手足爾。高祖入關之初，而

遂除秦苛法，約法三章，其庶幾仁以育之、義以正之者矣。此漢之所以興乎？史氏揭而書之，

蓋其仁義之舉，雖未足以追配湯、武，亦庶幾秋殺之中而寓春生之仁矣。

○漢文帝六年冬十月，梁太傅賈誼上疏，其畧曰：「商君遺禮義、棄仁恩，並心於進取，行之二歲，秦俗日敗。故秦人家富子壯則出分，家貧子壯則出贅。借父耰鉏，慮有德色；母取箕箒，立而誶語。抱哺其子，與公併倨；婦姑不相悦則反脣而相稽。其慈子嗜利，不同禽獸者亡幾矣！今其遺風餘俗猶尚未改，棄禮義、捐廉恥日甚，可謂月異而歲不同矣。」

臣若水通曰：先正有言：「風俗者，起於上而成於下者也，故上有好者，下必有甚焉者矣。」秦因商君以其慘刻之心，務功利之政，風俗薄惡。至文帝之世，其俗尚在，宜乎有更化善治之君也。記曰「堯舜帥天下以仁，而民從之；桀紂帥天下以暴，而民從之」，其本則在於君相而已。有天下者，當正其所好尚，好尚正而民心正，民心正而天下之風俗正矣。

○漢光武建武十四年秋，太中大夫梁統上疏曰：「臣竊見元帝初元五年，輕殊死刑三十四事。哀帝建平元年，輕殊死刑八十一事，其四十二事手殺人者減死一等。自是之後，著爲常準。故人輕犯法，吏易殺人。經曰：『爰制百姓，于刑之

衷。』自高祖至於孝宣，海內稱治。至初元、建平而盜賊浸多，皆刑法不衷、愚民易犯之所致也。由此觀之，則刑輕之作反生大患，惠加姦軌而害及良善也。」事寢不報。

臣若水通曰：仁育義正，古昔聖王所以治民之要道也。故天之道，非春不生，非秋不成，故有肅殺，所以成其生長之功也。元哀二帝，法弛而輕縱，是失其所以正萬民之道矣。及民易犯刑罰，何以異設水於前而使之易玩而溺之死也哉？梁統之論救正其弊，光武不能嘉納其言而用之，此東漢之治所以不能追三代之隆也。然則光武其亦中才之主也哉！

○漢桓帝元嘉元年十一月，詔舉獨行之士。涿郡舉崔寔詣公車，稱病，不對策。退而論世事，名曰政論，其辭曰：「刑罰者，治亂之藥石也；德教者，興平之粱肉也。」山陽仲長統見其書，歎曰：「凡爲人主，宜寫一通置之座側。」

臣若水通曰：子產，惠人也，亦鑄刑書，水火之喻切矣。崔寔立政論於漢，粱肉、藥石之喻，得救時正民之道，君子有取焉。孟子曰「以生道殺民」，其此之謂乎！然則人主盍亦酌剛柔之中哉。

○魏無鄉黨之法，唯立宗主督護，民多隱冒，三五十家始爲一戶。內秘書令李沖上言：「宜準古法，五家立鄰長，五鄰立里長，五里立黨長，取鄉人彊謹者爲之。鄰長復一夫，里長二夫，黨長三夫。三載無過，則升一等。其民調，一夫一婦，帛一匹，粟二石。大率十匹爲公調，二匹爲調外費，三匹爲百官俸，此外復有雜調。民年八十已上，聽一子不從役。孤獨癃老篤疾貧窮不能自存者，三長内迭養食之。」書奏，詔百官通議。甲戌初，立黨、里、鄰三長，定民户籍。民始皆愁苦，豪彊者尤不願。既而課調省費十餘倍，上下安之。

臣若水通曰：三長既立，萬民表正；上有經費，下無侵害；壯有復夫，窮有迭養，而民俗厚矣。李沖之言，豈非經國要務哉？

○隋文帝開皇九年二月丙申，制五百家爲鄉，置鄉正一人；百家爲里，置里長一人。

臣若水通曰：鄉正、里長，即古鄉大夫、里宰之遺意也。然以正以長爲名，豈非欲其以公正之德而長之，教之親睦，戒之刑法，以同歸於無偏無黨、無反無側之化哉？後世失其意，而徒以追租之隳突、獄訟之交攻爲務，豈立正、長之法固如是哉？

○唐高祖武德七年春正月，依周齊舊制，每州置大中正一人，掌知州内人物品量望第，以本州門望高者領之，無品秩。

臣若水通曰：古者閭胥書其德，族師書其行，則民不敢爲惡而勉於爲善。大中正之設雖自唐，而用之品量人物，則亦古之遺意也。夫以中正爲名，必其人果足以當之可也。不然，不中不正，未有不以賢爲不肖，以不肖爲賢者矣。故以中正而察人則易，而得其中正之人則難。得其人，則足以中人之不中，正人之不正矣。

○賈誼新書曰：以禮義治之者積禮義，以刑罰治之者積刑罰。刑罰積而民怨背，禮義積而民和親。故世主欲民之善同，而所以使民之善者或異。或道之以德教，或敺之以法令。道之以德教者，德教洽而民氣樂。敺之以法令者，法令極而民風哀。哀樂之感，禍福之應也。

臣若水通曰：書曰：「刑期于無刑，民協于中。」又曰：「伯夷降典，折民惟刑。」禮義刑罰，皆所以正萬民而不可偏廢者也。苟禮義不施而惟刑罰之滋焉，祇見民未正而天下之亂成矣。今夫天道之大也，四時之運也，徒以秋殺而無春生之仁，則萬物其不澌盡而磨滅者幾希矣。故爲君者，德刑兼濟，仁義並行，陽舒陰慘，體天之道，夫然後中和致而天地之祥應矣。

○劉向說苑曰：聖人之治天下也，先文德而後武力。凡武之興，爲不服也。文化不改，然後加誅。夫下愚不移，純德之所不能化，而後武力加焉。

臣若水通曰：天地之化，獨陰不生，獨陽不成。程頤曰：「文德所不能服而不用威武，何以平〔一〕治天下？」由是言之，文武並用，人君中正之道也。君天下者，可不知所審哉？

○劉向曰：百方之事，萬變蜂出。或欲持虛，或欲持實；或好浮遊，或好誠必；或行安舒，或爲飄疾。從此觀之，天下不可一，聖王臨天下而能一之。

臣若水通曰：天下民心之不正者，風俗之不同也；風俗之不同者，道德之不一也。百方之事雖有萬變，所不能變者，此心此德耳。聖君臨御於上而所以一天下者，皆本之身心之正焉，則風行草偃自不容已者矣。是故人君之正萬民，盍求所以一之者哉。

○劉向曰：禹出見罪人，下車而泣之。左右曰：「夫罪人不順道，故使然焉，君王何爲痛之至於此也？」禹曰：「堯舜之人皆以堯舜之心爲心，今寡人之爲君也，百姓各自以其心爲心，是以痛之也。」書曰：「百姓有罪，在予一人。」

臣若水通曰：宇宙之内一心爾。堯舜此心也，堯舜之民亦此心也；禹此心也，禹之民亦此心也。故禹之民之心得其正，即堯舜之民之心；堯舜之民之心得其正，即堯舜之心。堯舜之民以堯舜之心爲心者，以得其同然者，非謂本無是而求於堯舜也。禹之民各自以爲心，是失其所同然者耳。仰惟皇上秉堯、舜、禹之資，其心即堯、舜、禹之心矣。斯民也三代之所以直道而行也，今之百姓之心者，獨非堯舜之民之心乎？顧躬行以率之者何如爾。詩曰：「天之牖民，如塤如篪，如取如攜。攜無曰益，牖民孔易。」言致同也。開聰明、擴良知是已。蓋凡民自有之矣，開之擴之，如呼夢者而使寤，喚醉者而使醒，我但能覺之而已，非外與之以寤與醒也，顧不易哉？苟體認擴充大禹泣罪之心，則皇上之心即堯、舜、禹之心，而今天下之民亦莫不以皇上之心爲心矣，孰謂唐虞三代之治不可復見也？

○周敦頤通書曰：天以陽生萬物，以陰成萬物。生，仁也；成，義也。故聖人在上，以仁育萬民，以義正萬民。天道行而萬物順，聖德脩而萬民化。大順大化，不見其迹，莫知其然之謂神。故天下之衆，本在一人。道豈遠乎哉？術豈多乎哉？

臣若水通曰：夫民非仁不育，非義不正。育之也者生之也，正之也者成之也。苟生矣，而不正之以義，則欲動情勝，相攻賊滅，不可得而成矣，奚其正？故仁育義正，而後君道成；春生秋殺，而後天德成。闕一則偏廢，匪順匪化，何以成聖人天地之神哉？故君民之道，在仁義並行矣。

○程顥曰：古者鄉田同井，而民之出入相友，故無爭鬭之獄。今之郡邑之訟，往往出於愚民以戾氣相搆，善爲政者勿聽焉可也。又時取强暴而好譏侮者痛懲之，則柔良者安，鬭訟可息矣。

臣若水通曰：明刑所以期於無刑。孔子曰：「聽訟，吾猶人也，必也使無訟乎？」此息訟之道也。明道「勿聽」之説，蓋一時救弊之言爾。何則？君子之爲政也，端本尚矣，乃若訟生於前，苟無説以開明之，則亦迷而不悟而已，何以動其自責自咎之念哉？臣故曰一時救弊之言，爲不端本者設也。

○邵雍曰：天有陰陽，人有邪正。邪正之由，繫乎上之所好也。上好德則民用正，上好佞則民用邪。邪正之由，有自來矣。

臣若水通曰：上者，下之倡也。孔子曰：「子帥以正，孰敢不正？」又曰：「上有好者，下必有甚焉者矣。」下民之邪正，在上所以感之者何如爾。然則後之人君世主欲正天下之民者，可不正其好惡以端其本哉？經曰「表正萬邦」，是在君身而已矣。

○蔡沈洪範内篇曰：制人爲九行。

臣若水通曰：制，别也。九行，謂寬而栗、柔而立、愿而恭、亂而敬、擾而毅、直而温、簡而廉、剛而塞、彊而義也。九行人所固有，皆一理也。聖人别而制之，所以示人以德行之實也。正民之道，豈有外於此哉。

○國朝吴元年，皇祖命中書省定官房舍服色等第，諭廷臣曰：「古昔帝王之治天下，必定禮制，以辨貴賤、明等威。是以漢高初興，即有衣錦繡綺縠、操兵乘馬之禁，歷代皆然。近世風俗相承，流於奢侈，閭里之民服食居處與公卿無異，貴賤無等，僭禮敗度，此元之失政。中書以其房舍服色等第，明立禁條，頒布中外，俾各有所守，以正名分。」

臣若水通曰：正民之道，莫先於正名分。正名分，莫先於定服器。胡元以夷亂華，是以名分不正，風俗不美，奢侈相承，貴賤無等，閭里之民服食宫室與公卿無異，僭禮敗度，莫此爲甚矣。我皇祖明大義於天下，頓革夷習，乃命中書定服舍器用之制，明立禁條以正名分，使萬民歸正，還古帝王之道。昔武王滅商，乃反商政，政由舊，我皇祖之謂乎！

○洪武元年，聖祖爲大明令一百四十五條頒行天下，制曰：「惟律令者，治天下之法也。令以教之於先，律以齊之於後。古者律令至簡，後世漸以煩多，甚至有不能通其義者，何以使人知法意而不犯哉？人既難知，是啓吏之奸，而陷民於法，朕甚憫之。今所定律令，芟繁就簡，使之歸一，直言其事，庶幾人人易知而難犯。書曰：『刑期于無刑。』天下果能遵令而不蹈於律，刑措之效亦不難致。茲命頒行四方，惟爾臣庶體予至意。」

臣若水通曰：此聖祖頒律令於天下，諭民之詔也。書曰：「刑期于無刑，民協于中。」故律令行，則民德協中而無不正矣。我太祖之臨御臣庶，必先立律令以正之，其義之盡而仁之至矣！

○國朝太祖作爲條訓以示子孫。有曰：「朕自起兵至今四十餘年，人情善惡真僞無不歷涉。其中奸頑刁詐之徒，情犯深重，灼然無疑者，特令法外加刑，使人知所警懼，不敢輕易犯法。然此特權時處置，頓挫奸頑，非守成之君所常用，以後子孫做皇帝時，止守律與大誥，並不許用黥、刺、剕、劓、閹、割之刑。敢有請用此刑者，犯人淩遲，全家處死。」

臣若水通曰：吕刑曰：「刑罰世輕世重。」故刑亂國用重典，刑平國用中典。此聖祖承胡元之亂，既以法外加刑於奸頑之人矣，其所謂用重典者乎！至是復戒子孫止守律與大誥而禁用黥、刺、剕、劓、閹、割之刑，其所謂用中典者乎！世輕世重，與時宜之，得先王制百姓于刑之中之道矣。正民之義，何以加此？雖然，世平法玩，久則委靡，人尚姑息，法就廢弛，如久病之人氣息奄奄，隨世輕重，當思所以振作之術乎，此又惟〔一〕聖祖言外之意也。

○洪武二十二年十一月乙丑，上御謹身殿，翰林院學士劉三吾侍，因論治民之道。三吾言：「南北風俗不同，有可以德化，有當以威制。」上曰：「地有南北，民無兩心。帝王一視同仁，豈有彼此之間？汝謂南方風氣柔弱，故可以德化，北方風氣剛勁，故當以威制，然君子小人，何地無之？君子懷德，小人畏威，施之各有攸當，烏可槩以一言乎？」三吾悚服，稽首而退。

臣若水通曰：正民之道，中而已矣。剛柔强弱，中焉而已矣。所以能中者，心而已矣。三吾所謂德化於南，威制於北，不知民心中正之理矣。皇祖諭以地有南北，民無兩心，其真識本心而得帝王心學之傳者乎！人君苟明諸心，而得中正之理，則至中有以救天下之邪，至正足以一天下之動，沉潛剛克，高明柔克，强弗友剛克，爕友柔克，可以持三德之用，正萬民之偏矣。

○大明令：庶民男女衣服並不得僭用錦綉，許用紵絲、綾羅、紬絹、素紗、金首飾一件、金耳環一對，餘止用銀翠。帽頂、帽珠並不得用金、玉、珊瑚、琥珀。靴不得製造花樣、金線粧飾。

臣若水通曰：易曰：「上天下澤，履。君子以辨上下，定民志。」夫民志之不定，以名分之不明。名分之不明，以僭侈之無禁。古之時，農、工、商、賈各勤其事，而所享有限，故皆有定志，而上下之分明矣。後世僭侈之風日盛，庶民服用上擬王公，名分之不明，莫此爲甚。我聖祖著爲此令，其所以辨上下而定民志者，不在是哉？

○教民榜：凡民間户婚田土、鬭毆相争，一切小事，不許輒便告官，須經里老理斷。違者不問虚實，杖六十，仍發里老理斷。若民自能含忍不願告訴者，不許里老風聞尋趁，勾引生事，違者亦杖六十，有贓重論。

臣若水通曰：民生有欲，不能無争。争者小，則小理之，在里老則情易得而悔易生。禁生事則其萌易除，而其燄易熄。一朝之忿至於忘〔三〕身及親者可免矣。萬民之正，有不由於此哉？

○教民榜：里老不但與民果决是非，務要勸民爲善。其本鄉本里人民，務要見丁着業，出入互相周知，違者論罪。

○教民榜：本鄉本里有孝子順孫、義夫節婦，及一善可稱者，以實跡申奏，有司不舉者罪之。其無籍刁頑挾制官府者，嚴加懲治。其强劫盜賊、逃軍、逃囚及生事惡人，里老即須會多人擒拏送官，違者治罪。

臣若水通曰：鼓舞萬民之術，勸懲舉措而已矣。一鄉之人，善惡必不能遁其情也，故責之以勸戒於前，舉措於後，而賞罰行焉，則民德歸正矣。

○教民榜：鄉里人民住居相近，父祖以來非親即識，其年老者或父祖輩行，或伯叔輩行，年幼子弟皆須敬讓。敢有輕薄不循教者，許里老量情責罰。若年老者不以禮導，生事羅織，亦治以罪。務要鄰里和睦，長幼相愛。如此自無爭訟，安享太平。

臣若水通曰：史臣贊堯之治化而曰「協和萬邦」。誠使長幼有序，老少相得，其爲協和何如也！然堯必先明峻德，公孫弘曰「人主和德於上，百姓和合於下」，蓋必有以本之也。其明德和德之學、動民之道，伏惟聖明留神焉。

○宣德二年七月，上御奉天門，諭兵部尚書張本等曰：「近來民有訴妄解充軍者，此乃有司之過。彼意蓋謂朝廷所重在軍，不知民乃國家根本。夫朝廷於軍民，正如舟車任載，不可偏有輕重。今後卿等須令有司審實，軍則爲軍，民則爲民，毋致妄冒，違者必罪不恕。」

臣若水通曰：古者因井田而制軍賦，兵出於農。有事從司馬而閱之以擊刺征伐之方，無事從司徒而訓之以事君親上之道，何有軍民之分？降及後世，兵、農分而爲二。兵出身以衛農，農出粟以養兵。故當變故，則崇軍旅而輕農氓；當治平，則重農氓而蔑軍士。殊不知文武一道、軍民一體，而可以偏重乎哉？我宣宗之言，可以爲永鑒矣。

校記：

〔一〕「平」，原作「乎」，據嘉靖本改。

〔二〕「惟」，嘉靖本作「推」。

〔三〕「忘」，原作「亡」，據嘉靖本改。

聖學格物通卷之五十七

平天下格凡三綱二十目

公好惡

用人

學校禮樂政教附　舉措　課功　任相　任將　六官

理財

脩虞衡貢賦附　抑浮末禁淫巧奢侈附　飭百工　屯田授閒田水利附　馬政　轉運　勸課

禁奪時　省國費冗官冗兵冗役之類　慎賞賜　蠲租　薄斂　恤窮　賑濟

臣若水通曰：平天下何以言格物也？程頤曰：「格者，至也。物者，理也。至其理，乃格物也。」至也者，知行並進之功也。於平天下焉而至之也，至其應天下之理也。故大學「平天下」章，以絜矩、以好惡、以忠信、以仁義言之，無非吾心應天下之理也。是故公好惡焉，其要矣。其用人焉，則學校也，舉措也，課功也，任相也，任將也，六官也。其理財焉，則脩虞衡貢賦也，抑浮末也，飭百工也，屯田水利也，馬政也，轉運也，勸課也，禁奪時也，省國費也，慎賞賜也，蠲租也，薄斂也，恤窮也，賑濟也，皆天下之事理也。人主讀是編焉，感通吾心平天下之理，念念而知於斯，存存而行於斯，以有諸己，則格物之功庶乎於平天下而盡之矣。

公好惡

○詩大雅假樂：威儀抑抑，德音秩秩。無怨無惡，率由群匹。受福無疆，四方之綱。

臣若水通曰：此詩人願王者之子孫其適爲天子者，公以任賢也。抑抑，密也。秩秩，有常也。匹，類也。群匹，謂衆賢也。言願王者有威儀聲譽之美，秉其好善惡惡、是是非非之公心，無私怨私惡，以任衆賢，是能受無窮之福，爲四方之綱矣。夫好賢而惡不肖，人之本心也。任賢勿貳，去邪勿疑，必百志惟熙者能之。若夫本心不明，以異同爲好惡，則賢者必以忠直而見怨惡。怨惡之私生於中，人之有技，媢嫉以惡之；人之彥聖，而違之俾不通，寔不能容，以不能保我子孫黎民矣。故唯仁人能好人，能惡人，無怨惡之私，故能率用群賢，賢者在位，能者在職，用賢致治，而受安富尊榮之福於無窮，而爲四方之綱矣。君者朝廷之綱，朝廷者天下之綱，綱舉而萬目張，故天下治矣。夫以四方之綱，無疆之福，人才之盛，由於一念好惡之公如此，可不謹乎？成湯之立賢無方，武王之建官惟賢、位事惟能，宣王之任賢使能，是皆本於好惡之公，而卒獲其應者也。伏惟聖明以古聖賢爲法，存公正之心以爲用賢受福之本，則休明之治自臻矣。斯世斯民，何其幸邪！

○大雅洞酌：洞酌彼行潦，挹彼注兹，可以餴饎。豈弟君子，民之父母。

臣若水通曰：此詩召康公戒成王而作也。洞，遠也。行潦，流潦也。餴，烝米，一熟而以水沃之，乃再烝也。饎，酒食也。豈弟，樂易也。君子，指王也。言遠酌彼行潦之水，挹之於彼，注之於此而澄渟之，則濁者以清，猶可以烝米而爲酒食矣。況此豈弟之君子，能以民心而爲己心，凡有所好也，好民之所好而好以天下；凡有所惡也，惡民之所惡而惡以天下，則好惡通乎民心，而一毫己私不以與乎其間矣。是以民之仰之戴之者，尊之如父而有父之尊，親之如母而有母之親，自固結而不可解，自眷戀而不忍離矣，豈不謂民之父母乎！是則民之尊親之至者，非私之也，以君子好惡之公有以動之，一天理之自然者也。則夫有天下者，烏可横之以私，作好作惡，而不以天下之心爲心邪？

○春秋昭公十五年：秋，晉荀吴帥師伐鮮虞。

臣若水通曰：左傳：「晉荀吴帥師伐鮮虞，圍鼓。」鼓，白狄之别種也。鼓人或請以城叛而降晉，荀吴不肯受。左右曰：「師徒不致勤勞，而可坐得一城，何故不爲？」荀吴曰：「我聞諸叔向，好惡無有過差，使民曉然知其好惡之所在，則事無不濟也。或以吾城叛而歸敵，吾所甚惡也。今人以城來，吾獨何好焉？賞所甚可惡者，則於甚可好者將何處之？若受其叛而不推賞，是失信也，何以庇民？吾力所能則進而取之，力所不能則退而舍之，量力而行之，不可欲急得城而近奸邪之人，所喪失滋多矣。」乃使鼓人殺其叛人，而繕脩守備。臣謂好而知其惡，惡而知其美，好惡之公也。好惡之公，實自正其心始，心正則誠矣。誠則明，明則知千萬人之好惡即一己之好惡。誠則公，公則以一己之好惡而爲千萬人之好惡也。荀吴却鼓城之叛，而自其己之好惡推之，庶幾近於道乎！惜乎未能擴充之，以成王佐之才也歟。

○禮記坊記：子云：「上酌民言，則下天上施。上不酌民言，則犯也。下不天上施，則亂也。」

臣若水通曰：書稱「清問下民，謀及庶人」，所以廣聰明也。蓋天下之道理無窮，而一人之聰明有限，故政教之施，必參酌乎庶人之言，而後盡善盡美也。如是則能合人情而宜土俗，其行之也無弊，其利之也無窮，下民之悦之，真若天之膏澤之降施於上矣。苟惟任一己之私，好民之所惡，惡民之所好，則拂人之性矣，故謂之犯。上既犯則下亂，膏澤不下於民，而下民不天上之所施矣，豈不背叛而爲亂哉？或曰九重深邃，民言何自而達，君亦何自而酌之也？曰：詢之左右，詢之群臣，詢之庶民，而又命使以觀風問俗於天下，民之利病，莫遁其情，君則酌其至公至當者而施之，則民雖未言，君固已逆探其欲言者而播之，雖不中不遠矣。傳曰「如保赤子，心誠求之」，惟聖明留意焉。

○緇衣：子曰：「下之事上也，不從其所令，從其所行。上好是物，下必有甚者矣。故上之所好惡，不可不慎也，是民之表也。」

臣若水通曰：好惡者，不必行勸懲於天下，而天下從違而趍避之者也。蓋天下之民同此心也，同此情也，則亦同此好惡也。上感而下應，蓋有不賞而民勸，不怒而民威者矣。

○緇衣：子曰：「有國家者，章善癉惡，以示民厚，則民情不二。詩云：『靖恭爾位，好是正直。』」

臣若水通曰：章，明也。所謂明，明揚側陋也。癉，病也，所謂維王之卬也。善者明而揚之，爲士、爲大夫、爲公卿，所謂五服五章是也。惡者病而去之，移之郊遂，迸之四夷，所謂除惡務本是也。夫公好惡者則民化之，亦好其所好，而惡其所惡矣。治天下之要，何以外於此哉！

○論語：子曰：「唯仁人能好人，能惡人。」

臣若水通曰：好善而惡惡，天下之同情也。但有一毫私意以雜乎其間，斯有好而不知其惡，惡而不知其美者矣。故好惡得正，唯仁者能之。蓋仁者之心渾然天理，廓然而大公，物來而順應。故因人之善而好之，好非以己而無有作好也；因人之惡而惡之，惡必以物而無有作惡也，何有於親愛賤惡之辟哉？雖然，常人之好惡所係猶小也，若夫人君之情有所好惡，則或爲刑賞，或爲用舍，或爲予奪，或爲黜陟，或爲生殺，一失其正，將拂人之性，而使天下蒙其禍，且不免於逮身之菑矣，可不慎歟！

○孟子曰：樂民之樂者，民亦樂其樂。憂民之憂者，民亦憂其憂。樂以天下，憂以天下，然而不王者，未之有也。

臣若水通曰：此孟子於雪宮告齊宣王之言也。因宣王有「賢者亦有此樂」之問，故告之以此言。君民一體，上下一心，爲人君者，能以民心爲己之心，如飽煖安逸，民之樂也，君則見民之樂猶己之樂，而歡欣之情有所不能已焉。民則曰，君之樂，吾樂也，是愉悦之情同我矣，吾胡爲而不樂君之愉悦乎？饑寒勞困，民之憂也，君則見民之憂猶己之憂，而痛悼之情自有所不能已焉。民則曰，君之憂，吾憂也，是哀怛之情同我矣，吾胡爲而不憂君之哀怛乎？夫樂民樂而民樂之，是以一己之樂爲天下之樂，非私樂矣。憂民憂而民憂之，是以一人之憂爲天下之憂，非私憂矣。夫得民之情，是得民心也。得民心，是得民也。如是而不王於天下者，寧有是理哉？齊王以雪宫爲樂，是樂以一己之私矣。孟子以是告之，所以擴天理、遏人欲，而引之當道志於仁也，足爲萬世人君審好惡之法矣。

○萬章曰：「父母使舜完廩，捐階，瞽瞍焚廩。使浚井，出，從而揜之。象曰：『謨蓋都君咸我績。牛羊父母，倉廩父母，干戈朕，琴朕，弤朕，二嫂使治朕棲。』象往入舜宫，舜在牀琴。象曰：『鬱陶思君爾。』忸怩。舜曰：『惟兹臣庶，汝其于予治。』不識舜不知象之將殺己與？」曰：「奚而不知也？象憂亦憂，象喜亦喜。」

臣若水通曰：此孟子答門人萬章之言，以見大舜憂喜好惡純乎天理之公也。萬章以所聞父母與象害舜之事，而舜則見而喜之之情爲問，言舜父頑、母嚚、象傲，日以殺舜爲事，故使之治粟廩，去其梯而焚之；又使之掘井，舜從旁空而出，父母不知，又從而以土揜井。象言謀揜蓋殺舜於井中者皆我功，故牛羊倉廩皆與父母，干戈琴弤皆當與我，二嫂舜之二妃當治我棲。乃往舜宫，而舜已在牀鼓琴矣。象乃言：「我思兄之切，鬱陶而氣不得伸，故來見爾。」象此時蓋有忸怩慙愧之色。舜乃言曰：「我有臣庶之衆，汝其治之。」萬章既述此言而問，以爲舜果不知象之將殺己故喜之如此歟？孟子告之以爲舜豈有不知象之殺己，但舜大聖人也，天理之全，人倫之至，常知有弟之親，而不知有象之惡。故於象有謨蓋之憂，則憂之情亦與象同，曰「吾何以使弟至此也」。於象有鬱陶之喜，則喜之情亦與象同，幸得以遂天倫之樂也。一憂一喜，皆在象而舜無與焉。其好惡一天理之公也。人君於人倫物理之際，可不以此體認於心乎？

○國語周語：王孫説曰：「聖人之施舍也議之，其喜怒取予也亦議之，是以不主寬惠，亦不主猛殺，主德義而已。」〔一〕

臣若水通曰：説，周大夫。賞得其人，罰當其罪，是爲德義。夫取予、施舍、喜怒，君之大柄也。不擬議以求公正之歸，何以執大柄以示好惡之則於人乎？爲人君者，可不取説之言，執大柄以御天下哉？

○晉語：史蘇曰：「吾聞君子好好而惡惡，樂樂而安安，是以能常。」

臣若水通曰：史蘇，晉大夫，占卜之史也。好者好之，惡者惡之，樂則説之，安則居之，得好惡之正，故能有常而不變。夫君子平其心以和其情，故好惡安樂不違乎天。天也者，常久不變之道也。觀獻公之於申生，好惡安樂拂人之情，戾天之常甚矣，君子是以知其難作也。爲人君者，可不鑒乎？

○梁武帝大同十一年，散騎常侍賀琛啓陳四事，其三以爲：「陛下憂念四海，不憚勤勞，至於百司莫不奏事。但斗筲之人既得伏奏帷扆，便欲詭競求進，不論國之大體，心存明恕，惟務吹毛求疵，擘肌分理，以深刻爲能，以繩逐爲務，迹雖似於奉公，事更成其威福。犯罪者多巧避滋甚，長弊增姦，寔由於此。誠願責其公平之效，黜其讒慝之心，則下安上謐，無徼倖之患矣。」

臣若水通曰：此賀琛陳説於梁武帝之言也。吹毛以求其疵，擘肌以分其理，言其苛刻。繩逐者，繩糾其過失而斥〔二〕逐之也。夫好惡之公私，在邪正而已爾。故公平之政行則好惡公，讒慝之説行則好惡不公矣。賀琛之言，亦救時之弊也。然人君好惡之公，在正其心而已。心正，則孰爲公平〔三〕、孰爲讒慝、孰爲邪、孰爲正，而趍舍之歸自定矣。

○唐太宗貞觀五年十二月，上謂執政曰：「朕常恐因喜怒妄行賞罰，故欲公等極諫，公等亦宜受人諫，不可以己之所欲惡人違之。苟自不能受諫，安能諫人？」

臣若水通曰：喜怒，情也。賞罰，政也。政生於情也。太宗既責臣下之陳諫於君，又責以受諫於人，可謂能絜矩矣。然情生於性，性生於心。心性者，政事之根本也。太宗誠知養其心性，而臣下之所以輔導者，胥不外是，則發之而爲情，達之而爲政，無弗善也。惜乎君以納諫名，臣以直諫顯，徒事其末，而不深探其本，故諫愈多而過愈著，其不足以望先王之治，有由然矣。故君臣相與以有成，須於本原求之。記曰：「其本亂而末治者否矣。」信夫！

○貞觀十年十二月，治書侍御史權萬紀上言，宣、饒二州銀，大發采之，歲可得數百萬緡。上曰：「朕貴爲天子，所乏者非財也，但恨無嘉言可以利民爾。與其多得數百萬緡，何如得一賢才？卿未嘗進一賢，退一不肖，而專言稅銀之利。昔堯舜抵璧於山，投珠於谷，漢之桓靈乃聚錢爲私藏，卿欲以桓靈事我邪？」是日，黜萬紀，使還家。

臣若水通曰：寶藏，恒情之所好也而不好焉；專利之臣，恒情所不惡也而能惡焉。輕百萬之緡而重賢才之士，太宗之好惡可謂得其正矣。然而一事如此，而他事或有不然者，豈非體認天理之功未知，而本原之學未之講邪？

○貞觀十七年四月，以楊師道爲吏部尚書。初，長廣公主適趙慈景，生節。慈景死，更適師道。師道與長孫無忌等共鞫承乾獄，陰爲趙節地，道由是獲譴。上至公主所，公主以首擊地，泣謝子罪。上亦拜泣曰：「賞不避仇讎，罰不阿親戚，此天下至公之道，不敢違也。」

臣若水通曰：太宗謂「賞不避仇讎，罰不阿親戚」，此公天下之好惡，割骨肉之私愛，而公主之請不行，所以能成貞觀之治也。凡爲天下國家者，於好惡不可以不慎焉。

○貞觀二十一年，上謂侍臣曰：「自古帝王多疾勝之〔四〕者，朕見人之善，若己有之。人之才有能有不能，朕取其所長，棄其所短。人主往往見賢則欲寘諸懷，不肖則欲推諸壑。朕見賢者則敬之，不肖者則憐之，賢不肖各得其所。人主多惡正直，陰誅顯戮，無代無之。朕踐祚以來，正直之士比肩於朝，未嘗黜責一人。自古皆貴中華，賤夷狄，朕獨愛之如一，故其種落皆依朕如父母。此五者，朕所以成今日之功也。」

臣若水通曰：不疾勝己，不没人長，敬其賢，矜其不肖，不惡正直，兼愛華夷，太宗之好惡可謂公矣，所以成莫大之功，而爲唐配天之主也。後之人君，尚取法之哉！

○宋徽宗崇寧二年九月，令州縣立黨人碑。蔡京又自書「姦黨」爲大碑，頒于郡縣，令監司吏廳皆刻石。有長安石工安民當鐫字，辭曰：「民愚人，固不知立碑之意。但如司馬相公者，海内稱其正直，今謂之姦邪，民不忍刻也。」府官怒，欲加之罪。民泣曰：「被役不敢辭，乞免鐫安民二字于石末，恐得罪後世。」聞者愧之。

臣若水通曰：人之生也直，好惡之公出於性，生者也。孔子曰：「斯民也，三代之所以直道而行也。」蔡京以才智自雄，黨碑之立，是無惻隱、羞惡、辭讓、是非之心矣，反不若一石工之明者何哉？蓋由安石學術之辟，故好惡之僻，塗天下之耳目，蔽天下之聰明，故京迷而不自知也。夫豈其智弗若歟？其術使之然也。若安石者，所謂以學術殺天下後世者邪？或曰京狐媚也，豈足以人道齒之？後之人主見如此之人，尚謹所好惡焉。

○元仁宗延祐七年四月，有獻七寶帶者，因近臣以進。帝曰：「朕登大位，不聞卿等進賢，而爲人獻帶，是以利誘朕也。其還之。」

臣若水通曰：「亡人無以爲寶，仁親以爲寶。」此好惡之公也。仁宗不愛七寶帶之獻，而責近臣以無賢人之進，其庶幾近是乎！甚矣近臣之難御也，狎之則玩其威，忽之則投其好。故夫明王聖主正身脩德，防漸謹微，必自貴近始。使之窺見其隙，鮮有不以利誘其君者矣。周書曰：「所寶惟賢，則邇人安。」其仁宗之謂與！雖然，君人者無乾健離明之德，其不爲姦臣之所入者幾希矣。

○國朝憲綱風憲：存心須用明白正大，不可任一己之私，昧衆人之公。凡考察官吏廉貪賢否，必於民間廣詢密訪，務循公論以協衆情，毋得偏聽及輒憑里老吏胥人等之言，顛倒是非；亦毋得搜求細事，羅織人過，使奸人得志，善人遭屈。

○又曰：所至之處，博采諸司官吏行止，廉勤公謹者禮待之、薦舉之，汙濫奸佞者戒飭之、糾劾之。勸懲得體，人自敬服。大抵心正無私，則事公當。

臣若水通曰：大禹謨曰：「稽于衆，舍己從人，罔咈百姓以從己之欲。」夫是非之心，人皆有之。故小民至愚而神，是非善惡靡不明且公也。皇祖以舉措命憲臣，而必使之循公論，以協輿情，人自敬服。蓋我是非之心即人是非之心也。至於一則曰存心明白正大，二則曰心正無私，真可謂知好惡之本哉！

○憲綱：原設旌善亭、申明亭，但有損壞，行屬脩理，榜示姓名行實，使善惡知所懲勸。

臣若水通曰：書云：「爾惟風，下民惟草。」孔子之告康子，亦此意也。是故爲之旌善，爲之申明，爲之榜示行實，則好惡明而民之趍善避惡也易易爾。昔成湯播告之脩不匿厥指，豈非豫示好惡於民哉！夫明示好惡者在君，申好惡之實而達之於民者在有司矣。

校記：

〔一〕此條與下條嘉靖本無。

〔二〕「斥」，原作「斤」，據嘉靖本改。

〔三〕「平」，原作「乎」，據嘉靖本改。

〔四〕「之」，嘉靖本作「己」。

聖學格物通卷之五十八

學校一 禮樂政教附

○易蒙[一]：初六發蒙，利用刑人，用説桎梏，以往吝。

臣若水通曰：初六以陰居下而不正，下民之蒙者也。爻言上之治蒙當有發之之道，明刑以示之，使知所畏懼而感悟其良知，去其蒙蔽如脱去其桎梏焉。然必有脱其桎梏之心乃可，若過此而往，專用刑法以爲治，則民之蒙不能發矣，故有吝也。夫人性本然之善蔽於蒙昧，猶桎梏也。桎梏去而真性全，懲之以威，去其桎梏者也。故書曰：「明于五刑，以弼五教。」又曰：「伯夷降典，折民惟刑。」教者以發蒙爲功，蒙之不亨，教者之吝也。故威以懲之，使歸於德化之中，教得其道，而蒙者亨矣。賢才胥由是出，國家曷勝其用耶！

○書虞書舜典：舜曰：「契，百姓不親，五品不遜，汝作司徒，敬敷五教，在寬。」

臣若水通曰：此帝舜命契以掌教之言也。親者，相親一體之義也。五品：父子、君臣、夫婦、長幼、朋友五者之名位等級也。遜，順也。司徒，掌教之官也。敷，布也。五教者，以父子之親、君臣之義、夫婦之别、長幼之序、朋友之信布而爲教令也。敬者，心之主一而教之本也。寬，謂寬裕以待之也。蓋五者之理，出於人心之本然，非假外求。惟教學不明，則無以開發其良心，故不相親，不相順。教也者，所以開發其良心，而復其本然之理也。故舜因禹之讓，又申命契仍爲司徒，使之敬以敷教，而又寬裕以待之，使其優游浸漬，以漸而入，則其天性之真自然呈露，不能自已矣。臣謂由百姓不相親，各自以其心爲心，而無同胞共與之公，各以其形骸分爾汝，君臣、父子、夫婦、兄弟、朋友皆如路人，五品所以不順其理也。故舜命契敬敷五品之教，所以明其相親之理，而使相遜，則天下無事矣。此唐虞三代之治必先於建學立師，師之所以教，弟子之所以學，有司之所以選舉，朝廷之所以擢用，皆在人倫物理、德行道藝之實，所養所用，皆出於一。後世立教，或以詩賦，或以訓詁詞章，徒事口耳，而不可推之天下國家，此學問、政事所以分爲二事，治之所以不古若也。有志於治者，尚其考之。

○舜典：帝曰：「咨！四岳，有能典朕三禮？」僉曰：「伯夷。」帝曰：「俞，咨伯。汝作秩宗。夙夜惟寅，直哉惟清。」

臣若水通曰：此帝舜命伯夷典禮之言也。典，主也。三禮者，祀天神、享人鬼、祭地祇之禮也。秩宗者，主叙次百神之官。伯夷，臣名。夙，早也。寅，敬也。直者，心無私曲也。帝舜咨問於四岳，在廷之臣有能典主我天神、地祇、人鬼之禮者乎？四岳遂舉伯夷，舜乃然其舉，呼而命之曰：「爾作秩宗之官，當早夜致敬，敬則内直，無有私曲之萌，則其心潔清，心潔清則德足以通神明而可以感格矣。」帝舜命伯夷專言祭祀，而不及乎他者，何耶？蓋事神實難，而三千三百之禮皆本於敬也。

○益稷：夔曰：「戛擊鳴球，搏拊琴瑟，以咏。祖考來格，虞賓在位，群后德讓。下管鼗鼓，合止柷敔，笙鏞以間，鳥獸蹌蹌，簫韶九成，鳳凰來儀。」

臣若水通曰：此夔述作樂之功用也。戛擊，考擊也。鳴球，玉磬也。七絃爲琴，二十四絃爲瑟。咏者，人歌聲也。虞賓，丹朱也。群后，助祭諸侯也。下，堂下之樂也。柷敔，節樂之器也。笙，竹音。鏞，鍾，金音也。夔言樂之始作，戛擊鳴球，搏拊琴瑟，以合歌咏之聲。是時丹朱在陪祭之位，與助祭諸侯以德相讓，則人無不和可知矣。始則擊柷以合之，終則櫟敔以止之，笙鏞之音與咏歌而迭奏。是時，則見鳥獸無知亦蹌蹌行動，相率而舞。簫韶至九變，則見鳳凰靈鳥亦且來舞。而有儀容則物無不知，可知矣。夫感神人、和上下、格鳥獸、致祥瑞，作樂功效之大、感通之妙如此，爲人君欲化成天下、位育天地萬物者，可不講求之乎？

○周書武成：重民五教，惟食喪祭。

臣若水通曰：此周史臣述武王政治之大事也。五教者，君臣、父子、夫婦、長幼、朋友五典之教也。教以厚倫，食以養生，喪以送死，祭以追遠，皆所以立人紀而厚風俗，聖人之所以甚重焉者也。孟子論王道，使民養生送死無憾，謹庠序之教，申之以孝弟之義，其言蓋本於此。人君欲行王道者，盍於此求之哉。

○洪範：凡厥庶民，有猷有爲有守，汝則念之。不協于極，不罹于咎，皇則受之。而康而色，曰：「予攸好德。」汝則錫之福。時人斯其惟皇之極。

臣若水通曰：箕子衍洪範皇極之疇。此言庶民也有猷，謂有謀慮者。有爲，謂有設施者。有守，謂有操守者。念之，不忘之謂也。不協于極，未合於善者也。不罹于咎，不陷于惡者也。受之者，受教之也。攸，所也。錫，與也。福，爵祿也。有猷、有爲、有守三者，其材質可進於大道，君之所當念念不忘而進之也。未合於善，不陷于惡，材質中人也，進之則可以爲善，棄之則流於惡，君所當受教之而不拒也。念而深進之，受而與進之，各隨其才，而輕重以成就之也。由前二等之人而造就，見於外而有安和之色，發於中而有好德之言，汝於是既觀其色，又聽其言，知其爲善，則錫之以爵祿，而是人斯其惟皇之極矣。宋儒程顥言於朝曰：「治天下以正風俗、得賢才爲本。」夫人君於天下之人，當隨其材而成就之，使賢者能者各以時見用於朝，則風俗日厚而王道可幾矣。後之人君有志於圖治者，可不務乎？

○詩大雅棫樸：倬彼雲漢，爲章于天。周王壽考，遐不作人？

臣若水通曰：倬，大。雲漢，天河也。章，文章也。周王，謂文王也。文王九十七乃終，故言壽考。遐，何也。作者，鼓舞振德之意。此詩美文王教化成賢之隆也。言雲漢之大，則爲章于天矣。文王壽考，何不作成人才如是乎？養士莫大於學校，學校者，固教化之地，其所以鼓舞而作興之者，實本於君心之德爾。故棫樸詠「峩峩髦士，桓桓六師」，人才可謂盛矣！而必曰「周王壽考，遐不作人」，蓋必有文王之德，享文王之壽，而久於其道，則在位一日，聖德薰蒸于一日；在位百年，聖德薰蒸于百年，然後禮樂興而教化成，賢才出而天下治矣。不然，徒有學校之設，苟無聖德以爲鼓舞作興之本，如漢明帝開辟廱，衣冠縉紳環橋門而觀聽者蓋億萬計，而卒無以成教化之功，學校之設徒爲粉飾虛文而已，安得真才以爲實用哉！

○大雅靈臺：虡業維樅，賁鼓維鏞。於論鼓鐘，於樂辟廱。

臣若水通曰：此詠文王教化之詩也。虡者，植木以懸鐘磬，其橫者曰栒。業者，栒上大版刻之捷業如鋸齒者也。樅者，業上懸鐘磬處以綵色爲崇牙，其狀樅樅然也。賁鼓，大鼓也。鏞，大鐘也。於，嘆辭。論，倫理也。廱，澤也。辟廱，天子之學也。言文王之樂於其虡業則樅樅然，其賁鼓與大鐘既作而有倫，文王則樂于辟廱矣。文王鐘鼓之樂作於辟廱者何？蓋古者首以禮樂而教胄子也，故文王於辟廱之中，既教之養老習射之禮矣，猶懼其一於嚴而情不通，則其教有難入矣。故又考鐘擊鼓，秩然有倫，使入乎耳、感乎心，而辟廱之樂，藹如春風，和氣之薰蒸，所以涵養其性情，蕩滌其邪穢，優游變化，自成其德爾。雖然，禮樂本於人心，非自外也。故曰論曰樂，文王本之此心，一天理中和之極，故發之於禮樂，自然中正和平，有以感人心於和樂也。苟無中和之本，而徒事其文焉，其如禮樂何？故曰履中正而樂和平，可謂達禮樂之本矣。

○魯頌泮水：思樂泮水，薄采其藻。魯侯戾止，其馬蹻蹻。其馬蹻蹻，其音昭昭。載色載笑，匪怒伊教。

臣若水通曰：此詩頌魯僖公脩泮宮之教也。教以和樂爲主，和樂則感人心於易從，易從則教化行而人才出矣。故舜命契曰：「敬敷五教在寬。」謂之寬者，即和樂之意也。泮水之詩，言魯侯莅止，載色載笑，匪怒伊教。方其莅學敷教之時，假之言笑以通其情。斯時也，威怒爲之泯然，惟循循善誘而教養之爾。然和樂豈假於外哉？實本諸心爾。故記曰：「中心斯須不和不樂，則鄙詐之心入之矣。」鄙詐一入，中心安得和樂？心不和樂，施之教者，又安得而和樂哉？故心敬而後鄙詐消，鄙詐消而後中心自然和樂。而施之教者，亦無不和不樂，優而游之，使自求之，如春風着物，生意勃然矣。故人主之和德，實學校教化之本也。

○禮記王制：天子命之教，然後爲學。小學在公宮南之左，大學在郊，天子曰辟廱，諸侯曰頖宮。

臣若水通曰：凡教，自上出者也。天子，天下之主，故必天子命之教，然後爲學也。小學者，小子之學也。公宫南之左者，東南方也，生長之地也。大學者，大人之學也，十五歲入焉。郊者，郭門之外也。辟，璧也。辟廱，環〔二〕學宫皆水，如璧之象。頖宫者，半水也。

○王制：樂正崇四術，立四教，順先王詩書禮樂以造士，春秋教以禮樂，冬夏教以詩書。王大子、王子、群后之大子、卿大夫、元士之適子，國之俊選皆造焉。凡入學以齒。

臣若水通曰：樂正，掌教之官也。術者，道路之名也。詩書禮樂四者，皆入德之路也，故謂之四術。造士者，造就選士、俊士而成之也。樂主發、禮主收，故宜於春秋也。詩主暢、書主藏，故宜於冬夏也。主乎一，而三者輔之也。王大子，適子也。王子，支子也。群后，諸侯也。適子，長子也。俊，升於學者。選，升於司徒者也。以齒不以貴，所以興讓也。

○文王世子：凡語于郊者，必取賢斂才焉。或以德進，或以事舉，或以言揚。曲藝皆誓之，以待又語。

臣若水通曰：語，論才也。郊，太學也。有德者謂之賢，有能者謂之才，即事也。言者，敷奏之言也。曲藝，有一長者也。又語，再論也。古者即學論人之法，尚賢而用才，故德進爲先，事舉次之，言者事之緒餘，故又次之，曲藝則僅能一技，故爲下。此論人之序也。雖然，以德、以事、以言、以曲藝者〔三〕立賢無方，隨材器使，聖人之仁不遺乎物也。惟我聖明之教，如天地之覆載，大以成大，小以成小，無物不育，如大匠之於群材，大則大用，小則小用而無遺，與成周之法同一揆矣。

○文王世子：天子視學，大昕鼓徵，所以警衆也。衆至，然後天子至。乃命有司行事，興秩節，祭先師、先聖焉。

臣若水通曰：此天子視學之禮也。於大明之時鼓，徵召大衆之至，而後天子至焉。遂命有司行事舉禮，以祭先師、先聖，所以報本，不忘學之所自，致崇儒重道之誠，而身親學焉以爲教者也。自漢以來，日視學爲異事，故不曰視學而曰幸學。視者親臨之辭，所以著重教也。幸者寵遇之辭，所以見尊君也。君尊而崇師重道之意殺矣，爲人君者，可不知所重乎？

○學記：古之教者，家有塾、黨有庠、術有序、國有學。

臣若水通曰：古人立學，二十五家之閭曰塾，五百家之黨曰庠，萬二千五百家之術曰序，三者皆小學也。於國中而後曰學，此大學也。隨地之遠近，而有大小之學。學所以明人倫也。人倫者理也，無非教之以天理也，是則無地而非學，無學而非天理矣。竊觀三代以後，漢至武帝始立太學，宋至仁宗始有郡學。我太祖立國子監於未登極以前之三年，立郡縣學於登極後之二年，至於八年即立社學，其與家塾、黨庠、術序、國學之名雖不同，而實一也。先教於社學，而後入鄉學，貢舉於鄉學，而後入太學，先王教學之道，至是大備矣。所貴者明天理人倫，以復其性之固有者爾。

○學記：比年入學，中年考校：一年視離經辨志，三年視敬業樂群，五年視博習親師，七年視論學取友，謂之小成。九年知類通達，强立而不反，謂之大成。

臣若水通曰：中年，間一年也。離，絶也。群者，朋儕也。古者學校逐年比較之法，每一年必有入學之人，間一年則進退可知矣。於是考其進否之藝，即又申其説。以爲一年所視者，離絶其經書之句讀，辨别其志向之邪正。三年所視者，敬其所習而無怠忽，樂其朋徒而無睽貳。五年所視者，博習而無限制，親師而知嗜好。七年所視者，論學之微，取友之益，夫然則學已小成者也。至於九年，知類通達而義理無不明，卓然强立而外物不能反，此之謂大成。夫曰經、曰業、曰群、曰習、曰學、曰類，是所謂業也。曰志、曰敬、曰樂、曰博、曰親、曰通達、曰强立，是所謂德也。德業合一，先王之所以教，而學者之所以學而成其賢者也。今之所教學者，不越乎記誦辭章之間，豈可謂之成賢哉？

○學記：大學之法，禁於未發之謂豫，當其可之謂時，不陵節而施之謂孫，相觀而善之謂摩。此四者，教之所由興也。發然後禁，則扞格而不勝；時過然後學，則勤苦而難成；雜施而不孫，則壞亂而不脩；獨學而無友，則孤陋而寡聞。燕朋逆其師，燕辟廢其學。此六者，教之所由廢也。

臣若水通曰：學之所由興者有四焉，屬於師者三，曰：禁止其未發之非，一也；告之以當可之時，二也；不陵犯節次而施之有序，三也。屬於友者一，曰：彼此相觀而摩厲以善是也。學之所由廢有六焉，屬於師者三，其一曰發然後禁而扞格不勝；其二曰過然後學而勤苦難成；其三曰雜施而使之壞亂。屬於友者三焉，一曰孤陋而寡聞，二曰燕私爲朋以逆其師，三曰燕遊邪僻以廢其學。由是觀之，自天子以至於庶人，未有不由師而成者。然師之爲教，止於大綱，而朋友講習之益尤多也。古人重朋友之樂，其以此夫！

○禮運：五聲六律十二管，還相爲宮也。

臣若水通曰：十二律管者，正五音之具也。五聲者，作樂之本也。樂之本，由人聲起也。五聲者，宮、商、角、徵、羽也。六律者，黄鐘、大簇、姑洗、蕤賓、夷則、無射，爲六陽律；大吕、夾鐘、仲吕、林鐘、南吕、應鐘，爲六陰吕。均之皆可以言律，此云六律者，陽可以該陰也。十二管者，十二律吕之管，所以候氣者也。還相爲宮者，以十二律吹之而爲聲，迭相爲宮也。夫十二律，有吹有候，吹之以審聲之高下，候之以審陽氣之升，而爲之調燮以取中也。吹以審於聲，候以審於氣，則無不和，而可被於八音，爲樂。其管止於十二者，律之正管十二也。變律非正律，閏月無中氣，故不候也。候氣應而吹其管，則中聲在是矣。其爲宫也，惟十二正律各自爲宫，以偕五聲之正，而周流以徧，故爲六十調。蓋六十調者，十二宫也。然每宫起調畢曲，廼以二變聲濟五聲之不和，以六變律續蕤賓以下之不及。所以然者，無非欲其聲之和。夫宫者，君也。十二宫者，皆君德之所吹也。故律管之灰半出者爲和氣，全出者爲猛氣，不能出者爲衰氣。和氣者其政平，猛氣者其臣縱，衰氣者其君暴。日別月異，以其天與人君交相感應，如影響然也。作樂之功用，豈小也哉！

〇樂記：是故先王慎所以感之者，故禮以道其志，樂以和其聲，政以一其行，刑以防其姦。禮、樂、政、刑，其極一也，所以同民心而出治道也。

臣若水通曰：道猶理也。君民相感之際微矣，故先王於感人心之道，必致其謹焉。是故禮、樂、政、刑不同，而理同歸於感人心而已爾。夫恭敬辭讓，人皆有是心也，而無以理之，或失則過，或失則不及矣。故禮以理之，使無過不及，而志正矣。既有是志不能無聲，聲而不和，至於乖戾，則無以宣其志之中和，故樂所以和其聲也。禮制樂作，感人者具矣。其有不一者，於是乎有法制禁令之政焉以一之。又不齊，則有墨、劓、剕、宫、大辟之刑焉以防之。夫禮以道之，樂以和之，政以一之，刑以防之，果爲何物？蓋事雖殊，而所以爲民，使循乎天理之正，其極則一也。後世廢棄禮樂，專尚政刑，是驅民於罪戾之歸，豈先王之意哉？嗚呼！禮樂、政刑出于一，此先王之世所以治也。禮樂、政刑岐而爲二，此後世之所以亂也。爲人君者，可不慎乎！

○樂記：是故先王之制禮樂也，非以極口腹耳目之欲也，將以教民平好惡而反人道之正也。

臣若水通曰：人生而静，天之性也。性本無不正也，情蕩之也。情本無不中也，欲誘之也。欲非自内生也，形累之也。是故有形而後有欲，有欲而後失其情，情蕩而性鑿，性鑿而人道乖，欲動情勝，賊滅無倫，此大亂之道也。是故先王有憂之，制以禮樂，推而達之天下，使自得之，禮以制心，樂以樂心，則口腹耳目之欲不流矣。欲不流，則好惡之情以平而不蕩，各得其中正而性復，人道其有興矣。此禮樂之用所以爲大也哉。

○樂記：樂者，天地之和也；禮者，天地之序也。和，故萬物皆化。序，故群物皆别。樂由天作，禮以地制。過制則亂，過作則暴。明於天地，然後能興禮樂也。

臣若水通曰：天高地下，萬物散殊，天地之序也。流而不息，合同而化，天地之和也。和故氣行而物化，序故質定而物分，此天地自然之禮樂也。先王仰觀俯察而有得焉，禮樂所以興乎！禮樂何以由天地制作也？樂也者，聲也，氣之所爲也，是故擬之天道焉。禮也者，形也，質之所爲也，是故擬之地道焉。天地之和序盡形于此，由是大樂與天地同和，大禮與天地同節，天地奠位而萬物生，參贊之能事畢矣。夫何以致於是也？天地、聖人之道一也，先王得天地之道焉。合氣與質，道之至也。和序生于其心，繼之以器以文，而禮樂出矣。禮樂出而和序之心盡矣。先王之教，何莫而非天地之所爲哉？是故其始也則深體之，其中也則效法之，而其終也則參贊之。天地、聖人，其體一也。而禮樂也者，所以合天人之蘊者也。噫！不聞性與天道而能制禮作樂者末矣，過則暴亂，其斯之謂歟。

○樂記：禮樂不可斯須去身。致樂以治心，則易、直、子、諒之心油然生矣。易、直、子、諒之心生則樂，樂則安，安則久，久則天，天則神。天則不言而信，神則不怒而威，致樂以治心者也。致禮以治躬則莊敬，莊敬則威嚴。中心斯須不和不樂，而鄙詐之心入之矣。外貌斯須不莊不敬，而易慢之心入之矣。

臣若水通曰：斯須，暫時也。致者，中庸「致中和」，春秋「致女禮」、「致爵」之致，言推而達之於彼也。子、諒，慈良也。入，謂主之也。先王禮樂之化神矣哉！蓋先王不能斯須去身，推而達之天下，亦不欲其斯須去焉，廣禮樂之教，以成其化也。是故樂由中出，故推樂于民以治心。禮自外作，故推禮于民以治躬。樂推則民化之，易直慈良之心生矣，生則樂，樂則安，安則久，久則天，天則神，不言而信，不怒而威矣。禮推則民法之，故莊敬，莊敬則威嚴而無易慢之心矣，威嚴則和樂而無鄙詐之心矣。夫易直慈良之生也，心之治也，和也，而樂、而安、而久，以至信且威焉，躬其有不莊敬者乎？莊敬威嚴之著也，敬也，而和、而樂，以至易慢鄙詐皆泯焉，心其有不和樂者乎？易直慈良之或未至也，則安、久、天、神之機或幾乎息，鄙詐易慢之或主于内也，則莊敬和樂之著必有泯然而滅者矣。是故心所生也，治心也亦所以治躬也，治躬也亦所以治心也，合内外之道也。知内外之合一，斯可與語禮樂之全、教化之備矣。

○禮運曰：先王脩禮以達義，體信以達順，故此順之實也。

臣若水通曰：天地間之祥瑞無不至焉者，豈無故哉，其禮樂之感應也。是故先王脩天理秩然之禮於心，以達其適宜之義於事；體真實之信於心，以達其和德之順於事。忠信者，禮之本也；順宜者，義之道也。脩禮所以體信，適義所以達順，體用之謂也。故其瑞應即順氣之實而可見者，抑體信達順之道，程頤推原上下一於恭敬是也。信順者，恭敬之謂也。以此恭敬脩其禮節於吾身則謂之體信，以此恭敬達其事宜於天下則謂之達順。朱熹亦曰體信者致中也，達順者致和也。要之，一恭敬與致中和皆不外夫先王之禮義也。

校記：

〔一〕「蒙」，原作「象」，據嘉靖本改。
〔二〕「環」，原作「還」，據嘉靖本改。
〔三〕「者」，原作「有」，據嘉靖本改。

聖學格物通卷之五十九

學校二 禮樂政教附

○周禮地官：大司徒之職，掌建邦之五典以佐王，擾邦國，訓萬民。一曰父子有親，二曰君臣有義，三曰夫婦有别，四曰長幼有序，五曰朋友有信。

臣若水通曰：此吴澄所補缺文也。邦之五典者，五品之人倫，凡邦國人人所同有者也。故司徒立此五典而佐王，馴擾邦國，以訓萬民，使習熟教化，五品遜而百姓親焉。五典者，父子有親也，君臣有義也，夫婦有别也，長幼有序也，朋友有信也。親義序别信，乃出於人心之同然。故以是教之，非强其性之所無也，特因人之所固有而教之爾。爲君師有教人之責者，盍亦思之哉。

○地官：大司徒以五禮防萬民之僞，而教之中；以六樂防萬民之情，而教之和。

臣若水通曰：禮樂之功用大矣！禮也者，理也。心存乎理，則邪妄之私釋而無不中矣。樂也者，樂也。心得其樂，則淫蕩之情平而無不和矣。故聖人之立教必先務焉，禮以理之，樂以樂之，致天下於中和，而教化之事畢矣。

○周禮：大司樂掌成均之法，以治建國之學政，而合國之子弟焉。凡有道者、有德者，使教焉。死則以爲樂祖，祭於瞽宗。以樂德教國子中、和、祗、庸、孝、友；以樂語教國子興、道、諷、誦、言、語；以樂舞教國子舞雲門、大卷、大咸、大磬、大夏、大護、大武。

臣若水通曰：成均者，五帝之學名也。以典樂之官掌成均之法者，樂有聲音度數，可以養人中和之德，而救其氣質之偏也。故聚公卿大夫之子弟於國學，而使士之道明德立者教之。死則尊之爲樂祖，祭之于瞽宗，示不忘其所教也。中者心不偏倚，和者情無乖戾，祗者肅恭之謂，庸者平常之謂，善事父母爲孝，善處兄弟爲友，此之謂樂德也。興者托物興詞，道者直陳其事，諷者微言以寓意，誦者吟咏以達情，自言其志曰言，因問而答曰語，此之謂樂語也。雲門、大卷，黄帝之樂；大咸，帝堯之樂；大磬，大舜之樂；大夏，大禹之樂；大護，成湯之樂；大武，武王之樂，此之謂樂舞也。教之樂德以養其易直子諒之心，教之樂語以慎其温厚和平之發，教之樂舞以動盪其血脈，流通其精神，則其中和之德成矣。然則禮樂之功用，其至矣哉！

○地官鄉大夫：正月之吉，受教法于司徒，退而頒之于其鄉吏，〔使〕〔二〕各以教其所治，以考其德行，察其道藝。

臣若水通曰：鄉大夫者，六鄉之長也。鄉吏者，州長、黨正、族師、閭胥、比長也。教法者，大司徒之職十二教以下也。德行者，德之行也。道藝者，六藝也，道之藝也。二業並行，先王之所以教也。

○春官大宗伯：以禮樂合天地之化、百物之産，以事鬼神，以諧萬民，以致百物。

臣若水通曰：樂由陽來，禮以地制，皆本於天地中和之至，故能合天地之化、百物之産也。由是以之事鬼神，則郊焉天神假，廟焉人鬼享；以之諧萬民，則群后讓、庶尹諧；以之致萬物，則百獸舞、鳳凰儀。聖人制禮作樂，所以參天地、贊化育者如此，其教化之至矣。

○論語：子曰：「道之以政，齊之以刑，民免而無耻；道之以德，齊之以禮，有耻且格。」

臣若水通曰：此章孔子叙政教之本末也。道，引導之也。政者，法制禁令也。刑者，墨、劓、剕、宫、大辟之五刑也。德者，得於心之理也。禮者，見於人倫日用之體也。皆一理也，以其設施乎此以正人者謂之政，以其禁違乎此以罰人之過惡者謂之刑，以其心得乎此者謂之德，以身履乎此者謂之禮。但政刑制乎外者也，故引之以政令，如令民以孝弟，則民宜有以自正其不孝不弟矣。其有不率正而犯法者，則有不孝不弟之刑以一之，使不外乎孝弟之化，則民苟免其不孝不弟，而未能得孝弟之真心，故未有愧耻也。德禮感於中者也，故引之以躬行心得之理，有孝弟之真心以感之，則民宜有以觀感自得孝弟之善念矣。其有淺深不同者，則有盡孝盡弟之實事以一之，使同歸孝弟之禮，則民履於身、得於心，既耻於不孝不弟，而又有以至於孝弟之至善矣。然則人君爲治以化民者，豈可徒恃其末而不務其本乎！

○季康子問政於孔子。孔子對曰：「政者，正也。子帥以正，孰敢不正？」

臣若水通曰：季康子，魯大夫。帥，猶引也。康子以政問於孔子，欲知爲政之道。孔子則因其問而對之，言政之爲言正也，所以正人之不正也。然欲正人之不正，必先自正其身。蓋必自其念慮之微，以至於號令之發，念必正念，言必正言，行必正行，有端莊方直之公，而無偏倚反側之私，則所謂正矣。然此正乃人心之本體，天理之極致也。子既帥以正，則有以感其同然之心，與其固有之善，孰敢有不正乎？故無反無側，會極歸極，自有不能已者矣。

○孟子：謹庠序之教，申之以孝悌之義，頒白者不負戴於道路矣。

臣若水通曰：此章言既富之後，不可無學校之教，乃致王之本也。然而學校之教莫重於人倫，而人倫之中莫切於孝悌，孝悌乃人之真心，人所同有者也。故因心之愛敬而以孝親悌長之道根於天性者，而三令、而五申之，致其丁寧之意，以發其天性之真，則知愛親敬長而代其勞，自五十以上頭半白黑者，可以不負於背、戴於首，勤勞於道路矣。此義明，則推之五倫皆明，所謂人倫明於上，小民親於下，親親長長而天下平矣。雖以堯舜之治，其所以成協和風動之化者，亦豈有外於此哉？此孟子於齊梁之君獨致意於此也。求平天下之要道者，尚於此圖之。

○設〔二〕爲庠、序、學、校以教之。庠者養也，校者教也，序者射也。夏曰校，殷曰序，周曰庠，學則三代共之，皆所以明人倫也。人倫明於上，小民親於下。

臣若水通曰：此孟子告滕文公以三代教人之法也。夫井田立而衣食足矣，先王乃立庠序學校以教民於其間。夫所謂庠者，以養老爲名；所謂校者，以教民爲名；所謂序者，以習射爲名。在夏則曰校，在殷則曰序，在周則曰庠，三者皆鄉學也。若夫學，則在殷者猶在夏之名也，其在周者猶其在殷之名也，皆國學也。鄉學、國學之名雖不同，而明人道之序其實則同。所謂人道之序者，父子之親、君臣之義、夫婦之别、長幼之序、朋友之信皆是也，五者雖不同，而同一天理也。天理明則人道明，而親、義、别、序、信發乎心，感乎民，民感而化之，親、義、别、序、信之心油然而生，有同體之仁，百姓親而五品遜矣。蓋教民之道，有所以感之者也。後之鄉學、國學猶古也，其講説親、義、别、序、信之道猶古也，而小民未見其親者何哉？徒有其具，天理不明，人心不正，無所以感之者爾，人君可不求立教之本乎？

○后〔三〕稷教民稼穡，樹藝五穀，五穀熟而民人育。人之有道也，飽食、煖衣、逸居而無教，則近於禽獸。聖人有憂之，使契爲司徒，教以人倫：父子有親，君臣有義，夫婦有别，長幼有序，朋友有信。放勳曰：「勞之來之，匡之直之，輔之翼之，使自得之，又從而振德之。」聖人之憂民如此，而暇耕乎？

臣若水通曰：后稷，名棄，有虞養民之官。樹，亦種也。藝，殖也。契亦舜臣名。司徒，掌教之官也。有道，言有秉彝之性也。孟子告陳相言，舜之時水土平然後可以教稼穡，衣食足然後可以施教化，故后稷教民樹五穀，而人民各得其養矣。然不教則放逸怠惰，而失其所有之常性，入於禽獸之歸。故使契爲司徒，教之以人道之序。所謂人道之序者，非他也，天理也。天理存之心，發而爲親、義、序、别、信，見於父子、君臣、夫婦、長幼、朋友之間也。放，至。勳，功也。史臣稱堯之功大，而孟子因以爲堯號。又引堯言，勞而勤於是者則勞之，來而歸於是者則來之，邪者枉者而悖於是則正而直之，輔以使之立，翼以使之行，使自得其性矣。又從而提撕警覺以加惠之。堯之命契爲司徒如此其詳且盡，大抵皆於此心、此性、此秉彝上致力，因人之所固有而抑揚反覆以覺之爾。有君師政教之責，宜深體焉。

○仁〔四〕言不如仁聲之入人深也，善政不如善教之得民也。善政民畏之，善教民愛之。善政得民財，善教得民心。

臣若水通曰：孟子此章論政教之道，而重於教。言爲人上者有仁德之言，出乎身、加乎民，發號施令，非不能令行而禁止也，若夫有仁之聲聞積之於平素，播之鄉黨、朋友，則有以入人之耳，感人之心，淪於肌膚，入於骨髓，故人得之爲尤深也。紀綱法度之施，出乎上、布乎下，非不能正其邪、禁其惡也，若夫有善教者，立學校、明禮義，則化之所及，民之所感尤爲深也。且善教何以得民之深哉？蓋善政制之於外，故民畏其威而不敢犯；善教則感之於內，故民愛其德而不忍犯也。善政則以下奉上，而民財得矣，未必得其心也；善教則以誠感誠，而民心得矣，而財亦不能外也。畏之者外，愛之者內也。民財者外，民心者內也。其得民之淺深，此其所以有不同乎？爲人君者，本之以仁聲，行之以善教，則入民而民心得，其於政令之末，蓋有不言而信、不怒而威者矣，可不務哉！

○左傳襄公二十九年：吴公子札來聘。請觀於周樂。使工爲之歌周南、召南，曰：「美哉！始基之矣，猶未也，然勤而不怨矣。」爲之歌邶、鄘、衛，曰：「美哉，淵乎！憂而不困者也。吾聞衛康叔、武公之德如是，是其衛風乎？」爲之歌王，曰：「美哉！思而不懼，其周之東乎！」爲之歌鄭，曰：「美哉！其細已甚，民弗堪也。是其先亡乎！」爲之歌齊，曰：「美哉，泱泱乎，大風也哉！表東海者，其太公乎！國未可量也。」爲之歌豳，曰：「美哉，蕩乎！樂而不淫，其周公之東乎！」爲之歌秦，曰：「此之謂夏聲。夫能夏則大，大之至也，其周之舊乎！」爲之歌魏，曰：「美哉，渢渢乎！大而婉，險而易行。以德輔此，則明主也。」爲之歌唐，曰：「思深哉！其有陶唐氏之遺民乎！不然，何憂之遠也？非令德之後，誰能若是？」爲之歌陳，曰：「國無主，其能久乎？」自鄶以下，無譏焉。爲之歌小雅，曰：「美哉！思而不貳，怨而不言，其周德之衰乎！猶有先王之遺民焉。」爲之歌大雅，曰：「廣哉！熙熙乎！曲而有直體，其文王之德乎！」爲之歌頌，曰：「至矣哉！直而不倨，曲而不屈；邇而不逼，遠而不攜；遷而不淫，復而不厭；哀而不愁，樂而不荒；用而不匱，廣而不宣；施而不費，取而不貪；處而不底，行而不流。五聲和，八風平；節有度，守有序。盛德之所同也！」見舞象箾、南籥者，曰：「美哉！猶有憾。」見舞大武者，曰：「美哉！周之盛也，其若此乎？」見舞韶護者，曰：「聖人之弘也，而猶有慙德，聖人之難也。」見舞大夏者，曰：「美哉！勤而不德，非禹其誰能脩之？」見舞韶箾者，曰：「德至矣哉！大矣！如天之無不幬也，如地之無不載也。雖甚盛德，其蔑以加於此矣。觀止矣，若有他樂，吾不敢請已。」

臣若水通曰：古之學者成於樂，故傳曰：「唯君子爲能知樂。」是故審聲以知樂，審樂以知政，而治道備矣。札其知樂君子也歟！於其歷代之音、列國之風，既皆稱贊而品別之，而韶之一樂，獨贊其天地之覆載，爲盛德之蔑加，信乎見之真也。夫子在齊之嘆曰：「不圖爲樂之至於斯也。」札之見，其殆庶幾乎！若夫歌陳而嫌于無主，固也，至於秦則有主矣，歌秦而止謂之能夏而大，不贊其美者，何也？札之意其有所感而憾者矣。嗚呼！聞其樂而知其德，君子所以差等百王也，可不慎歟？

○襄公三十一年：鄭人游于鄉校，以論執政。然明謂子産曰：「毀鄉校，如何？」子産曰：「何爲？夫人朝夕退而游焉，以議執政之善否。其所善者，吾則行之；其所惡者，吾則改之。是吾師也。」

臣若水通曰：學校者，人才之所由出；公議者，公道之所由行，治化之基也。天下，一鄉之積也。春秋教衰，鄭之鄉校僅存，元氣猶在爾。人猶以其議執政而欲毁之，不亦異乎？子産曰「其所善者，吾則行之；其所惡者，吾則改之。是吾師也」，夫又焉往而非自得師？子産於是乎知學矣。他日亦嘗告子皮曰：「僑聞學而後入政，未聞以政學者也。」子産其知學矣。夫知學者然後能教人，可不務乎！

○昭公二年：春，晋侯使韓宣子來聘，觀書于太史氏，見易象與魯春秋。曰：「周禮盡在魯矣！吾乃今知周公之德與周之所以王也。」

臣若水通曰：韓宣子，晋大夫，聘問於魯。太史，官名。周禮，周道也。宣子見易之卦義及魯之春秋而嘆周之道盡在魯，蓋易以明道之時，春秋以明道之是非，皆道之所寓者也。聖人既往，道在遺經。誦言而忘味者，鮮不以爲糟粕無用而教微矣。宣子一聘魯，得大道於遺編，而知周公之德之盛與周王之所以興，可謂善觀書而不泥于書者矣！

○昭公二十六年：齊侯與晏子坐於路寢。公曰：「吾今而後知禮之可以爲國也。」晏子對曰：「禮之可以爲國也久矣，與天地並。君令臣共，父慈子孝，兄愛弟敬，夫和妻柔，姑慈婦聽，禮也。君令而不違，臣共而不貳，父慈而教，子孝而箴，兄愛而友，弟敬而順，夫和而義，妻柔而正，姑慈而從，婦聽而婉，禮之善物也。」公曰：「善哉！寡人今而後聞此禮之上也。」對曰：「先王所稟於天地，以爲其民也，是以先王尚之。」

臣若水通曰：禮者，道之體而教之本也。國有禮則治，無禮則亂；人有禮則順而善，無禮則逆而惡。晏子告齊侯，不越乎君臣、父子、兄弟、夫妻、姑婦之間，可謂知禮之要矣。其曰先王所稟於天地以爲民者，既有以見夫命于天、性于我而教于民者，又有以見道教之大原出於天不可易也，奈何景公徒善之而弗行。自夫此禮不行於君臣也而上下紊，自夫此禮不行于父子也而國本隳，自夫此禮不行於兄弟也而同氣手刃，自夫此禮不行於夫婦也而嫡庶混，自夫此禮不行於婦姑也而誶語反唇。教不立、禮不興，國安得而不亂乎？當是之時，大夫陳氏厚施于國，齊之亂萌矣，由禮之壞也。夫禮也者，理也，道之體也。三代之教，天子公卿躬行於上，故其化行。臣不勝願望於今日。

○國語周語：景王鑄無射，單穆公曰：「先王之制鍾也，大不出鈞，重不過石。律度量衡於是乎生，小大器用於是乎出，故聖人愼之。」

臣若水通曰：鈞，所以鈞音之法也，以木長七尺，有弦繫之，以爲鈞法。百二十斤爲石。

律，陰律、陽律各六，以正五音之法也。度，丈尺也。量，斗斛也。衡有斤兩之數，皆生於黃鍾。黃鍾之管，容秬黍千二百粒。粒百爲銖，是爲一籥。籥二爲合，合重一兩。故曰：「律度量衡於是乎生。」出，出於黃鍾也。小謂錙銖、分寸，大謂斤兩、丈尺。先王作樂以宣教化，而關石和鈞，律度量衡，器用由茲焉出。故曰：黃鍾，萬事根本。傳曰「禮樂，積德百年而後興」，今其時矣。伏望聖明考先王黃鍾之制，以興禮樂之化，追三代之治，天下幸甚。

○周語：伶州鳩曰：有龢平之聲，則有蕃殖之財。於是乎道之以中德，詠之以中音，德音不愆，以合神人，神是以寧，民是以聽。

臣若水通曰：伶，司樂官，州鳩其名也。作樂則氣和，故可以殖財也。中德，中和之德舞也。中音，中和之音也。合神人，謂祭祀享宴也。聽，從也。先王之作樂也，將以平心宣化，阜民殖財，昭格天神也。如匱財罷民，以逞淫心，聽之不和，比之不度，惡在其爲樂哉？周景王欲鑄無射，逮崩而鍾不和，失其道矣。爲人君之尊，莅中國而操制作之權者，可不慎其禮樂之本乎！

○伶州鳩曰：上作器，民備樂之，則爲和。

臣若水通曰：此言聲音之道與政相通也。夫樂者，和也。和，生於心、感於民者也。苟樂作而民有怨咨，則何以成其和氣而達諸聲音乎？故功成治定，而禮樂可興。爲人君者，其可不慎其所以和民心之道哉！

○齊語：正月之朝，鄉長復事。君親問焉，曰：「於子之鄉，有居處好學，慈孝於父母，聰慧質仁，發聞於鄉里者，有則以告。有而不以告，謂之蔽明，其罪五。」有司已於事而竣。桓公又問焉，曰：「於子之鄉，有拳勇股肱之力秀出於衆者，有則以告。有而不以告者，謂之蔽賢，其罪五。」有司已於事而竣。桓公又問焉：「於子之鄉，有不慈孝於父母，不長弟於鄉里，驕躁暴淫，不用上令者，有則以告。有而不以告者，謂之下比，其罪五。」有司已於事而竣。是故鄉長退而脩德進賢，桓公親見之，遂使役官。

臣若水通曰：鄉長，鄉大夫也。復，白也。周禮：正月之吉，鄉大夫受法於司徒，退班於鄉吏，以考其行。脛本曰股。肱，臂也。大勇爲拳。上，君長也。役，爲也。夫聖王之立教化，必始於鄉矣。鄉大夫者，所以傳君之教以達於民，令其父兄教其子弟，因其土俗通其性情，故子弟之從之也輕。夫鄉人之善也，鄉大夫必知之；鄉人之不善也，鄉大夫必知之，故考於鄉大夫，而鄉人之善惡可知矣。此三代所以成材之易，而鄉舉里選之法所以行乎！人君者，欲法三代之治，必復舉選之法；欲復舉選之法，必復鄉大夫之教焉。

〇漢高帝六年，帝悉去秦苛法，爲簡易。群臣飲酒争功，醉或妄呼，拔劍擊柱，帝益厭之。叔孫通説上曰：「夫儒者難與進取，可與守成。臣願徵魯諸生與臣弟子，共起朝儀。」帝曰：「得無難乎？」叔孫通曰：「五帝異樂，三王不同禮。禮者，因時世人情而爲之節文者也。臣願頗采古禮，與秦儀雜就之。」

臣若水通曰：大亂之後，必有大治。三代之禮雖隨時損益，然而皆緣人情而設。故三千三百，無一而非性也。叔孫通以此時而復三代之禮，皆順人之情性，其從也沛然矣。況漢初去古未遠，禮樂雖壞於秦，文獻則固有可考者也。叔孫失此不圖，而徒竊古禮之糠粃，且與秦儀雜就之，雖能少正擊柱之狂，而禮樂自此壞矣。古禮之不復見於天下，其由於叔孫通乎！有志之士，至今惜之。

〇漢武帝建元元年十月，董仲舒對策曰：「古之王者南面而治天下，莫不以教化爲大務。立大學以教於國，設庠序以化於邑，漸民以仁，摩民以義，節民以禮。故其刑罰甚輕而禁不犯者，教化行而習俗美也。」

臣若水通曰：古之王者南面而治，如天運於上，示無爲也。立學分教，如元氣之行於四時，示有功也。是以治隆於上，俗美於下，人將格心矣。仲舒以是而欲行於武帝之世，其如天地之德、元氣之運何哉？

○漢成帝綏和元年，劉向説成帝：「興辟雍、設庠序、陳禮樂，以風化天下。如此而不治，未之有也。夫教化之比於刑法，刑法輕，教化所恃以爲治，刑法所以助治也。今廢所恃而獨立其所助，非所以致太平也。」

臣若水通曰：胡寅云：「劉向之論美矣，而未循其本也。」孔子曰：「人而不仁如禮何？人而不仁如樂何？」真萬世定禮樂之本也。故有仁心者，心之所履而叙則爲禮，禮之文成矣。心之所樂而和則爲樂，樂之文成矣。故禮樂者，由心生者也。劉向之學，於此蓋未之講爾，而欲教化天下，難矣哉！

校記：

〔一〕「使」，據周禮補。

〔二〕「設」前，嘉靖本有「孟子曰」三字。

〔三〕「后」前，嘉靖本有「孟子曰」三字。

〔四〕「仁」前，嘉靖本有「孟子曰」三字。

聖學格物通卷之六十

學校三 禮樂政教附

〇晉元帝建武元年，戴邈上疏，以爲世道久喪，禮俗日弊，猶火消膏，莫之覺也，今王業肇建，萬物權輿，謂宜篤道崇儒，以勵風化。帝從之，始立太學。

臣若水通曰：學校之教，風化之本，國之元氣也。采芹泮水，魯之所以盛；青衿城闕，鄭之所以衰，而治亂係焉。晉元即位之始，而邈勸以立學，可謂知風教之先務者矣。第惜太學雖立，徒有師儒之名，而無作人之本爾。夫作之者人也，教由人生者也。晉之一代無一真儒，無怪其然哉。

〇晉成帝咸康三年正月，國子祭酒袁瓌、太常馮懷以江左寖安，請興學校。帝從之。

臣若水通曰：袁瓌請興學校，蓋知轉移風化之本也。教弛風頽，蔽固已久。上無精一執中之君，下無反身一德之臣，教道所以終於不振也，惜哉！

○晋孝武帝太元五年，秦王堅作教武堂於渭城，命太學生明陰陽兵法者教授諸將。秘書監朱彤諫曰：「陛下東征西伐，所向無敵，四海之地，十得其八。是宜偃武脩文，乃更始立學舍，教人戰鬥之術，殆非所以馴致昇平也。」堅乃止。

臣若水通曰：衛靈公問陳，孔子對曰：「俎豆之事，則嘗聞；軍旅之事，未之學也。」明日遂行。堅不務崇禮教以立國，而徒作教武堂，專意於戰鬥之術，充其類不至於糜爛其民不已也。堅誠夷虜也哉，又烏足以語昇平之致也。

○晋安帝隆安三年三月，魏吏部尚書崔宏請置五經博士，增國子太學生員，合三千人。魏主珪問博士李先曰：「天下何物最善，可以益人神智？」對曰：「莫若書籍。」珪曰：「書籍凡有幾何？如何可集？」對曰：「自書契以來，世有滋益，以至于今，不可勝計。苟人主所好，何憂不集？」珪信之，命郡縣大索書籍，悉送平城。

臣若水通曰：代北之俗尚武，魏主珪因崔宏請置博士，增國子太學生三千人，聞李先書籍益人神智之説，則大索書籍，可謂崇文之主矣。獨不知所謂神智者，人之虚靈、天之聰明也，書籍但能開發之爾。不然，則自書契以來，世有滋益，何神聖之寡耶？

〇宋文帝元嘉十五年，豫章雷次宗好學，以處士徵。至建康，爲開館于鷄籠山，使聚徒教授。帝雅好藝文，使丹陽尹廬江何尚之立玄學，太子率更令何承天立史學，司徒參軍謝元立文學，并次宗儒學爲四學。

臣若水通曰：三代之學，皆所以明人倫也。理一而已，學一而已。一者，堯、舜、禹、湯、文、武、周公、孔子相傳之正學也。外此而二三焉，則所謂異端也。故古之爲學者一，今之爲學者四。夫道一本也，本一而四支之，支則離，離則去道遠矣，此大亂之所由起乎！宋文雅好藝文，而并立四學，則其學之二三而不得其正可知矣。孔子曰：「攻乎異端，斯害也已。」其宋文之謂乎！

〇宋明帝泰始二年，魏始立郡學，置博士、助教、生員，從中書令高允、相州刺史李沂之請也。

臣若水通曰：五胡兵争之日，但以竊據爲事，不講教學久矣。魏起北荒，數世之後始及此舉。嗚呼！何斯世之不幸，君子不得聞大道之要，小人不得蒙至治之澤也。然而斯文命脈墜而復起，此臣所以既悲之而復幸之也歟。

○齊高帝建元元年四月，給事黄門郎清河崔祖思[一]上言，以爲：「人不學則不知道，此悖逆禍亂所由生也。今無員之官空共禄力，雕耗民財，宜開文武二學，課臺、府、州、國限外之人各從所樂，依方習業。若有廢惰者遣還故郡，經藝優殊者待以不次。又今陛下雖躬履節儉，而群下猶安習侈靡，宜褒進朝士之約素清脩者，貶退其驕奢荒淫者，則風俗可移矣。」

臣若水通曰：五代之風，至此衰廢極矣！建學以明道，崇儉以移俗，崔祖思一言及此，如盧醫扁鵲之良劑，欲回生於久病氣息奄奄之際也，其亦賢哉！

○齊明帝建武二年八月，魏金墉宫成，立國子、太學、四門小學於洛陽。

臣若水通曰：小學所以養其正也，太學所以成其賢也，自少而長，大人之事備矣。孟子曰：「大人者，不失其赤子之心者也。」由赤子之心養之而不失，聖人之教也。魏徒立學，而未聞所以教之學者何事，其亦未之知本者歟。

○梁武帝天監九年，幸國子學，親臨講肆，詔皇太子以下及王侯之子年可從師者皆入學。

臣若水通曰：梁武帝以佛法隳政，而不知聖賢大學之道者也。一旦視學而有此詔，其亦秉彝之良心不終寂滅者歟？使其因此而覺悟以反正焉，豈至有臺城之禍也哉？

○梁武帝大同五年，魏丞相泰於行臺置學，取丞郎、府佐德行明敏者充學生，悉令旦治公務，晚就講習。

臣若水通曰：語云：「仕而優則學，學而優則仕。」言仕學之合一，而餘力可相及也。然則立學旦治公務、晚就講習，其亦近是耶？賢於後世仕學分爲二途者遠矣。雖然，即公務而學無不在者，孔門執事敬之謂也，何有於旦暮之分哉？

○唐高祖武德七年二月己酉，詔諸州有明一經以上未仕者，咸以名聞，州縣及鄉皆置學。丁巳，上幸國子監，釋奠，詔諸王公子弟各就學。

臣若水通曰：唐承五代之餘，風俗澆漓甚矣。有王者作，則學校之興豈容一日緩乎？高祖遲遲於七年之久始以明經舉士，立學校於天下，其志意之趨向可知矣。故終唐之世，溺於詞章，正學不明，真儒未見，豈非垂統者之咎歟？我太祖高皇帝甫平元亂，而教化大興，彝倫攸敘，翕然反正，其賢於唐遠矣！傳至百六十年，其流弊之漸不能無也。端本澄源，一洗卑陋而新之，惟聖明留意焉。

○唐太宗貞觀十四年二月，上大徵天下名儒爲學官，數幸國子監，使之講論。學生能明一經已上，皆得補官。增築學舍，增廣生員。自屯營飛騎亦給博士，使授以經。有能通經者，聽得貢舉。於是四方學者雲集京師，乃至高麗、百濟、新羅、高昌、吐蕃酋長，亦遣子弟請入國學。升講筵者，至八千餘人。

臣若水通曰：自古聖帝明王，未有不先建學立師以主教化者也。然學之要，不過明倫而成德達材，他日達而致君澤民，此其具〔二〕矣。唐太宗幸國學、增生徒，使屯營之士、蕃夷之子翕然從教，誠可謂盛矣。然博士明經，不越乎口耳之間，而所藏乎身者不恕，一時觀聽之美，何足取乎？願治之君尚其思之哉。

○唐代宗大曆元年正月，敕復補國子學生。自安史之亂，國子監室堂頹壞，祭酒蕭昕上言學校不可遂廢，敕復補之。

臣若水通曰：學校不可一日而不設，倫理不可一日而不明。唐自安史之亂，學之廢也久矣。教基既墜，人心不天，如之何而望世之治也？迨夫蕭昕上言，而肅宗敕復斯文，亦幸其如綫而不絕歟。

○周太祖廣順三年六月，蜀九經板成。自唐末以來，所在學校廢絕。蜀毋昭裔出私財百萬營學館，且請刻板印九經。蜀主從之，由是蜀中文學復盛。

臣若水通曰：天下之治亂，係乎人才之盛衰；人才之盛衰，由於學校之興廢。五代亂亡之際，孰知學校之當興哉？蜀主從毋昭裔之請，遂致文學復盛，宜其獲得人之效也。然卒未聞有補於治者何哉？良由所謂盛者特文辭之士焉爾，故所養非所用，所用非所養，其弊有自來矣。使得德行而用之，其功烈豈止若是而已邪？嗚呼，文藝盛而聖人之道衰矣！主學教者，可不擇乎？

〇周世宗顯德六年，命竇儼討論古今，考正雅樂。王朴素曉音律，帝以樂事詢之。朴上疏以爲：「禮以檢形，樂以治心，形順於外，心和於内，然而天下不治者，未之有也。是以禮樂備於上，萬國化於下，聖人之教不肅而成，其政不嚴而治，用此道也。」

臣若水通曰：禮由内履，樂以内和，夫然後形於身、發於聲、教於天下而已。王朴以禮樂分心形、内外，因襲漢儒之陋，而失孔子「人而不仁，如禮樂何」之指矣。周世宗命儒臣考制度、正雅樂，不可謂無志。但禮樂本於仁，積德百年而興，恐亂亡之世，仁德之學蓋未之講爾。如用之，則自一身之禮樂不可斯須去者始焉可也。

○賈誼新書曰：先王爲天下設教，因人所有以之爲訓，道人之情以之爲真。〔三〕

臣若水通曰：先王之教，因人之所有而覺之，非以人之所無而强之也。如導水者，因水之性而利導之，激則濫矣。下者，水之性也；善者，人之情也。孟子曰：「乃若其情，則可以爲善矣。」是乃人之真心也。全其真純，道其惻隱、羞惡、辭讓、是非之情之性，故易則易知，簡則易從，教道立矣。教道立而善人多，善人多而天下治矣。

○劉向説苑曰：天下有道，則禮樂征伐自天子出。夫功成制禮，治定作樂。禮樂者，行化之大者也。孔子曰：「移風易俗，莫善於樂；安上治民，莫善於禮。」是故聖王脩禮文，設庠序，陳鍾鼓，天子辟雍，諸侯泮宮，所以行德化。詩云「鎬京辟雍，自西自東，自南自北，無思不服」，此之謂也。

臣若水通曰：禮樂者，化民之具；庠序者，化民之所也。以化民之所而化民，不可也；以化民之具而化民，亦不可也。其必有所以爲之本者矣，是以古者天子、諸侯皆象地形而爲之學，蓋以身所有者推之制作，以顯設於天下，無所待於外也。德化之行，天下之心固有得乎吾心之同然者爾。使不知此，而惟求之度數聲音之間，固已遺其本矣，豈先王建學之意哉？嗚呼！治之隆替，皆本諸此，惟聖明留意焉。

○班固白虎通曰：天子立辟雍何？所以行禮樂、宣教化也。

臣若水通曰：天子之學，其澤如璧，故謂之辟雍。禮者，見於升降、揖讓、節文、度數之間，而其本則序而已矣。樂者，形於鍾鼓、管籥、歌詠、節奏之間，其本則和而已矣。和、序者，教化之本也，故能宣教化。是故和、序體於身而後禮樂備，禮樂行於學而後教化宣，天地位、萬物育，致中和之功用廣矣，大矣！

○班固曰：王者所以盛禮樂何？節文之喜怒。樂以象天，禮以法地。人無不含天地之氣，有五常之性者。故樂所以蕩滌，反其邪惡也；禮所以防淫佚，節其侈靡也。

臣若水通曰：本之喜怒而節文之。禮樂之本也，本於五常之性也，故能節人之喜怒，而邪侈不生。樂主氣故象天，禮主質故法地。夫有有形之禮，有無形之禮；有有聲之樂，有無聲之樂。無形之禮嚴而泰，及其至也位天地。無聲之樂和而節，及其至也育萬物。天地位，禮孰大焉；萬物育，樂孰廣焉。是故知禮樂之非二矣，是故知天地萬物之一體矣。

○班固曰：王者設三教者何？所以承衰救弊，欲反正道也。

臣若水通曰：三教者何也？忠、敬、文也。何以並施也？夫道中正而已矣。三者因時而施，所以致於中正之道也。是故文而無忠，其失薄；敬而無文，其失陋；忠而無敬，其失野。三教並施，弊斯已矣。故曰：教者，所以追補敗政靡弊也。

校記：

〔一〕「崔祖思」，原作「崔思祖」，據嘉靖本及南齊書改。下同。

〔二〕「具」，嘉靖本爲「至」。

〔三〕此條以下至卷末，嘉靖本收入卷六十一。

聖學格物通卷之六十一

學校四 禮樂政教附

○韓愈曰：國子監應三館學士等，準六典：國子館學生三百人，皆取文武三品已上及國公子孫從三品已上曾孫補充。太學館學生五百人，皆取五品已上及郡、縣公子孫從三品已上曾孫補充。四門館學生五百人，皆取七品已上及侯、伯、子、男子補充。右國家典章，崇重庠序，近日趨競，未復本源，至使公卿子孫恥遊太學，工商凡冗，或處上庠。今聖學大明，儒風復振，恐須革正，以贊鴻猷。今請國子館並依六典：其太學館，量許取常參官八品已上子弟充；四門館，亦量許取無資廕有才業人充。如有資廕不補學生應舉者，請禮部不在收試，限其新補。人有冒廕者，請牒送法司科罪。緣今年舉期已近，伏請去上都五百里内，特許非時收補；其五百里外，且任鄉貢。至來年春一時收補。其厨糧度支，先給二百七十四人，今請準新補人數，量加支給。謹具如前，伏聽處分。

臣若水通曰：唐初制國子監，應有三館：一曰國子館，二曰太學館，三曰四門館，各以資廕子孫，視其父祖爵秩補充學生。及韓愈時，公卿子弟恥遊太學，工商凡冗或處上庠，是蓋不得不爲革正者矣。故愈請於國子館，則依六典之制；於太學館，量許常參官八品已上子弟充之；於四門館，量許有才業者充之。夫國公以下八品以上子孫，皆得入學，則凡在官者，世無不教矣。夫資廕不補學生者禮部不試，冒廕者法司科罪，則凡資廕者罔不遊學矣。夫工商凡冗，屏放不齒，人有才業，始得侍教，則凡在學者罔非賢才矣。是何也？太學者，所以明聖道、振儒風，而歸之正焉者也。苟不沙汰其非人，振舉其善類，烏用是學爲哉？後之立學設教者，尚考於兹乎！

○韓愈曰：周人置虞庠于四郊，以養國老、教胄子。祭統曰：「天子設四學。」蓋其制也。易傳太初篇曰：「天子旦入東學，晝入南學，夕入西學，暮入北學。」蔡邕引之，以定明堂之位焉。大戴禮保傅篇曰：「帝入東學以貴仁，入南學以貴德，入西學以貴義，入北學以尊爵。」賈生述之，以明天子之教焉。故曰：「爲大教之宫，而四學具焉。」參明堂之政，原大教之極，其建置之道弘也。後魏大和中，立學于四門，置助教二十人。隋氏始隸于國子，而降置五人。皇朝始合于太學，又省至三人。員位彌簡，其官尤難，非儒之通者不列也。四門學之制，掌國之上士、中士、下士凡三等，侯、伯、子、男凡四等，其子孫之爲胄子者，及庶士、庶人之子爲俊士者，使執其業而居其次，就師儒之官而考正焉。助教之職佐博士，以掌鼓篋榎楚之政令，分其人而教育之。其有通經力學者，必于歲之杪升於禮部，聽簡試焉。課生徒之進退，必酌于中道，非博雅莊敬之流，固不得臨於是。

臣若水通曰：虞、夏、商、周四代之學，所以養士也。周人之四郊，魏之四門，隋隸於國子，唐合於太學。雖或制因時異，然慎選以充而爲養士者，則一而已。然造之者有其地，而師之者有其人，固虞、夏、商、周之遺意也。然考其養士之功，而終有愧於古者，何也？蓋地有所造，而儀文或狃於習；師有所啓，而大原或未之先。此所以道德之風日薄，而功利之習日熾也。其可望士之成哉？嗚呼！古之爲學也，將以養才；今之爲學也，將以壞才，其所以養之之本異矣。雖然，人君者，士之表也；朝廷者，學校之則也；正心者，養士之本也。誠能躬以率之，而本無不端，由是而擇師焉，則師道立矣。由師以作士焉，則善人多矣。朝廷有不正，而天下有不治哉？孟子曰：「君正莫不正。」臣敢獻以爲聖明養士之本焉。

○韓愈潮州請置學校牒曰：孔子曰：「道之以政，齊之以刑，民免而無恥。」不如以德禮爲先，而輔以政刑也。夫欲用德禮，未有不由學校師弟子者。此州學廢日久，進士、明經，百十年間，不聞有業成貢於王庭、試於有司者。人吏目不識鄉飲酒之禮，耳未嘗聞鹿鳴之歌。忠孝之行不勸，亦縣之恥也。夫十室之邑必有忠信，今此州户萬有餘，豈無庶幾者乎？刺史、縣令不躬爲之師，里閭後生無所從學爾。趙德秀才，沉雅專静，頗通經，有文章，能知先王之道，論説且排異端而宗孔氏，可以爲師矣。請攝海陽縣尉爲衙推官，專勾當州學以督生徒，興愷悌之風。刺史出己俸百千以爲舉本，收其羸餘，以給學生厨饌。

臣若水通曰：學校者，教化之本也。是故先王務焉。韓愈守潮，舉趙德以爲州學師，出俸收息，以爲學徒饌，其亦本德禮以敦學校者矣。夫德者何？吾心之天理，若忠孝之類是也。夫禮者何？天理之儀文，若鄉飲、鹿鳴之類是也。唐制，取士於學也，非不舉鄉飲酒禮，工歌鹿鳴以示禮也，亦非不勸以忠孝之行以崇德也，特進士以雜文，明經以括帖，而不知德禮爲身心之實學，士無心德之學，學無給養之資故也。噫，韓愈以一州刺史爾，尚以德禮教人，而使之知爲學之本；以厨饌養人，而使之得爲學之資，况居君師之位，而爲教化之主，可不加之意哉？

○宋太祖建隆元年正月視學，詔增葺祠宇，塑繪先聖先賢像，自爲贊，書於孔、顔座端，令文臣分撰餘贊，屢臨幸焉。嘗謂侍臣曰：「朕欲盡令武臣讀書，知爲治之道。」於是臣庶始貴文學。

臣若水通曰：聖賢之學本乎心，故千萬世之上、千萬世之下，同此心、同此理也。五代之亂，人心若死，天理或幾乎滅矣。宋祖爲之視學，令武臣讀書，一時猶爲之興起，貴文學，人心天理不可泯也。况本之以道德，躬行其感化，又當何如也？他日濂、洛、關、閩道學大盛，其亦宋祖之所培養歟！

○宋仁宗慶曆四年三月，詔天下州縣立學，行科舉新法。時范仲淹意欲復古勸學，數言興學校、本行實。詔近臣議，於是宋祁等奏：「教不本於學校，士不察於鄉里，則不能覈名實。有司束以聲病，學者專於記誦，則不足盡人材。參考衆說，擇其便於今者，莫若使士皆土著而教之於學校，然後州縣察其履行，則學者脩飭矣。先策論，則文詞者留心於治亂矣。簡程式，則閎博者得以馳騁矣。問大義，則執經者不專於記誦矣。」帝從之，乃詔天下州縣皆立學，本道使者選部屬官爲教授，員不足，取於鄉里宿學有道業者。士須在學三百日，乃聽預秋試。舊嘗充試者，百日而止。試於州者，令相保任。有匿服、犯行、虧行、冒名等禁。三場：先策，次論，次詩賦。通考爲去取，而罷帖經、墨義。士通經術願對大義者，試十道。

臣若水通曰：先王之制，庠序學校，教之地也；敬敷在寬，教之則也；賓興三物，教之成也。仲淹興學校、本行實，其庶幾先王之遺意矣。宋祁察於鄉里、學行脩飭尚爲不遠，至於文辭馳騁之説興，則與先王之法背矣。淪胥以至於末世，德業分而道藝離，則所養者果其所用耶？所用者果其所養耶？仰惟我祖宗立教人科舉之法，欲今之學者讀聖賢之書，存聖賢之心，蘊之爲德行，發之爲言辭，乃德業合一之道也。使有司即其言辭，知其德行，乃取士合一之法也。其所養即所用，所用即所養，而先王舉選之法暗寓於其間矣。臣愚守南京國子監之教，曾有二業合一之訓，以導諸生，蓋以上體祖宗之法而闡明之也。伏望聖明盛德大業與日俱新，又以主張斯文爲任，則天下士子知所向風，而先王德行道藝之教復見於今矣，萬世幸甚！

○宋仁宗慶曆四年夏四月，作太學。五月，帝謁孔子，判國子監王拱辰、田況、王洙、余靖等言：「漢太學二百四十房，千八百室，生徒三萬人；唐學舍亦千二百間。今取材養士之法盛矣，而國子監纔二百楹，制度狹小，不足以容。」詔以錫慶院爲太學，置内舍生二百人。講殿既備，帝謁孔子。故事，止肅揖，帝特再拜。賜直講孫復五品服。初，海陵人胡瑗爲湖州教授，訓人有法，科條纖悉備具，以身率先，雖盛暑必公服坐堂上，嚴師弟子之禮，視諸生如其子弟，諸生亦信愛如其父兄，從之游者常數百人。時方尚詞賦，湖學獨立經義、治事齋，以敦實學。及興太學，詔下湖州，取其法，著爲令式。

臣若水通曰：養士莫善於太學，蓋太學列在京師，四方之所仰望而居業者。師儒貴得其人，科條貴得其道。仁宗隆道尊師，廣其學舍，取胡瑗教法而著之，誠可謂知先務者矣。然徒知取立經義、治事齋之法，而未知孔門四科同志於仁，故德行爲本，而言語、文學、政事乃其因質成就者爾。科條於此似爲未精也。是故堯舜三代之學出於一，爲人君者盍知務焉。

○宋哲宗元祐元年五月，命程頤等脩定學制。頤大槩以爲：學校，禮義相先之地，而月使之争，殊非教養之道。請改試爲課，有所未至，則學官召而教之，更不考定高下。置尊賢堂以延天下道德之士，鐫解額以去利誘，省繁文以專委任，勵行檢以厚風教，及置待賓吏師齋，立觀光法，如是者亦數十條。

臣若水通曰：學校教養之道，貴純乎一。一者，道也。程頤所脩學制，大義數十，純乎精金。如易考試以禁勝心，置尊賢以延道德，鐫解額以去利誘，省繁文以專委任，勵行檢以厚風教，立觀光以來遊學，無非約之於道揆也。此法一行則教化洽，先王德行道藝之風可復矣。惜乎醜正者衆而黨人之禍起，遂使程頤之志徒托諸空言爾。

○宋高宗紹興十三年十二月，上謂宰執曰：「人才須素養。太宗置三館養天下之士，至仁廟人才輩出爲用。今日若不興學校，將來安得人才用耶？」

臣若水通曰：養才將以致用也，養與用出于一，則賢才出而天下治矣。故大養則大用，小養則小用，顧所以養之者何如爾。故有道德之師以養其敬，有揖讓進退以養其身體，有歌詠采色以養其耳目，有禮樂以養其性情，有講習以養其業，有道義以養其心志，則才德成而賢俊不可勝用矣。高宗復太宗三館之制，不可謂無志者。惜乎知養之之效，而不知養之之方也。

○宋理宗淳祐元年春正月，詔加周敦頤、張載、程顥、程頤封爵，與朱熹並從祀孔子廟廷，黜王安石從祀。詔曰：「孔子之道，自孟軻後不得其傳。至我朝周敦頤、張載、程顥、程頤，真見實踐，深探聖域，千載絶學，始有指歸。中興以來，又得朱熹精思明辨，表裏混融，使大學、論語、孟子、中庸之書，本末洞徹，孔子之道益以大明于世。朕每觀五臣論著，啓沃良多。今視學有日，其令學官列諸從祀，以示崇奬之意。」尋以王安石謂「天命不足畏，祖宗不足法，人言不足恤」，爲萬世罪人，豈宜從祀孔子？其黜之。越二日，加封敦頤汝南伯，載郿伯，顥河南伯，頤伊陽伯。

臣若水通曰：祀者，先王所以崇德而報功也。五臣論著，有繼往開來之功，從祀孔子廟庭，宜也。若夫安石者，萬世罪人，而配祀焉，是以德報報惡，功報報罪也。天翻地覆，亘古一見者矣。數十年人不知有人心，至是一陟一黜，而人心始不死矣。

○元世祖至元二十四年閏月，初置國子監，以耶律有尚爲祭酒。初，太宗設總教國子之官，逮至元初，乃以許衡爲祭酒，而侍臣子弟就學者纔十餘人。衡既去，教益廢，而學舍未建，師生寓居民舍。國子司業耶律有尚屢以爲言，始立國子監，設監官，增廣弟子員，遂以有尚爲祭酒。

臣若水通曰：言忠信，行篤敬，雖蠻貊之邦可行也。元自有許衡，而孔子之道益尊，非所謂可行者耶？及衡爲祭酒，弟子稍進。有尚繼之，立監、設官、增士，而斯文一新，非忠信篤敬、華夷一心者哉？夫以胡元之主，猶能興起於一時。矧昭代一洗元習，大復三代之人心，人才之盛，固有超越前世者矣。

○元武宗至大四年，仁宗立，增國子生爲三百人。初，帝命李孟領國子學，諭之曰：「國學，人材所自出。卿宜課諸生，勉其德業。」至是又諭省臣曰：「昔世祖注意國學，如不忽木等皆蒙古人，而教以成材。朕今親定國子生爲三百人，仍增倍堂生二十人，通一經者以次補伴讀，著爲式。」既而孟等言：「方今進用儒者，而老成日已凋謝。四方儒士有成材者，請擢任國學、翰林、秘書、太常，或儒學提舉等職，俾學者有所激勸。」帝從之，詔：「自今勿限資級，果材而賢，雖白身亦任用之。」

臣若水通曰：元仁宗之于國學，其亦知所用心矣。勉之德業，庶乎養以道藝。擢自白身，庶乎立賢無方。而廣其員名，庶乎旁招俊彦矣。至於定爲三百，猶未免失之不廣也。洪惟我太祖高皇帝群彦髦而居之，擇師儒而教之，人才輩出，拔自草茅者屢屢，是時野無遺賢，官無滯才，蓋有以比隆三代，而陋胡元不足言矣。列聖相承，亦惟率遵是道，無拘拘於資級之間，則真才出而治益隆矣。

○宋儒周敦頤通書曰：古者聖王制禮樂、脩教化，三綱正，九疇叙，百姓太和，萬物咸若。

臣若水通曰：三綱者，君爲臣綱，父爲子綱，夫爲妻綱。九疇者，一五行，二五事，三八政，四五紀，五皇極，六三德，七稽疑，八庶徵，九福極也。禮樂教化，所以立人道而理民物之具也。故聖人之治天下，禮以理之，樂以和之，教以道之，化以變之。此三綱以正，九疇以叙，而人道立矣。和氣薰蒸，由是盡人之性，而百姓有時雍之化；盡物之性，而品彙有遂生之休矣。禮樂教化之功用，至於如此，後世不此之務，而乃一任刑法以爲把持之計，是以法日以密而詐日以滋，無怪乎治不古若也歟！

○程顥劄子有云：治天下以正風俗、得賢才爲本。宋興百餘年，而教化未大醇，人情未盡美，士人微謙退之節，鄉閭無廉恥之行，刑雖繁而姦不止，官雖冗而材不足者，此蓋學校之不脩，師儒之不尊，無以風勸養勵之使然爾。

臣若水通曰：賢才者，治化之所由出也。故曰「爲政在人」。然賢才之成，必得師儒有以風化之爾。故賢才固爲政之本，而學校又賢才之本也。程顥此疏，具在遺書，真王道之要務也。惟聖明取而覽之，而見之躬行，則不歲月而風動矣，其念之哉。

〇程頤曰：古者八歲入小學，十五入大學。擇其才可教者聚之，不肖者復之田畝。蓋士農不易業，既入學則不治農，然後士農判。在學之養，若士大夫之子則不慮無養。雖庶人之子，既入學則亦必有養。古之士者，自十五入學，至四十方仕，中間自有二十五年學，又無利可趨，則所志可知，須去趨善，便自此成德。後之人自童稚間已有汲汲趨利之意，何由得向善？故古人必使四十而仕，然後志定。只營衣食却無害，惟利禄之誘最害人。

臣若水通曰：先王之禮，所以定分也。分定而志立，志立而義明，所謂君子喻於義也。若夫分不定則志不立，志不立則知惟利之是趨，所謂小人喻於利也。是故士農工商，各有定業；壯仕老休，各有定禮。禮分不明，則童而趨利，仕老而不知止。禮義廉恥之不興者，豈人之性然哉，凡以教之不行也。

〇程頤曰：善言治者，必以成就人才爲急務。人才不足，雖有良法，無與行之矣。欲成就人才者，不患其稟質之不美，患夫師學之不明也。師學不明，雖有美質，無由成之矣。

臣若水通曰：古者樂正崇四術，立四教，順先王詩、書、禮、樂以造士。蓋以師道委樂正，使成就人才爲國家利器也。後世不求明師，故無善學，徒具虛器爾。雖然，在天子亦必有師焉，故記曰「三王四代唯其師」。臣以爲今日聖明亦宜法古以隆師，而必惟其人可也。

○南軒張栻曰：三代之學，至周而大備。自天子之國都，以及於鄉黨，莫不有學，使之朝夕優游於絃誦詠歌之中，而服習乎進退揖遜之節，則又申之以孝弟之義，爲之冠昏喪祭之法。春秋釋菜，與夫鄉飲酒養老之禮，固有耳目手足肌膚之會、筋骸之束，無不由於學。在上則司徒總其事，樂正崇其教，下而鄉黨亦莫不有師。其教養之也密，故其成材也易。士生斯時，藏終遊息於其間，誦言而知味，玩其文而會其理，德業之進，日引月長，自宜然也。於是自鄉論其行而升之司徒，司徒又論之而升之國庠，大樂正則察其成以告于王，定其論而官之。其官之也，因其才之大小，蓋有一居其官至于終身不易者。士脩其身而已，非有求於君也，身脩而君舉之爾。夫然，故禮義興行，人材衆多，風俗醇厚，至於斑白者不負戴於道路，而王道成矣。

臣若水通曰：於此見張栻之學識其大者。自國都以至鄉學，備矣。首之以絃誦詠歌，合乎帝舜命夔之意矣，世之不知，以爲緩者，不亦異乎？習之以揖讓、釋菜、冠昏、喪祭、養老之禮，使耳目、手足、筋骸皆有所養，則禮足以立而德業成矣。自鄉論升之司徒、升之國庠，告于王而官之，禮義興、風俗厚，而王道成矣，先王教人用人之法盡之矣。伏惟聖明本於躬行之餘，舉而脩之，三代之治不難致也。

○張栻作嶽麓書院記，其畧曰：劉侯之爲是舉也，豈將使子羣居族譚，但爲決科利禄計乎？抑豈使子習爲言語文辭之工而已乎？蓋欲成就人才，以傳斯道而濟斯民也。惟民之生厥有常性而不能以自達，故有賴於聖賢者出而開之。是以二帝、三王之政，莫不以教學爲先務。

臣若水通曰：三代之學，皆所以明人倫。人倫者道也，學所以爲傳道計也。記曰：「率性之謂道。」道也者，性也。學之以率性明道，以達之民，民之恒性復而克綏厥猷，治之極也。嗚呼！斯民也，三代之所以直道而行也。今之民之道之性猶古也，今之爲師者之道之性猶古也，夫何後世倚席不講，相視怠散，固無足道，其臨雍拜老，亦豈尊師重傳之實乎？伏惟皇上鑒之。

○元儒魯齋許衡曰：先王設學校養育人材，以濟天下之用。及其弊也，科目之法愈嚴密，而士之進於此者愈巧，以至編摩字樣，期於必中。上之人不以人材待天下之士，下之人應此者，亦豈仁人君子之用心也哉？雖得之，何益於用？上下相待，其弊如此，欲使生靈蒙其福，可得乎？先王設學校，後世亦設學校，但不知先王何爲而設也。上所以教人，人所以爲學，皆本於天理民彝，無他教也，無異學也。

臣若水通曰：王通云：「周之士也貴，非獨士能自貴之也，蓋以君臣之間相須之殷，而相遇以禮也。」是故成周之盛，追隆古而上之矣。後世日趨於弊而世道日降，由上之待士、士之應上，皆以僞而不以實。欲救其弊，在教之二業合一之道而已。所謂合一者，令學者於讀書作文之時主一而無適，如孔子所謂執事敬，程顥所謂作字時甚敬，即此是學，此德業舉業合一之説也，如是則德行道藝兼之矣。後之爲君相者，其念之哉。

聖學格物通卷之六十二

學校五 禮樂政教附

○國朝戊戌年十二月，辟儒士危祖幹、葉儀，既至，祖幹持大學以進。上命祖幹剖析其義，幹以爲帝王之道，自脩身齊家以至於治國平天下，必上下四旁均齊方正，使萬物各得其所，而後可以言治。上曰：「聖人之道，所以爲萬世法。吾自起兵以來，號令賞罰一有不平，何以衆服？夫武定禍亂，文致太平，類此道也。」甚加禮貌。

臣若水通曰：大學一書，帝王脩治之道備矣。然逆推平天下、治國、齊家、脩身、正心、誠意之功，其要必自格物始。順循意誠、心正、身脩、家齊、國治、天下平之效，其本亦由格物始。

是格物者，大學之所以成始而成終也。而意、心、身、天下、國家之功效，皆在此矣。程頤曰：「格者，至也。物者，理也。至其理，乃格物也。」知行並進也。苟能立志體認於心，以至其天理，則知以至，意以誠，心體以正，形於身而身脩，形於家而家齊，形於國而國治，形於天下而天下平。家、國、天下，無處而非天理之寓，則無處而非體認之功，皆格物也。功至而理融，則致中致和，有以位天地，育萬物，而上下四旁均齊方正矣。我皇祖體認大學於心，而有默契之妙，是以受命以定禍亂者此也，興道以致太平者此也。至於出入起居、號令賞罰，無不一於此也。而開國之初，乃以崇儒爲急務，故祖幹、葉儀輩皤然而出，及大學之進，遂深喜而嘉納焉，且諭以道之所在而能行之，又不徒向慕而已。此所以能用夏變夷，復中國帝王之土宇，紹中國帝王之綱常，有功於帝王也大矣！聖明體皇祖之心而擴夫大學之道，則宗社有無疆之休也。

○國朝甲辰五月，太祖朝罷，退御白虎殿，閱漢書，侍臣宋濂、孔克仁等在側。上顧謂濂等曰：「漢之治道不能純乎三代者，其故何也？」克仁對曰：「王霸之道雜故也。」上曰：「高祖創業之君，遭秦滅學之後，干戈戰爭之餘，斯民憔悴，甫就蘇息，禮樂之事固所未講。獨念孝文爲漢令主，正當制禮作樂，以復三代之舊，乃逡巡未遑，遂使漢家之業終於如是。夫賢如漢文而猶不爲，將誰爲之？帝王制作，貴於及時。三代之王，蓋有其時而能爲之。若漢文，有其時而不爲也，可不惜哉！」

臣若水通曰：治定功成而禮樂興，此其時也。漢文有其時而不爲，誠如聖諭。雖然，正使爲之，亦不能依稀三代之盛也。何也？無中和之德以爲之本也。聖祖又以漢祖創業而未暇，何天下甫定，即命牛諒制禮，陶凱作樂邪？是又漢祖之所不及也。傳曰：「禮樂，積德百年而後興。」今百〔二〕六十年來，又制禮作樂之大時也。夫禮樂者，教化之具也。聖子神孫一道相守，養其中和之德，而求所以爲制作禮樂之本者，時不可失也。

○吳元年七月乙亥，上御戟門，召學士朱升及范權領樂舞生入見，設雅樂閱視之。上親擊石磬，命升辨識五音。升不能審，以宮音爲徵音。上曰：「升每言能審音，至辨石音，何乃以宮作徵邪？」起居注熊鼎對曰：「八音之中石最難和，故書曰：『於予擊石拊石，百獸率舞。』」上曰：「石聲固難和，然樂以人聲爲主，人聲和即八音諧和矣。」因命樂生歌一曲，上復笑曰：「古者作樂以和民，聲格神人，而與天地同其和。近世儒者鮮知音律，不知學，欲樂和，顧不難邪？」鼎復對曰：「樂音不在外求，實在人君一心。君心和，則天地之氣亦和；天地之氣和，則樂亦無不和矣。」上深然之。

臣若水通曰：記有之：「天下大定，然後正六律，和五聲，弦歌詩頌，此之謂德音，德音之謂樂。」鍾鼓、管磬、羽籥、干戚，樂之器也。屈伸、俯仰、綴兆、疾徐，樂之文也。知其情者能作，識其文者能述。情也者，心之和也。人能體認於心，以至其天理，則心和順矣。心和則氣和，氣和則聲和，而諧之六律，宣之八音，由是格神人、馴鳥獸、釐百工，以熙庶績，與天地大和大順之氣相爲流通矣。皇祖深知其然，乃能辨夫石音，探其樂本，以諭臣下，不惟識其文，又能識其情，此所以能述之於唐虞擊拊之餘，而作之於夷狄廢壞之際也。然出禮樂者君也，輔禮樂者臣也，熊鼎之對似矣，朱、范二子，其不汗顔邪？

○國朝太祖皇帝詔書曰：永惟爲治之道，必本於禮。考諸祀典，知五嶽、五鎮、四海、四瀆之封，起自唐世，崇名美號，歷代有加。朕思之則不然。夫嶽、鎮、海、瀆，皆高山廣水，自天地開闢以至于今，英靈之會，皆受命上帝，幽微莫測，豈國家封號之所可加？瀆禮不經，莫此爲甚！夫禮所以明神人、正名分，不可以僭差。今命依古定制，凡嶽、鎮、海、瀆，並去其前代所封之號，止以山水本名稱其神。

臣若水通曰：書云：「黄帝乃命重黎絶地天通，罔有降格。」此正名以正人心，教化之本也。我太祖革前代所封山川之號，其同符於此乎！夫禮不可瀆也，瀆則非禮矣。山川嶽瀆，加以名號，是人其神矣。神人幽明不辨，而名分不正矣。名分不正，則妖誕之説興，而人心之所以不正也，其何能國乎？故我太祖於千百年之後，慨然一洗瀆禮，以復古制，神人明矣！名分正矣！立禮教以正人心，其功豈小補之哉？

○洪武二年十月，上諭中書省臣曰：「學校之教，至元其弊極矣。使先王衣冠禮樂之教，混爲夷狄，上下之間，波頹風靡。故學校之教，名存實亡。況兵變以來，人習於戰鬥，惟知干戈，莫識俎豆。朕嘗謂治國之要，教化爲先；教化之道，學校爲本。京師雖有太學，而天下學校未興。宜令郡縣皆立學，禮延師儒，教授生徒，以講論聖道，使人日漸月化，以復先王之舊，以革污染之習。此最急務，當速行之。」

臣若水通曰：伏觀皇祖諭中書省臣以立學，撥亂反治、用夏變夷之先務矣。夫學校盛於三代，衰於漢、唐、宋，大壞於胡元，聖諭所謂先王衣冠禮樂之教混爲夷狄。夫所謂壞者，道之壞也。及立學中外，延師授徒，又拳拳以講聖道，以復先王之舊爲言，其所以教人者，豈落第二義哉？篤其實而藝者書之，此聖祖立科舉之法，使之讀聖之書，藴聖之德行，發聖之言，因言以觀其藴，因藴以授之官，此其良法美意也。奈何士習既久，買櫝〔二〕還珠，馳騖於文藝而遺棄其本實，遂使德業、舉業判爲二途，而先王德行道藝之教幾乎熄矣。易：「窮則變，變則通。」惟聖人爲能通其變，必上之所以教，下之所以學，内外心事合一，以舉業爲德業之發，以德業爲舉業之本，易其志而不易其業，合本末、兼體用，一以貫之，斯賢也！斯能也！斯俊傑也！用之於國則國治，用之於天下則天下平，然後學校之教名實相須而聖人之道明，先王之舊復矣。

○洪武四年，上觀大學衍義，至晁錯謂「人情莫不欲壽，三王生之而不傷」，真德秀釋之曰「人君不窮兵〔三〕黷武，則能生之而不傷」，顧謂侍臣曰：「晁錯之言，其所該者廣。真氏之言，其所見者切。古人云：『兵者凶器，聖人不得已而用之。』朕每臨行陣，觀兩軍交戰，出没於鋒鏑之下，呼吸之間創殘以之，心甚不忍。嘗思爲君恤民，所重者兵與刑爾。濫刑者陷人於無辜，黷兵者驅人於死地。有國所當深戒也。」

臣若水通曰：先儒程顥云：「仁者以天地萬物爲一體。」臣謂認得一體，則痛癢相關，而民之所好好之，民之所惡惡之矣。是故聖人至仁足以育萬民，大義足以正萬民，而陽舒陰慘，好惡皆一體矣。皇祖觀大學衍義，有感於二人之論，而言臨陣不忍傷殘，以濫刑黷兵爲戒，其惻隱之心乎！至於除殘去暴以安生靈，則又仁義並行，無非一體之意矣。聖明念而體之，豈不大得民心，以永天命乎！

○洪武四年六月，吏部尚書詹同、禮部尚書陶凱製宴享九奏樂章成，其曲一曰「本太初」，二曰「仰大明」，三曰「民初生」，四曰「品物亨」，五曰「御六龍」，六曰「泰階平」，七曰「君德成」，八曰「聖道成」，九曰「樂清寧」。先是，太祖皇帝厭前代樂章率用諛詞以爲容悅，甚者鄙陋不稱，乃命凱等更製其詞。至是上之，命協音律者歌之，謂侍臣曰：「禮以道敬，樂以宣和。不敬不和，何以爲治？元時古樂俱廢，惟淫詞豔曲更唱迭和，又使胡虜之聲與正音相雜。甚者以古先帝王、祀典神祇飾爲舞隊，諧戲殿廷，殊非所以道中和、崇治體也。今所製樂章頗協音律，有和平廣大之意。自今一切流俗諠譊淫褻之樂，悉屏去之。」

臣若水通曰：九奏樂章，大要又本於「君德成」之一章也。使君德既成，則制作有地，而大禮與天地同節，大樂與天地同和，風移俗易，挽衰世而之古，特易易也。此我聖祖之謂也，不爲萬世之永鑒歟！

○洪武五年三月辛亥，上命禮部重定官民相見禮。先是，元俗官僚相見，輒跪一足以爲禮。拜則以叩頭爲致敬，既拜復跪一足。屬官、下人見上司、官長，與爲禮，即引手於後，進若却避之然。上甚厭之，自即位之初即加禁止。然舊習不能盡革，至是復定爲儀節，令頒布之。上謂禮部臣曰：「禮者，所以美教化而定民志。成周設大司徒，以五禮坊萬民之僞而教之中。夫制中莫如禮，脩政莫如禮，故有禮則治，無禮則亂。居家有禮，則長幼叙而宗族和；朝廷有禮，則尊卑定而等級辨。元以夷變夏，民染其俗，先王之禮幾乎熄矣。而人情狃於淺近，未能猝變。今命爾稽考典禮合於古而宜於今者，以頒布天下，俾習以成化，庶乎復古之治也。」

臣若水通曰：宋儒司馬光云：「禮之用大矣。用之於身則動静有法而百行備，用之於家則尊卑有别而九族睦，用之於鄉則長幼有倫而風化美，用之於國則君臣有叙而政治成，用之於天下則諸侯賓服而紀綱正。」臣謂：禮也者，理也。人君必先體天理於心，以爲之本，而後由中應外，篤近舉遠，莫非禮之用矣。至於拜揖跪興之儀，先王之典禮具在。胡元壞亂，是以臣民習染之久，交接之間靡然夷狄之俗。皇祖撥亂反治，變之以夏。既禁止之，而又命禮臣定爲儀節，俾學校習之，天下守之，致治成化，而聖王之禮法教化，復見於今日者，皆聖祖天理之一念佑啓之洪休也。伏望聖明取法以擴充之焉。

○洪武六年三月，禮官上考定禮儀。太祖皇帝謂尚書牛諒曰：「禮者國之防範，人道之紀綱，朝廷所當先務，不可一日無也。自元氏廢棄禮教，因循百年，而中國之禮變易幾盡。朕即位以來，夙〔四〕夜不忘，思有以振舉之，以洗污染之習，故嘗命爾禮部定著禮儀。今雖成，宜更與諸儒參詳考議，斟酌先王之典，以復中國之舊。務合人心，永爲定式，庶幾愜朕心也。」

臣若水通曰：禮者體也，與道爲體者也。禮存則道存，道存則國存；禮亡則道亡，道亡則國亡。是故先王之教務焉。聖祖以禮爲人道之紀綱，又曰國之防範，蓋深有見於是，而鑒元氏之失矣。今重熙累洽之世，議禮而奉行之者，可不謹哉！可不謹哉！

○洪武十三年六月，敕諭國子監生曰：「仲尼之道，上師天子，下教臣民。自漢及今，未有逾斯道而能久。朕統一寰宇，君主斯民，切惟學校國之首務，乃今年春命工曹構廟學，越五月而成。於是傳選師儒，教訓生徒，期在育君子以履仲尼之道，以助我後嗣，以安天下蒼生。苟教之不以其道，學之不盡其心，則恐養非君子，用非賢人，徒勞民供，無益國家。爾諸學者，當謙柔恭謹，存禮義之勇，去血氣之剛，持守仲尼四勿之訓，積日經旬，以踰歲月，不變其所學，則賢人君子矣。由是出爲國用，致君於堯舜，躋民於雍熙，顯揚其親，永世不磨，豈不偉哉！宜體朕意，立乃志、務乃學、正爾儀、慎爾言，務勉進脩，無間晝夜，講於友必正道以相輔，問於師必致恭而聽受。有乖此禮者，監丞糾之勿忽。」

臣若水通曰：伏觀聖祖之諭，拳拳在於學校，教之以其道，成賢才以適用也。一則曰履仲尼之道，二則曰持守仲尼四勿之訓，其可謂知要矣。夫教學之道，莫過於仲尼；而仲尼之道，惟在乎四勿。夫四勿者，聖人之心學也。蓋視、聽、言、動，事也；勿之者，心也。夫聖人之學，惟在於性情。正其性情者，心而已矣。然則聖祖以是教人，豈非默契乎帝王心學之傳乎？養士如此，則體立用行，致君澤民之事業，皆自其性情中流出矣。噫，皇祖以是立教，後世猶有逐末而忘本，重言而輕實，是藝而非德者，亦獨何哉？

○洪武十四年三月，頒五經、四書于北方學校。上謂廷臣曰：「道之不明，由教之不行也。夫五經載聖人之道者也，辟之菽粟布帛，家不可無。人非菽粟布帛，則無以爲衣食；非五經、四書，則無由知道理。北方自喪亂以來，經籍殘闕，學者雖有美質，而無講明，何由知道？今以五經、四書頒賜之，使其講習。夫君子而知學則道興，小人而知學則俗美。他日收效，亦必本於此也。」

臣若水通曰：道本於心，所謂良知也。養其知者在於書，蓋書註吾心者爾，故能養也。人本於生理，所謂元氣也。養其元氣者，在菽粟布帛，蓋菽粟布帛同得此生理者爾，故能養也。非書能益良知之所無也，非菽粟布帛能益元氣之所無也。東方、西方、南方、北方之人同此心，同此良知也。堯舜三代之人與胡元之人同此心，同此良知也。此聖祖所以頒五經、四書于北方之學校，以覺其心之良知。一哉聖心乎！其教育之仁，如天地之覆載而無間矣。

○洪武十五年四月，遷工部侍郎劉敏爲刑部侍郎。誥曰：「於戲！昔聖人以德化天下，故民樂於從善而天下治。然聖人之心，必欲天下之人皆善無惡，有不率者，然後刑以齊之。故賞當其功，罰當其罪，而民之不從善者無有也。故上曰君聖，中曰臣賢，下曰民良，而天地致和，品物咸亨矣。後之君臣乏誠意正心之學，蔑成己及物之善，是以刑罰不當，仁義倒施，法愈煩而犯愈衆，此爲世之大病也。」

臣若水通曰：賞罰者，人主所以教天下之術也。賞當功則民知勸，罰〔五〕當罪則民知懲。

欲賞罰之當者，惟在於君臣務誠意正心之學，有成己及物之誠，則仁以育之，義以正之，有交濟而無倒施，君聖、臣賢、民良，致中和而天地萬物位育矣。皇祖之誥及此，其任官化民之道，豈有加於此哉？

○國朝太祖諭中書省臣曰：「昔成周之世，家有塾、黨有庠，故民無不知學，是以教化行而風俗美。今京師及郡縣皆有學，而鄉社之民樂覩教化，宜令有司更置社學，延師儒以教民間子弟，庶可導民善俗也。」

臣若水通曰：此聖祖諭中書省臣建社學之言也。伏考我聖祖未即大位之先即建國學，洪武二年詔天下立府州縣學，八年又詔立社學，何汲汲於學校之建邪？蓋天下之治係於賢才，而賢才之出在於學校也。今之社學，其即古之家塾也；今之府州縣學，其即古之黨庠也；今之國學，其即古之國學也。是故無處無學，無人無學，所學皆所用，所用皆所學，然而天下不治者，未之有也。

○洪武十六年，定生員三等高下。凡通四書，未通經者，居「正義崇志廣業堂」；一年半之上，文理條暢者，升「脩道誠心堂」；二年半之上，經史兼通、文理俱優者，升「率性堂」。升「率性堂」者，方許積分。積分之法：孟月試本經義，仲月試論及内科詔誥章表一，季月試史策及判語二。每試，文理俱優與一分，理優文劣者與半分，文理紕繆者無分。歲内積至八分者爲及格，與出身。不及分者，仍坐堂肄業，一如科舉之制。

臣若水通曰：此聖祖建國學之制也，可謂盡美盡善矣！自下而上，以漸而進，教不躐等也。是故其始也正其義、崇其志、廣其業；其中也脩其道、誠其心；其終也則能率其性矣。學至於率性焉盡矣，學至率性，則德也業也混合而無間矣。又試之以經義論策，自本根而枝葉矣。由是而擢之立朝長民，由體而達之用矣。太祖之立教，其盡美盡善矣。在教者脩而復之耳。

○洪武十七年六月，太祖皇帝諭禮部臣曰：「近命製大成樂器，將以頒天下學校，俾諸生習之，以祀孔子。朕思古人之樂所以防民欲，後世之樂所以縱民欲，其故何也？古樂之詩章和而正，後世之歌詞淫以奢；古之律呂協天地自然之氣，後世律呂出入爲智巧之私。天時與地氣不審，人聲與樂聲不比，故雖以古之詩章、用古之器數，亦乖戾而不合，陵犯而不倫矣。手擊之而不得於心，口歌之而非出於志，人與樂判然爲二，而欲以動天地、感鬼神，豈不難哉？然其流已久，救之甚難，卿等宜究心於此，庶幾可以復古人之意。」

臣若水通曰：致樂以治心者也。古以平心，今以助欲；古以宣化，今以長怨。平心宣化者，天理之公也，公則和，和則與天地之氣一矣。氣之一，則樂之詩章器數皆吾和順之所寓矣。助欲長怨者，人欲之私也，私則乖，乖則與天地之氣戾矣。氣之相戾，宜其詩章樂器不合不倫，判而爲二矣。不復古禮，不變今樂，而欲致治者，豈不難乎？我皇祖體天地之和，識大樂之本，於大成樂器之制，乃諭臣下以古今公私之不同，人樂心聲之合一，可謂得作樂之要矣。

〇洪武十八年八月癸丑，太祖皇帝命大都督府官選武臣子弟入國子監讀書。太祖諭之曰：「武臣從朕定天下，以功世禄，其子弟長於富貴，又以父兄早殁，鮮知學問。宜令讀書，知古今、識道理，俟有成立，然後命官，庶幾得其實用也。昔霍光功非不高，身死未久而子孫横肆，卒致夷滅者，不學故也。郭子儀中興唐室，功蓋天下，位極人臣，而心常謙退，保全令名，而福及後嗣者，識道理也。今武臣子弟但知習武事，特患在不學爾。」

臣若水通曰：唐旗門羽林俱授以孝經，則匪特勳舊子孫也，而治止於唐，何哉？教之學之無其則，徒爲文具，烏能毛毫益於國家？我聖祖命選武臣子弟入國學，則必先之以學問，本之以道理，戒之以横肆，皆切問近思之學，其過於唐遠矣。至於所引霍光、子儀之事，則勳舊子孫又當謹誦以爲戒勉者也。

○洪武二十年七月丁酉，禮部奏請如前代故事立武學、用武舉，仍祀太公，建昭烈武成王廟。上曰：「太公，周之臣，封諸侯。若以王祀之，則與周天子並矣，加之非號，必不享也。至於立武學，用武舉，是析文武爲二途，天下無全才矣。三代之上，士之學者文武兼備，故措之於用，無所不宜，豈謂文武異科，各求專習者乎？即以太公之鷹揚而授册書，仲山甫之賦政而式古訓，召虎之經營而陳文德，豈比於後世武學專誦韜畧，不事經訓，專習干戈，不聞俎豆，拘於一藝一偏之陋哉？今又欲循舊，用武舉、立廟學，甚無謂也。太公之祀，正宜從祀帝王廟。」遂命去王號，罷其舊廟。

臣若水通曰：古之學者出于一，後之學者出于二。二則支離之患興，而道之所以不明不行也。故夫才與德二，非全人矣。文與武二，世無全材矣。伏觀皇祖諭禮部武學武舉之論，灼見支離之患，而欲天下之學出于一也乎！夫才本於德，德發而爲才，則人道全矣。由是以附衆飾治則文，以戡亂威敵則武。觀於太公、山甫、召虎之賢聖之文武具備，則文之與武可二乎哉？皇祖謂析文武爲二途，天下無全材，雖先王復起，不易斯言矣。

○洪武二十八年十月，禮制集要成。先是，上謂翰林學士劉三吾等曰：「朕自即位以來，屢命儒臣歷考舊章，上自朝廷，下至臣庶，冠婚喪祭之儀，服舍器用之制，各有差等，著爲條格，俾知上下之分。而姦臣胡惟庸等擅作威福，謀爲不軌，僭用黄羅帳幔，飾以金龍鳳文。邇者逆賊藍玉越禮犯分，床帳護膝皆飾金龍文，又鑄金爵以爲飲器，家奴至於數百，馬坊廊房悉用九五間數。而蘇州府民顧常亦用金造酒器，飾以珠玉寶石。僭亂如此，殺身亡家。爾等宜加考定，以官民服舍器用等編類成書，申明禁制，使各遵守。敢有仍前僭用者必置之法，成器之人如之。」至是書成，其目十有三，曰：冠服、房屋、器皿〔六〕、傘蓋、床帳、弓矢、鞍轡、儀從、奴婢、俸禄、奏啓本式、署押體式、服制，頒布中外。

臣若水通曰：禮之爲物也，聖人之所以飾人之情而閑其邪僻之具也。其文物制度，皆因民以爲節，而爲大防而已。是禮者，理也。必聖人在上，心純乎天理，故制爲禮法，而致臣民於治化之中也。元以夷狄入主中國，先王之禮法教化蕩然矣。是以官民輕玩，以至僭亂踰越，貴賤等混，上下分乖，莫不甚於此時也。天生皇祖爲中國禮樂綱常之主，遂以華易夷，復乎古而變乎今。乃命儒臣歷考舊章，上自朝廷，下至臣庶，冠婚喪祭之儀，服舍器用之制，各有差等。著爲成書，使頒行遵守，貴賤之等於是而嚴也，上下之分於是而正也，先王之禮教於是而復明也。是故聖祖斟酌損益，以扶植萬世常行之道。但承平日久，民心漸玩，而僭踰之風或起，如顧常之所爲者，尚不能無也。伏願聖明體皇祖之心，申明舊制，防其漸而遏其流，則治平之休垂於無疆矣。

○洪武二十八年戊午，詔國子生曰：「孔子作春秋，明三綱，叙九法，爲百王軌範，脩身立政，備在其中，未有舍是而能處大事、決大疑者。近諸生專治他經者衆，至於春秋鮮有明之。維今宜習讀，以求聖人大經大法，他日爲政臨民，庶乎有本。」

臣若水通曰：孟子云：「王者之迹熄而詩亡，詩亡然後春秋作。」春秋，天子之事也。故正人心、扶世道，莫大乎春秋。孔子之時，三綱日㘖，九法盡斁，春秋不得已而作也。春秋作則褒貶定而勸懲彰，三綱由是而明，九法由是而叙。苟能於此而明諸心焉，則天理日著，人欲日消，僭亂日遠。家以之而齊，國以之而治，天下以之而平，實天下萬世之大經大法也。誠如聖祖之所諭者。伏願聖明體皇祖之心以明之於上，使學校皆明之於下，則上下協一，而久安長治之休，端有在矣。

〇大明令：國學生員：一品至九品文武官子孫弟姪，年一十二歲以上者充補，以一百名爲額。民間俊秀年一十五歲以上，能通四書大義，願入國學者，中書省聞奏入學，以五十名爲額。

臣若水通曰：此見我聖祖法成周公卿大夫士之子與民間俊秀入太學之遺意也。教人無間，用人有方，不以世族求，不以寒門遺矣。傳世既遠，法久易玩，他門一啓，賢關混淆，良法美意，獨不可念哉。故曰：制而用之謂之法，舉而行之存乎人。此在聖明今日秉公正以立教化之本焉。

〇教民榜：各處鄉村設立社學，教訓子弟，使爲良善。其有司里甲倚此作弊，革去。今後許令有德之人，不拘多少，每年十月初開學，臘月終罷。如丁多有暇常讀常教者，聽其有司里老。敢有干預攪擾者，重法懲治。

臣若水通曰：古者之教，家有塾，民之子弟八歲而入，後世無聞焉。我朝社學之設，其亦先王之意乎！蓋得蒙以養正之義矣。語曰：「少成若天性，習慣成自然。」其於化民成俗之助豈淺淺也哉！有司乃復違令而廢焉，甚者因而作弊，誠民賊也。治之以法，豈不宜哉！伏惟聖明申明祖宗之制，必講求古者小學之教，灑掃應對進退之節，事親敬長隆師親友之道，禮樂射御書數之文，而令小子服習之，涵養其根本，開發其聰明，則作聖之功在是矣。

○永樂四年三月，太宗皇帝視學。先是，敕禮部臣曰：「朕惟孔子帝王之師，帝王爲生民之主。孔子立生民之道，三綱五常之理，治天下之大經大法，皆孔子明之以教萬世。朕皇考太祖高皇帝膺君師億兆之任，正中夏文明之統，復衣冠禮樂之舊，渡江之初，首建學校，親祀孔子，御筵講書，守帝王之心法，繼聖賢之道學，集其大成，以臻至治。朕承鴻業，惟成憲是遵。今當躬詣太學，釋奠先師，以稱崇儒重道之意。其合行禮儀，禮部詳議以聞。」

臣若水通曰：此我太宗文皇帝崇儒重道之盛心溢於言表矣。其間曰「守帝王之心法，繼聖賢之道學」，此二言者，實開一代心學之原也。至哉！此所以人材輩出，輔成丕丕之基，垂無疆之休也。聖子神孫，不可不以祖宗爲法，以求所謂道學心法之妙焉。

○憲綱：凡國家律令并續降條例事理，有司官吏須要熟讀詳玩，明曉其義。監察御史、按察司官所至之處，令其講讀。或有不能通曉者，依律究治。

臣若水通曰：刑法與禮相出入者也，故律例與書相表裏者也。蓋律令之頒，即古者布法象魏之遺意，乃治之具也。有治民之責而不能舉其辭，況能明允以適厥中哉？然任刑莫如任德，孔子曰「道之以德，齊之以禮，有恥且格」，斯百王之律令也歟！而所以道之齊之者，必自聖明一心始焉爾。

校記：

〔一〕「百」，原作「日」，據嘉靖本改。

〔二〕「櫝」，原作「犢」，據文義改。

〔三〕「兵」，原作「共」，據嘉靖本改。

〔四〕「夙」，原作「風」，據嘉靖本改。

〔五〕「罰」，原作「賞」，據嘉靖本改。

〔六〕「皿」，原作「血」，據嘉靖本改。

聖學格物通卷之六十三

舉措一

○易泰彖曰：内陽而外陰，内健而外順，内君子而外小人。君子道長，小人道消也。

臣若水通曰：陽爲健、爲君子；陰爲順、爲小人。泰卦乾陽來居内，是健在内也。坤陰往居外，是順在外也。君子小人之進退，國家之治亂所係也。何謂「内君子」？内者主之也，自朝廷以至百執事皆君子也。何謂「外小人」？外者黜之也，小人無得以干政也。内君子則君子之道長矣，外小人則小人之道消矣。陽剛之道大爲世用，陰邪不得而間之，人君舉措之公，則天下開泰矣。書曰：「任賢勿貳，去邪勿疑。」若使君子小人雜出乎其間，則君子以直道而退，小人以邪佞而進，甚至小人衆而君子獨，雖欲不亡，不可得已，有國者不可以不慎也。

○頤彖曰：天地養萬物，聖人養賢以及萬民。頤之時大矣哉！

臣若水通曰：此彖辭贊頤道之大也。夫天地人物，一氣者也。故天地之於萬物，聖人之於萬民，因其氣之同，而以彼所固有者養之，使日益盛耳，非謂民物所本無而强附益之也。萬物有生意，不能以自養，養之者天地也。雨露霜雪，皆天地之致養乎物者也，一氣之通也。萬民有生理，不能以自養，養之者聖人也。教養刑政，皆聖人之致養乎民者也，一理之運也。然自養賢始，必尊其位，重其禄，以達其用也。以賢者而養天下者，使承君教養刑政之道，以致之民也，故天下皆得其所矣。萬物與萬民遂其養，聖人與天地極其功，頤之時大矣哉！雖然，天地之於物無弗養者，至於天下之民之失其養者多矣！蓋所養未必賢，賢者未必養，掊克在位而民失所生矣。故人君養得其賢，則萬民遂其養；養不得其賢，則萬民失其生，可不謹哉！

○解：六五，君子維有解，吉。有孚于小人。

臣若水通曰：六五以陰居君位，爲解之主。然與三陰同類，顧其能去之否耳。孚者，驗而可信也。陰者，小人也。能解與不能解，皆未可決，惟驗信於小人之黨能去與否也。小人，亂天下者也，不解則惡黨親而善類遠矣。君子小人不相爲謀也，解則小人去而君子進，天下之慶也。然難退易進者小人也，必其放流之、屏逐之，小人退而後驗其能解，不然則未見其能解也。彼見不善而不能退，退而不能遠，夫豈知解之道哉？

○夬：揚于王庭，孚號有厲。告自邑，不利即戎，利有攸往。

臣若水通曰：此夬之彖辭。孚者，信之在中也。號者，命於衆也。厲，危也。邑者，私邑。告自邑，自治其私也。即戎，尚武也。蓋夬者以五陽決去一陰，是君子決小人也。不明其罪，無以屈其心，揚于王庭者，聲其罪於公朝，使皆顯然明善惡之歸也。其揚而號之，必誠信由中出，以呼號衆類相與合力，而後爲公。然小人在上，故尚有危道，不敢忘戒懼也。必先自治然後可以治人，故告自邑，先治其己，正己以正人也。以力角力，君子未有能勝於小人。不利即戎，言不可過用威武也。如是而往以決之，彼有可伐之罪，我無可乘之隙，陰類盡而陽道大行矣，寧不利於攸往邪？夫攻之者君子也，主之者君也。君不惑于小人，而君子得盡其謀矣。不然，小人之依憑城社，又豈得以易決邪？

○井：九三，井渫不食，爲我心惻。可用汲，王明並受其福。

臣若水通曰：渫，清潔也。汲，注也。九三以陽剛而得正，在井下之上，君子之德之純，有濟世之才，如井之潔清者也。困於下而澤不及於人，猶井之清潔不食也。秉彝好德，人皆有之，有君子而不用，則爲人心之惻者，亦情也。何也？其才德之可用，猶井之可汲也。明王汲之以居於位，而其致君澤民之福，上下並受之矣。故君子之不用，豈獨君子之窮哉，亦天下之不利也。有天下者，能使朝野無遺賢之嗟，其慶寧有已邪？

○書虞書舜典：流共工于幽州，放驩兜于崇山，竄三苗于三危，殛鯀于羽山，四罪而天下咸服。

臣若水通曰：此史臣記大舜錯枉之政。共工、驩兜、鯀，三臣名。三苗，國名。言舜知共工之象恭滔天，故流之於幽州北裔之地，使之遠去。知驩兜之同惡相濟，故放置之於崇山南裔之地，使不得他適。又知三苗之恃險爲亂，故竄之於三危西裔之地，驅逐而錮禁之。又因鯀之悻愎自用，湮汩洪水，故殛之於羽山東裔之地，拘囚困苦之。此四人者，天下之四兇也，各因其罪而罪之，舜以至明之心而行至公之法。故宋儒程顥曰：「舜之誅四兇，怒在四兇。舜何與焉？」蓋聖人之心，如鑑之空，物之來也，妍媸自形，鑑何與焉？故流放竄殛，各適其可，而天下咸服。其用刑之當罪，蓋以得其心之所同然者故也。後世之君，皆以一己之喜怒而賞罰人，故不合乎天下人心之同然，何服之有？人君用刑，可不以此爲法乎！

○皋陶謨曰：都！亦行有九德。亦言其人有德，乃言曰，載采采。禹曰：「何？」皋陶曰：「寬而栗，柔而立，愿而恭，亂而敬，擾而毅，直而温，簡而廉，剛而塞，彊而義。彰厥有常，吉哉！」

臣若水通曰：此皋陶陳知人之謨。都者，嘆美辭。亦者，總也，總言德之見於行者，其凡有九載行也。采，事也。亂，治也。擾，馴也。而，轉語辭。彰，著也。吉，美士也。皐陶嘆而言觀人者，總言其人之有九德，必指言其所行之實，某事合某德，某事合某德，爲可信驗而不徒託名溢美矣。禹曰「何者」，問其九德之目也。皐陶遂言所謂九德者，寬弘而莊栗也，柔順而植立也，謹愿而恭恪也，有治才而敬畏也，馴擾而果毅也，徑直而温和也，簡易而廉隅也，剛健而篤實也，彊勇而好義也。九者皆其成德之自然，有中正和樂之懿，無偏倚駁雜之私，德著之於身，而始終有常，其吉士矣哉！臣謂德者，吾心所得之天理也。天理一而已矣，而以爲有九者，何邪？夫理一而分殊者也。存於心者一，而見於行者九耳。德藴於中而難知，行著於外而可見。故言人有德，必證之於某事某事，則有核實之行矣。夫德之未成者，則不能有其常，今日行某事之善，而他日或不能然。若夫盛德之至，則九德雖不必一時並見，而其歲月之久，則隨感而應，隨事而見，於是乎九德咸著，夫然後知其有常不變，而爲盛德之至也。古之聖賢觀人之詳，用人之慎如此，後世以文字取士，以身言書判選官，不亦淺乎？伏惟聖明欲復唐虞三代之治，當法其觀人用人之道，然後可焉。

○周書武成：乃反商政，政由舊。釋箕子囚，封比干墓，式商容閭。

臣若水通曰：此史臣記武王克商舉措之大政也。舊者，先王之政也。箕子諫紂被囚。比干諫紂，爲紂所殺。商容者，商之賢人也。閭者，族居里門也。式者，憑車前横木以起敬也。

言武王克商之後，乃反紂之虐政，其政一由先王之舊。箕子爲紂所囚，則釋其因而放之。比干爲紂所殺，則即其墓而封之。過商容之閭，乃式而起敬焉。夫人君之政在服人心而已，天下之人心好善惡惡，一而已，好惡之公在得其本心而已。故君人者，得其本心則好惡公，好惡公則能得天下之人之心，而天下之政舉矣。

○康誥：庸庸祗祗，威威顯民。

臣若水通曰：此武王命康叔爲衛侯之言也。庸，用也。祗，敬也。威，刑也。庸庸者，用其所當用，用當其賢。祗祗者，敬其所當敬，敬得其人。威威者，威其所當威，刑當其罪。言文王用能敬賢討罪，一聽於理，而已無與焉。廓然大公，隨感而應，物各付物，天之理也。德誠於己而著於民，誠之不可掩而能動物也，其造區夏，脩友邦，怙冒西土，皆誠之所感也。人君舉措，可不一本於誠乎！

○詩小雅正月：瞻彼阪田，有菀其特。天之抓我，如不我克。彼求我則，如不我得。執我仇仇，亦不我力。

臣若水通曰：此大夫所作以刺幽王用舍之無常也。阪田，崎嶇墝埆之田。菀者，茂盛貌。特者，特生之苗也。抓，動也。力，謂用力也。言瞻視彼阪田，猶有特生之苗，而天之抓我而頓挫之，而恐其不我勝焉。蓋不敢歸咎於時，故歸之於天也。又言始焉以我爲賢而求之，惟恐弗得。終焉執之如仇讐，又不能用。舉措顛倒無常如此者，何也？蓋由此心之蔽惑而無所定主故，或因一人譽而舉之，或因一人毁而棄之，舉措不由吾心之衡鑑，一出於在人之毁譽，故輕舉易棄，始終無常固如此，無足怪也。故有國家者於舉措人才之際，惟在自正此心之衡鑑，衡鑑既定則心有所主，心有所主則明，明則斷。既明且斷，不肖者必知之而不舉，賢者必舉之而不棄，安有始終無常如此者哉？故人主不患舉措之不公，惟患此心之不明且斷耳。

○春秋桓公五年：天王使仍叔之子來聘。

臣若水通曰：胡安國傳云：「『仍叔之子』云者，譏世官非公選也。帝王不以私愛害公選，故仕者世禄而不世官。任之不以其賢也，使之不以其能也，卿大夫子弟以父兄故而見任使，則非公選，而政由是敗矣。上世有自耕野釣渭擢居輔相，而人莫不以爲宜。伊陟象賢，復相太戊；丁公世美，入掌兵權，不以世故疑之也。崇伯殛死，禹作司空；蔡叔既囚，仲爲卿士，亦不以其父故廢之也。惟其公而已矣。及周之衰，小人得政，視朝廷官爵爲己私，援引親黨分據要途，施及童稚，賢者退處於蓽門，老身而不用，公道不行，然後夷狄侵陵，國家傾覆，雖有智者不能善其後矣。春秋書武氏『仍叔之子』云者，戒後世人主狥大臣私意而用其子弟之弱者居公選之地，以敗亂其國家，欲其深省之也。」臣謂安國之説，可謂得春秋之旨矣！夫舉措用舍者，王政之大端，治亂之所由成者也。不以其賢，惟以其世，文王之政至是泯滅無餘矣。此王綱之所以不振，禮樂征伐不自天子出也，惜哉！

○禮記王制：命鄉論秀士，升之司徒，曰選士。司徒論選士之秀者而升之學，曰俊士。升於司徒者不征於鄉，升於學者不征於司徒，曰造士。大樂正論造士之秀者以告于王，而升諸司馬，曰進士。司馬辨論官材，論進士之賢者以告于王而定其論。論定然後官之，任官然後爵之，位定然後祿之。大夫廢其事，終身不仕。

臣若水通曰：命鄉論者，必鄉人乃知之真也。秀者，穎出也。俊士者，才過千人者也。不征於鄉，免鄉之徭役也。不征於司徒者，免司徒之役也。造士者，成就其才德者也。司馬者，掌爵祿之官也。定論者，考評其行藝之詳也。官之，謂初試仕也。任官，能勝任也。爵之，謂一命也。位，即爵也。祿之，養以祿也。官而後爵，爵而後祿，察之詳矣，故不及惡德也。廢其事，如敗國殄民、荒淫亂俗也。終身不仕，懲之重，所以勸後人也。夫先王之養士用人，命之鄉，論之司徒，造之樂正，告之王，辨之司馬，論而官，官而爵，爵而祿焉，則其所養所用，無非才德之良，天下豈有不治哉！

○緇衣：子曰：「唯君子能好其正，小人毒其正。故君子之朋友有鄉，其惡有方。」

臣若水通曰：鄉，向也。天下之治亂，邪正而已矣。正人進者，治之表也。君子以正感正，與同類同道，故好其正。小人以邪召邪，而異類異道，故害其正。君子之所以好其正者，以其好同向、惡同方也，故其進也，必拔茅連茹焉。故人君用一君子，則百君子進，而邦其昌矣。用一小人，則百小人進，而國事非矣。是以人君必正其好惡以公其心，故能鑒天下之善惡而用舍之，則正人出而天下治矣。昔在東漢，以黨人目君子，逮於有宋，以僞學斥真儒，蓋即其彙征之迹而中傷之，而不知爲好正之寔，此亂亡所以不旋踵也，吁！

○周禮地官司救：凡民之有衺惡者，三讓而罰，三罰而士加明刑，恥諸嘉石，役諸司空。其有過失者，三讓而罰，三罰而歸于圜土。

臣若水通曰：衺，不正也。讓，責也。罰，撻之也。衺惡在心，故爲不善者也。過失在事，誤陷于惡者也。民有衺惡，姑以責之。責之至三而不改，姑又撻之。撻之至三而不改，然後加以明刑，去其冠飾而書其罪狀，以示諸人。又使之坐于嘉石以恥辱之，役諸司空以困苦之。過失輕于衺惡，故三讓三罰，以啓其遷善改過之心，不加明刑，不坐嘉石，不役司空，惟犯則收之圜土而已。若然，則措所當措，而民焉有不直者乎！

○地官鄉大夫：三年則大比，考其德行道藝而興賢者、能者。鄉老及鄉大夫帥其吏與其衆寡，以禮禮賓之。厥明，鄉老及鄉大夫、群吏獻賢能之書于王，王再拜受之，登于天府，内史貳之。

臣若水通曰：三年大比者，以其三年有成也。於是時考其德行道藝而舉其賢能。賢即上之，所謂德行者；能即上之，所謂道藝者。鄉大夫三歲考其賢能者，以鄉飲酒之禮而禮接以賓興之。明日，獻賢能之書于王，王於是拜受之。拜受之者，重其賢能也。登於天府者，蓋崇重之，與寶玉同也。内史書其副，以詔王爵禄之也。夫先王之養士取士，德行道藝本其心性之所固有者成之而已。故用而見之政事，成之功業，皆其德行道藝之發也。故養之以實學，用之以實德，而國家賴焉。爲人君者，可不務乎！

○論語：哀公問曰：「何爲則民服？」孔子對曰：「舉直錯諸枉則民服，舉枉錯諸直則民不服。」

臣若水通曰：此孔子答哀公以舉措之道也。哀公，魯君，名蔣。錯者，捨置也。諸，衆也。哀公問於孔子，以何所爲而民心服從？孔子對之，以爲人同此心，心同此理，欲得民心之服者，以舉措得宜，合民心之同然故也。否則，不合民之同然，而民心有不服者矣。故有德有才、得天理之公正直者也，則舉而用之，列於公卿大夫士之位。其無才無德、悖乎天理之公正者，則捨而置之。是一舉一措，合乎民心天理之公矣，民何爲而不服乎？若無才德而頗僻，是謂枉者，則舉而用之，列於公卿士大夫之位，而才德方正之士，反棄之在野，屈之下僚，是一舉一措，拂乎民性秉彝之公矣，民何爲而服乎？由是言之，服民之心者，以得民心是非之公也。欲得民心是非之公者，必得吾是非之本心、天理之本體也，人君可不加之意乎？

○舜有天下，選於衆，舉皋陶，不仁者遠矣。湯有天下，選於衆，舉伊尹，不仁者遠矣。

臣若水通曰：舜，有虞之君，皋陶其臣也。湯，有商之君，伊尹其臣也。樊遲聞孔子「舉直錯枉，能使枉者直」之言，而未喻其指，子夏既嘆其言之富於此，遂釋其兼仁知之意也。言帝舜受堯之禪而有天下，知皋陶之爲仁賢也，舉而用之爲士師，以明刑弼教，是舜之知也。卒之民協于中，皆化而爲仁，而不仁者遠去矣，非帝舜之仁乎！成湯放桀而有天下，知伊尹之一德也，舉而用之爲阿衡，以堯舜其君民，是湯之知也。卒之夏民革正，皆化而爲仁，而不仁者遠矣，非成湯之仁乎！然則用得其人，而天下化成矣。非具仁知之體用，其孰能之哉？夫天下之民之仁，即皋陶、伊尹之仁也；皋陶、伊尹之仁，即大舜、成湯之仁也。舜、湯能舉皋陶、伊尹，能化天下之民者，以其同此心、同此仁也。然則後之人君欲舉賢以化理者，可不先以知明諸心而仁以體之以爲本哉？故曰：爲政在人，取人以身。

○仲弓曰：「焉知賢才而舉之？」子曰：「舉爾所知，爾所不知，人其舍諸？」

臣若水通曰：仲弓名雍，孔子弟子，爲季氏宰。問政，孔子既告之以先有司、赦小過、舉賢才，然欲專任人而畧其過，必得賢才而後可。若不得賢才而先濫及惡德，則又將何以畧其過而專任之乎？仲弓又慮無以盡知一時之賢才，孔子又告之，言知賢才者，豈能以一人之聰明盡天下之幽遠哉？各以其類耳。苟自爾一身之聰明所及者，知孰爲賢而有德，孰爲才而有能也，而舉用之，賢者在位，能者在職，則斯賢也必能舉其所知之賢，而我所未知之賢皆以類進矣。斯才也必能舉其所知之才，而我所未知之才皆以類進矣。況由是而推之，彼所舉之賢才，亦必各舉其賢才，近而四境，遠而四海，其賢者能者皆無遺矣。故曰：人各親其親，然後不獨親其親，拔茅連茹以其類，此之謂也。夫然後見聖人公天下之心，而普天下之智也。惜乎時君不能用也，噫！

○公叔文子之臣大夫僎，與文子同升諸公。

臣若水通曰：文子，魯大夫公孫枝之謚也。臣者，其家臣，名僎也。文子知其家臣僎之賢，遂舉之，以同升于公朝而爲大夫。非智之明、心之公者，其孰能之？夫大臣，以人事君者，賢才進則己責盡矣，尊孰甚焉？後世之爲人臣，見天下之賢必媢嫉而惡之，非上天不賦之以辭讓是非之心也，惟以己之短忌人之長，恐其逼己耳。如臧文仲知柳下惠之賢而不與立者是也。不公不明，孰大於是？夫然後知文子之賢出於尋常萬萬矣。惜其不得遇孔子之聖而薦用之，則其賢又有大於此者矣，臣又以悲文子之不幸也。

〇孟子：左右皆曰賢，未可也；諸大夫皆曰賢，未可也；國人皆曰賢，然後察之，見賢焉，然後用之。左右皆曰不可，勿聽；諸大夫皆曰不可，勿聽；國人皆曰不可，然後察之，見不可焉，然後去之。

臣若水通曰：好賢惡不肖，人人是非之本心也。故國人之心，即大夫之心；大夫之心，即左右之心；左右之心，即人君之心。惟衆則公，獨則私，故不察於一人之獨，而必察於衆人之同者，其公也。然而必人君明其是非之心，而後可以辨其毀譽，而善惡賢否可得矣。不然，則左右遠近之交譽如阿大夫者，何以能自定其是非邪正之歸邪？

聖學格物通卷之六十四

舉措二

○左傳莊公九年：齊鮑叔帥師來言曰：「子糾，親也，請君討之；管、召，讎也，請受而甘心焉。」乃殺子糾于生竇，召忽死之。管仲請囚，鮑叔受之，及堂阜而稅之。歸而以告曰：「管夷吾治於高傒，使相可也。」公從之。

臣若水通曰：鮑叔，齊大夫。子糾，桓公之弟。管仲、召忽，子糾臣也。受而甘心，言自殺之以快意，未必殺也。生竇、堂阜皆地名。夫管仲之賢，鮑叔知之深矣，故忘其讎而存之用之。鮑叔之賢，後世孰有能及之者哉。當鮑叔帥師之時，使無知人之明，則夫堂阜之囚，何自而稅？齊國之相，何自而得乎？是則用管仲者君之專，進管仲者臣之明，此管仲所以有「生我父母，知我鮑叔」之感也。然鮑叔之心豈爲管仲哉？爲其賢也，爲其能也。後之逞其私忌，棄國之賢而敗人國家者，鮑叔之罪人也。

○僖公三十年：甲午，晉侯、秦伯圍鄭，以其無禮於晉，且貳於楚也。晉軍〔一〕函陵，秦軍氾南。佚之狐言於鄭伯曰：「國危矣！若使燭之武見秦君，師必退。」公從之。辭曰：「臣之壯也，猶不如人；今老矣，無能爲也已。」公曰：「吾不能早用子，今急而求子，是寡人之過也。然鄭亡，子亦有不利焉。」許之，夜縋而出見秦伯。秦伯乃還。

臣若水通曰：合秦晉之師以臨鄭，鄭蓋岌岌乎危矣！斯時也，實於燭之武有賴焉。鄭伯是時乃悔用之之晚也，使早用之，則秦晉之師豈至壓境哉？一見秦伯，鄭得安爲東道主，而秦亦不至自闕以利晉，秦平而晉自退矣。昔人有言「一賢而止百萬之師」也，賢才之用舍，係於人之國家豈小哉？

○文公十八年：莒紀公生太子僕，又生季佗，愛季佗而黜僕，且多行無禮於國。僕因國人以弒紀公，以其寶玉來奔，納諸宣公。公命與之邑，曰：「今日必授。」季文子使司寇出諸竟，曰：「今日必達。」公問其故，季文子使大史克對曰：「先大夫臧文仲教行父事君之禮，行父奉以周旋〔二〕，弗敢失隊。曰：見有禮於其君者，事之如孝子之養父母也；見無禮於其君者，誅之如鷹鸇之逐鳥雀也。先君周公制周禮，曰：『則以觀德，德以處事，事以度功，功以食民。』作誓命曰：『毀則爲賊，掩賊爲藏。竊賄爲盜，盜器爲姦。主藏之名，賴姦之用，爲大凶德，有常無赦。在九刑不忘。』行父還觀莒僕，莫可則也。孝敬忠信爲吉德，盜賊藏姦爲凶德。夫莒僕，則其孝敬則弒君父矣，則其忠信則竊寶玉矣。其人則盜賊也，其器則姦兆也。保而利之，則主藏也。以訓則昏，民無則焉。不度於善，而皆在於凶德，是以去之。昔高陽氏有才子八人：蒼舒、隤敳、檮〔三〕戭、大臨、尨降、庭堅、仲容、叔達，齊聖廣淵，明允篤誠，天下之民謂之『八愷』。高辛氏有才子八人：伯奮、仲堪、叔獻、季仲、伯虎、仲熊、叔豹、季貍，忠肅恭懿，宣慈惠和，天下之民謂之『八元』。此十六族也，世濟其美，不隕其名，以至于堯〔四〕，堯不能舉。舜臣堯，舉八愷，使主后土，以揆百事，莫不時序，地平天成。舉八元，使布五教于四方，父義、母慈、兄友、弟恭、子孝，內平外成。昔帝鴻氏有不才子，掩義隱賊，好行凶德，醜類惡物，頑嚚不友，是與比周，天下之民謂之『渾敦』。少皞氏有不才子，毀信廢忠，崇飾惡言，靖譖庸回，服讒蒐慝，以誣盛德，天下之民謂之『窮奇』。顓頊氏有不才子，不可教訓，不知話言，告之則頑，舍之則嚚，傲狠明德，以亂天常，天下之民謂之『檮杌』。此三族也，世濟其凶，增其惡名，以至于堯，堯不能去。縉雲氏有不才子，貪于飲食，冒于貨賄，侵欲崇侈，不可盈厭，聚斂積實，不知紀極，不分孤寡，不恤窮匱，天下之民以比三凶，謂之『饕餮』。舜臣堯，賓于四門，流四凶族，渾敦、窮奇、檮杌、饕餮，投諸四裔，以禦螭魅。是以堯崩而天下如一，同心戴舜以爲天子，以其舉十六相，去四凶也。故虞書數舜之功，曰『慎徽五典，五典克從』，無違教也；曰『納于百揆，百揆時序』，無廢事也；曰『賓于四門，四門穆穆』，無凶人也。舜有大功二十而爲天子，今行父雖未獲一吉人，去一凶矣，於舜之功，二十之一也，庶幾免於戾乎？」

臣若水通曰：莒僕，弒父之賊也，以寶玉奔，魯宣公欲納之，是黨賊矣。季文子執而戮之以謝莒，是矣。然而不稟命於公朝，而自執國命，則其去莒僕無幾矣。至其援帝舜之事以辨論，庶幾明舉措之大義於天下後世焉。

○宣公十六年：春，晉士會帥師滅赤狄甲氏及留吁、鐸辰。三月，獻狄俘。晉侯請于王，戊申，以黻冕命士會將中軍，且爲大傅。於是晉國之盜逃奔于秦。羊舌職曰：「吾聞之，禹稱善人，不善人遠，此之謂也夫。詩曰『戰戰兢兢，如臨深淵，如履薄冰』，善人在上也。善人在上，則國無幸民。諺曰：『民之多幸，國之不幸也』，是無善人之謂也。」

臣若水通曰：善人之用舍，國之利病由之，其於士會見之矣。夫士會於文公七年奔秦，爲迎子雍之故也。十三年還晉，爲從壽餘之計也。晉人不以其患而終疑其臣，士會不以其怨而終仇其君，此士會所以見用而晉盜奔于秦。書曰：「邦之杌棿曰由一人，邦之榮懷亦尚一人之慶。」善人之於人國，豈可少哉！

○襄公三年：晉祁奚請老，晉侯問嗣焉，稱解狐，其讎也。將立之而卒。又問焉，對曰：「午也可。」於是羊舌職死矣，晉侯曰：「孰可以代之？」對曰：「赤也可。」於是使午爲中軍尉，羊舌赤佐之。君子謂祁奚於是能舉善矣。稱其讎不爲諂，立其子不爲比，舉其偏不爲黨。洪範〔五〕曰：「無偏無黨，王道蕩蕩」，其祁奚之謂矣！解狐得舉，祁午得位，羊舌赤〔六〕得官，建一官而三物成，能舉善也夫！惟善，故能舉其類。詩云：「惟其有之，是以似之。」祁奚有焉。

臣若水通曰：祁奚舉解狐，其仇也；舉祁午，其子也。人臣事君之道，先國家而後己私，夫才足以任事，惟其人而已。内不避親以自嫌，外不棄讎以生忌，吾庸知其親與讎哉，惟其人而已矣。自嫌生忌，此大臣之所以私也，非賢哲盡忠於君而公天下之心也。祁奚可不謂之賢乎？若臧文仲之竊位者，可以少愧矣。

○襄公二十六年：初，楚伍參與蔡太師子朝友，其子伍舉與聲子相善也。伍舉娶於王子牟，王子牟爲申公而亡，楚人曰：「伍舉實送之。」伍舉奔鄭，將遂奔晉。聲子將如晉，遇之於鄭郊，班荆相與食，而言復故。聲子曰：「子行也！吾必復子。」及宋向戌將平晉、楚，聲子通使於晉。還，如楚。令尹子木與之語，問晉故焉。且曰：「晉大夫與楚孰賢？」對曰：「晉卿不如楚，其大夫則賢，皆卿材也。如杞、梓、皮革，自楚往也。雖楚有材，晉實用之。」子木曰：「夫獨無族姻乎？」對曰：「雖有，而用楚材實多。歸生聞之，善爲國者，賞不僭而刑不濫。賞僭則懼及淫人，刑濫則懼及善人。若不幸而過，寧僭無濫。與其失善，寧其利淫。無善人，則國從之。詩曰：『人之云亡，邦國殄瘁。』無善人之謂也。故夏書曰：『與其殺不辜，寧失不經。』懼失善也。商頌有之曰：『不僭不濫，不敢怠遑。命于下國，封建厥福。』此湯所以獲大福也。古之治民者，勸賞而畏刑，恤民不倦，賞以春夏，刑以秋冬。是以將賞爲之加膳，加膳則飫賜，此以知其勸賞也。將刑爲之不舉，不舉則徹樂，此以知其畏刑也。夙興夜寐，朝夕臨政，此以知其恤民也。三者，禮之大節也，有禮無敗。今楚多淫刑，其大夫逃死於四方，而爲之謀主，以害楚國，不可救療，所謂不能也。子儀之亂，析公奔晉，晉人寘諸戎車之殿，以爲謀主。繞角之役，晉將遁矣，析公曰：『楚師輕佻，易震蕩也。若多鼓鈞聲，以夜軍之，楚師必遁。』晉人從之，楚師宵潰。晉遂侵蔡，襲沈，獲其君。敗申、息之師於桑隧，獲申麗而還，鄭於是不敢南面。楚失華夏，則析公之爲也。雍子之父兄譖雍子，君與夫人不善是也，雍子奔晉。晉人與之鄐，以爲謀主。彭城之役，晉、楚遇於靡角之谷。晉將遁矣，雍子發命於軍曰：『歸老幼，反孤疾，二人役，歸一人。簡兵蒐乘，秣馬蓐食，師陳焚次，明日將戰。』行歸者而逸楚囚，楚師宵潰。晉降彭城而歸諸宋，以魚石歸。楚失東夷，子辛死之，則雍子之爲也。子反與子靈爭夏姬，而雍害其事，子靈奔晉。晉人與之邢，以爲謀主，扞禦北狄，通吴於晉，教吴叛楚，教之乘車、射御、驅侵，使其子狐庸爲吴行人焉。吴於是伐巢、取駕、克棘、入州來，楚罷於奔命，至今爲患，則子靈之爲也。若敖之亂，伯賁之子賁皇奔晉，晉人與之苗，以爲謀主。鄢陵之役，楚晨〔七〕壓晉軍而陳，晉將遁矣。苗賁皇曰：『楚師之良，在其中軍王族而已。若塞井夷竈，成陳以當之，欒、范易行以誘之，中行、二郤必克二穆，吾乃四萃於其王族，必大敗之。』晉人從之，楚師大敗，王夷師熸，子反死之。鄭叛吴興，楚失諸侯，則苗賁皇之爲也。」子木曰：「是皆然矣。」聲子曰：「今又有甚於此。椒舉娶於申公子牟，子牟得戾而亡，君大夫謂椒舉『女實遣之』，懼而奔鄭，引領南望，曰『庶幾赦余』，亦弗圖也。今在〔八〕晉矣，晉人將與之縣，以比叔向。彼若謀害楚國，豈不爲患？」子木懼，言諸王，益其爵禄而復之。聲子使椒鳴逆之。

臣若水通曰：楚以王子牟得戾之故而疑伍舉，不明也，使懼而奔鄭，不公也。聲子明足以知其賢，故爲多辭以警楚而懼子木，雖以成其「吾必復子」之一言，然而心則公矣。既而伍舉得歸，子孫復仕楚，聲子之有力於楚也。然則爲人君者，國有杞梓、皮革之才，毋爲四方資哉。

○襄公二十九年：吴公子札來聘，見叔孫穆子，説之。謂穆子曰：「子其不得死乎？好善而不能擇人。吾聞君子務在擇人，吾子爲魯宗卿，而任其大政，不慎舉，何以堪之？禍必及子！」

臣若水通曰：大臣之於人，不可不擇也，上以病國，下以殺身，可不慎哉！季札於叔孫穆子之好善不能自擇，而知其不得死焉。甚矣！小人之爲人禍，辨之不可不早也。好善猶有不擇，況不好乎？擇之猶懼不明，況不擇乎？穆子顧以夢求牛豎，而不知殺穆子者牛豎也。至於饑渴授戈之際乃思季札之言，悔無及矣！

○襄公三十一年：子皮欲使尹何爲邑。子產曰：「少，未知可否？」子皮曰：「愿，吾愛之，不吾叛也。使夫往而學焉，夫亦愈知治矣。」子產曰：「不可。人之愛人，求利之也。今吾子愛人則以政，猶未能操刀而使割也，其傷實多。子之愛人，傷之而已，其誰敢求愛於子？子於鄭國，棟也。棟折榱崩，僑將厭焉，敢不盡言？子有美錦，不使人學製焉。大官大邑，身之所庇也，而使學者製焉，其爲美錦，不亦多乎？僑聞學而後入政，未聞以政學者也。若果行此，必有所害。」

臣若水通曰：先王之禮，幼學而壯行，必四十曰彊而仕，所以期其學成而達之政也。子皮欲愛人以政，子產欲學而入政，其得失固相懸絕，不暇論也。後世之君，於先王養士用人之禮廢矣，往往及童而進用之，至使爲人長者乃年少新進之士。子產所謂使學者製錦，未能操刀而使割者也。爲人君及主薦士者，當思所以抑之期之，歸學十數年，然後入仕，庶乎愛人庇身之道得，而治亦未必無大補云。

○國語晉語：臼季使，見冀缺耨，其妻饁之，敬，相待如賓，從而問之，冀芮之子也，與之歸，進於文公。公曰：「其父有罪，可乎？」對曰：「國之良也，滅其前惡，是故舜之刑也殛鯀，其舉也興禹。」

臣若水通曰：臼季，胥臣也。滅，猶蓋也。殛，誅也。鯀，禹父。夫臧否異人，故賞罰異施。聖王以其心公天下而不私，故賞罰以其人，不以其類也。故大舜於鯀則殛之，於禹則興之，豈繫於世類哉！臼季與冀缺同陞諸公，其庶乎得聖人之義矣哉！

○晉語：趙宣子曰：「吾聞事君者比而不黨。夫周以舉義，比也；舉以其私，黨也。」

臣若水通曰：阿私曰黨，忠信爲周。夫進退賢否，是非以公，君相之事也。匪義比焉，則入於私黨矣。趙宣子比而舉，韓獻子不負所舉，兩得之矣。

○晉語：陽畢言於平公曰：「明訓在威權，威權在君。君掄賢人之後有常位於國者而立之，亦掄逞志虧君以亂國者之後而去之，是遂威而遠權。民畏其威而懷其德，莫能勿從。若從，則民心皆可畜。畜其心而知其欲惡，民孰偷生？若不偷生，則莫思亂矣。」

臣若水通曰：掄，選也。君謂平公，悼公之子彪也。常位，謂世有功烈而中微者。遂，申也。遠權，謂權及後嗣也。畜，養也，言皆可畜養而教導之也。偷，苟也。夫人君之治天下國家也在明訓，明訓之行也在威權。明訓以令之，威權以勵之，則威德並行而民勸於善，莫敢不善矣。陽畢勸平公以舉措之權，可謂達爲國之要者歟！爲人君宜取法焉。

○周威烈王二十三年，魏文侯謂李克曰：「先生嘗有言曰：『家貧思賢妻，國亂思良相。』今所置非成則璜，二子何如？」對曰：「居視其所親，富視其所與，達視其所舉，窮視其所不爲，貧視其所不取，五者足以定之矣。」文侯曰：「先生就舍，吾之相定矣。」李克出，翟璜曰：「君召卜相，果誰爲之？」克曰：「魏成。」璜忿然曰：「西河守吴起，臣所進也。君内以鄴爲憂，臣進西門豹。君欲伐中山，臣進樂羊。中山已拔，無使守之，臣進先生。君之子無傅，臣進屈侯鮒。以耳目所睹記，臣何負於魏成？」克曰：「魏成食禄千鍾，什九在外，什一在内。是以東得卜子夏、田子方、段干木，此三人者，君皆師之。子所進五人，君皆臣之。子惡得與魏成比也？」璜再拜，曰：「璜，鄙人也，願卒爲弟子。」

臣若水通曰：大臣以薦賢爲功者也，故其薦大賢者其功大，薦小賢者其功小；其功大者受上賞，其功小者受下賞。則大臣孰不知進賢，而賢才孰不欲自效哉！今之進人者，遺其大而用其小，是自小其功也。翟璜所舉，豈足與子夏之徒爲等匹哉！以是卜相，受上賞矣。然璜再拜而自稱鄙人，不難於自屈，其亦賢於子方之驕人、干木之迫切者歟。

○安王二十五年，子思言苟變於衛侯曰：「其才可將五百乘。」公曰：「吾知其可將，然變也嘗爲吏，賦於民而食人二雞子，故弗用也。」子思曰：「夫聖人之官人，猶匠之用木也，取其所長，棄其所短，故杞梓連抱而有數尺之朽，良工不棄。今君處戰國之世，選爪牙之士，而以二卵棄干城之將，此不可使聞於鄰國也。」公再拜，曰：「謹受教矣。」

臣若水通曰：周公無求備於一人，其使人也器之。故隨材而用木者，大匠之職也；隨才而用人者，君相之職也。子思之言，可以爲萬世人君大臣用人者之法矣。

○周顯王十四年，齊威王、魏惠王會田於郊。惠王曰：「齊亦有寶乎？」威王曰：「無有。」惠王曰：「寡人國雖小，尚有徑寸之珠，照車前後各十二乘者十枚。豈以齊大國而無寶乎？」威王曰：「寡人之所以爲寶者與王異。吾臣有檀子者，使守南城，則楚人不敢爲寇，泗上十二諸侯皆來朝。吾臣有盼子者，使守高唐，則趙人不敢東漁於河。吾吏有黔夫者，使守徐州，則燕人祭北門，趙人祭西門，徙而從者七十餘家。吾臣有種首者，使備盜賊，則道不拾遺。此四臣者，將照千里，豈特十二乘哉？」惠王有慚色。

臣若水通曰：於此可以占齊、魏之彊弱也。書曰：「玩人喪德，玩物喪志。」魏惠王以之。楚書曰：「楚國無以爲寶，惟善以爲寶。」威王以之。威王不惟寶得其人，而又烹阿大夫，封即墨，且審於用人，此齊國所以日彊也。其後不悟奸人之計而多受間金，王賁捽入而卒至於亡。彼一齊也，前以審人而彊，後以不審人而失，有國家者可不鑒諸？

○赧王三年，燕昭王謂郭隗曰：「齊因孤之國亂而襲破燕，孤極知燕小力少，不足以報。然誠得賢士與共國，以雪先王之耻，孤之願也。先生視可者，得身事之。」隗曰：「古之人君有以千金使涓人求千里馬者，馬已死，買其首五百金而返。君大怒，涓人曰：『死馬且買之，況生者乎？馬今至矣。』不期年，千里之馬至者三。今王必欲致士，先從隗始。況賢於隗者，豈遠千里哉？」於是昭王爲隗改築宮而師事之。於是士争趨燕。樂毅自魏往，劇辛自趙往。昭王以樂毅爲亞卿，任以國政。

臣若水通曰：天下之風，感應而已矣。故人君好賢，則天下之賢應之；人君而好佞，則天下之佞亦應之。故人君好賢惡佞，則其感應之速，不旬月而風天下矣。燕得樂毅，破齊以雪先人之耻，蓋由燕王之師郭隗以風動之也。況有道之君能以所知之賢才而善用之，則四海之賢風動響應，皆有帝臣之願不期然而然者矣，天下何難於治哉！

〇漢高帝五年夏五月，帝置酒洛陽南宮。上曰：「徹侯、諸將毋敢隱朕，皆言其情：吾所以有天下者何？項氏之所以失天下者何？」高起、王陵對曰：「陛下慢而侮人，項氏仁而愛人。然陛下使人攻城畧地，因以與之，與天下同其利。項羽妬賢嫉能，有功者害之，賢者疑之，此其所以失天下也。」上曰：「公知其一，未知其二。夫運籌帷幄之中，決勝千里之外，吾不如子房；鎮國家、撫百姓、給餉餽，不絶糧道，吾不如蕭何；連百萬之衆，戰必勝、攻必取，吾不如韓信。三者皆人傑，吾能用之，此所以取天下也。項羽有一范增而不能用，此所以爲我禽也。」群臣悦服。

臣若水通曰：書云：「知人則哲，能官人。」故用人由於知之深也。高祖論三人之賢而皆自以不如，哲足以知之矣，故能用之，以興帝業。項羽之於范增不能用之者，雖出於嫉忌之私，亦其知之不深也。然而高帝不如之言中亦不無畏憚之心乎？此韓信之所以不終也。於子房功成智隱固有所不及矣。

○漢哀帝建平三年四月，王嘉爲丞相。嘉以時政苛急，郡國守相數有變動，乃上疏曰：「孝文時，吏居官者或長，子孫以官爲氏，倉氏、庫氏，則倉庫吏之後也。其二千石長吏亦安官樂職，然後上下相望，莫有苟且之意。其後稍稍變易，公卿以下或居官數月而退，中材苟容求全，下材懷危内顧。唯陛下留神於擇賢、記善、忘過，此方今急務也。」

臣若水通曰：天地恒久而萬物化生，聖人久於道而天下化成，久任之説善矣。然後世徒知久任之善而不知本，則其敗壞又有甚焉。苟得善人而久其任，則百年而澤愈深；苟得惡人而久任焉，則其殃民蓋不能旦夕堪者，時日曷喪之怨，可勝道耶？故王嘉之疏有曰擇賢，曰記善，曰忘過，三者其本矣。蓋得賢而不記其善，記善而不忘其過，則賢者不樂於從事。苟不擇賢，則無可記之善，而徒忘其過焉，殃民之禍，有所不堪矣。故三者備矣而行久任之法，可也。不知務此，而徒以久任望其成功，烏能保其子孫之皆賢也哉！

○光武建武十一年，帝以扶風郭伋爲漁陽太守。伋承離亂之後，養民訓兵，開示威信，盜賊銷散，匈奴遠跡。在職五年，户口增倍。後爲并州牧，過京師。帝問以得失，伋曰：「選補衆職，當簡天下賢俊，不宜專用南陽人。」是時在位多鄉曲故舊，故伋言及之。

臣若水通曰：立賢無方，旁求俊彦，此湯之所以王也。四海之内，四海之外，苟有賢者，斯用之矣。夫用賢任官，以爲天下之民也，非以爲鄉曲故舊也。光武之用人既以鄉曲故舊，至於任公卿之重，皆以圖讖焉。謂之賢君，猶有此憾也。其所以復舊物、致小康者，會時勢之易然爾。郭伋其賢矣哉！

○章帝元和元年，陳事者多言郡國貢舉率非功次，故守職益懈而吏事寖疏，咎在州郡。有詔下公卿朝臣議，大鴻臚韋彪上議曰：「國以簡賢爲務，賢以孝行爲先，是以求忠臣必於孝子之門。忠孝之人持心近厚，鍛鍊之人持心近薄。士宜以才行爲先，不可純以閥閱。然其要歸在於選二千石，二千石賢則貢舉皆得其人矣。」彪又上疏曰：「天下樞要在於尚書，尚書之選豈可不重？」帝皆納之。

臣若水通曰：以閥閲用人，亦當時之弊，而末世所同也。韋彪簡賢以孝行之説，可謂近古矣。夫爲治莫先於用賢，得賢又係於薦舉，而薦舉則在二千石、尚書也。使任是二職者果賢，則薦舉公，賢才進而天下治矣。然則人君欲圖治者，用人必先於德行，而責成於舉主，然後可也。

○漢安帝延光元年，汝南太守王龔好才愛士，以袁閬爲功曹，引進郡人陳蕃、黄憲等。憲雖不屈，蕃遂就吏。潁川荀淑遇憲於逆旅，時年十四，淑竦然異之，揖與語，移日不能去。謂憲曰：「子，吾之師表也。」既而前至袁閬所，問曰：「子國有顔子，寧識之乎？」閬曰：「見吾叔度耶？」時同郡戴良才高倨傲，而見憲未嘗不正容。及歸，罔然若有失也。陳蕃及周舉常相謂曰：「數月之間不見黄生，則鄙吝之萌復存乎心矣。」太原郭泰少遊汝南，先過袁閬，不宿而退，進往從憲，累日方還。或以問泰，泰曰：「奉高之器，譬諸汎濫，雖清而易挹；叔度汪汪，若千頃陂，澄之不清，淆之不濁，不可量也。」

臣若水通曰：東漢諸賢，黄憲其最高乎！而郭泰、徐穉次之，陳蕃次之。若憲者，觀其氣象渾然，見者化服，使在聖門，當居顔氏之科矣。使當時有君知之，如閬、淑諸人之明，則必舉憲爲相，以穉、泰爲傅，以蕃等爲卿大夫，則論道治事有人，而漢非止過西都而已矣。奈何時之不臧，反以黨錮，而憲、泰、徐穉獨不與焉，亦可觀人品之高下哉。

○順帝陽嘉元年，尚書令左雄上疏曰：「昔宣帝以爲，吏數變易，則下不安業；久於其事，則民服教化。其有政治者，輒以璽書勉勵，增秩賜金。公卿缺，則以次用之。是以吏稱民安，漢世良吏於兹爲盛。臣愚以爲，守相長吏惠和有顯效者，可就增秩，勿移徙。」雄又上言：「孔子曰『四十不惑』，禮稱『彊仕』。請自今孝廉年不滿四十，不得察舉。若有茂才異行，如顏淵、子奇，自可不拘年齒。」帝從之。久之，廣陵所舉孝廉徐淑年未四十，臺郎詰之。對曰：「詔書曰『有如顏回、子奇，不拘年齒』，是故本郡以臣充選。」郎不能屈，左雄詰之曰：「顏回聞一知十，孝廉聞一知幾耶？」淑無以對，乃罷却之。

臣若水通曰：左雄，名卿也。其論守相長吏久任之制、入仕之年，皆先王遺意，雖百世可行矣。自是察選公平，多得其人也宜哉！爲人君者，其尚有考於斯云。

○桓帝延熹二年，尚書令陳蕃上疏薦五處士：豫章徐穉、彭城姜肱、汝南袁閎、京兆韋著、潁川李曇。帝悉以安車玄纁備禮徵之，皆不至。蕃性方峻，不接賓客，唯穉來特設一榻，去則懸之。帝又徵安陽魏桓，其鄉人勸之行，桓曰：「夫干祿求進，所以行其志也。今後宮千數，其可損乎？廄馬萬匹，其可減乎？左右權豪，其可去乎？」皆對曰：「不可。」桓乃慨然嘆曰：「使桓生行死歸，於諸子何有哉？」遂隱身不出。

臣若水通曰：徐穉、姜肱、袁閎、韋著、李曇，皆一世之名賢也。陳蕃舉之，可謂薦賢爲國矣，而皆徵不至焉。及徵魏桓，而卜其不可行者三。爲人君者聞之，亦可以愧矣。

○獻帝建安十五年，劉備以從事龐統守耒陽令，在縣不治，免官。魯肅遺備書曰：「龐士元非百里才也，使處治中別駕之任，始當展其驥足爾。」諸葛亮亦言之。備見統，與善譚，大器之，遂用統爲治中，親待亞於諸葛亮。

臣若水通曰：士每伸於知己，而屈於不知己。龐統固非百里之才，然無魯肅、孔明之薦，則終於免官矣，何以致昭烈之器重而大任之哉？後之公舉錯者，不可以不審也。

○建安十九年，備之自新野奔江南也，荊楚群士從之如雲。而劉巴獨北詣魏公操。諸葛亮以書招之，巴不從，備深以爲恨。巴遂入蜀依劉璋。備攻成都，令軍中曰：「有害巴者，誅及三族。」及得巴，甚喜。是時益州郡縣皆望風景附，獨黄權閉城堅守，須璋稽服乃降。於是董和、黄權、李嚴等，本璋之所授用也；吴懿、費觀等，璋之婚親也；彭羕，璋之擯棄也；劉巴，夙昔之所忌恨也，備皆處之顯任，盡其器能。有志之士無不競勸，益州之民是以大和。

臣若水通曰：賢人者，衆人之心也。故用得其賢，則億兆之心歸之矣。故君任賢，則享天下之福也。昭烈擢用西土賢士，各盡其能，而一時人才樂用，州人大和。使其不早世，則中原舊物可復矣，豈但三分之業而已哉？

○建安二十三年。初，犍爲太守李嚴辟楊洪爲功曹。嚴未去犍爲，而洪已爲蜀郡。洪舉門下書佐何祇有才策，洪尚在蜀郡，而祇已爲廣漢太守。是以西土咸服。諸葛亮能盡時人之器用也。

臣若水通曰：君子用人如用器，惟其宜而已矣。楊洪，李嚴之所辟也，而守蜀則及於嚴之在犍爲。何祇，楊洪之所舉也，而守廣漢則及洪之在蜀。用人惟其器而已，而何以拘拘於資格爲哉？此西土之所以咸服，諸葛亮能盡器用也。吁！其可以爲君相用人之法矣。

○晉孝武帝太元二年十月，朝廷方以秦寇爲憂，詔求文武良將可以鎮禦北方者。謝安以兄子玄應詔。郗超聞之，歎曰：「安之明，乃能違衆舉親。玄之才，足以不負所舉。」衆以爲不然，超曰：「吾嘗與玄共在桓公府，見其使才，雖履屐未嘗不得其任，是以知之。」玄募驍勇之士，得彭城劉牢之等數人。以牢之爲參軍，常領精鋭爲前鋒，戰無不捷，時號「北府兵」，敵人畏之。

臣若水通曰：安所謂内舉不避親者也，可不謂公乎？安之不以嫌疑違衆而舉玄，玄之運籌決策不負其所舉。晋雖偏安，猶有鞏固之勢，固不待出兵臨敵，而識者已知決勝千里矣。

〇齊明帝建武三年，魏主宏與群臣論選調，曰：「近世高卑出身，各有常分，此果何如？」李沖對曰：「未審上古以來，張官列位，爲膏粱子弟乎？爲致治乎？」帝曰：「欲爲致治爾。」沖曰：「然陛下何爲專取門品，不拔才能乎？」帝曰：「苟有過人之才，不患不知。然君子之門，借使無當世之用，要自德行純篤，朕故用之。」沖曰：「傅説、吕望，豈可以門第得之？」帝曰：「非常之人，曠世乃有一二爾。」秘書令李彪曰：「陛下若專取門第，不審魯之卿，孰若四科？」著作佐郎韓顯宗曰：「陛下豈以貴襲貴，以賤襲賤！」帝曰：「必有高明卓然出類拔萃者，朕亦不拘此制。」頃之，劉昶入朝，帝謂昶曰：「或言唯能是寄，不必拘門，朕以爲不爾。何者？清濁同流，混齊一等，君子小人，名器無別，此殊爲不可。我今八族以上士人，品第有九；九品之外，小人之官復有七等。若有其人，可起家爲三公。正恐賢才難得，不可止爲一人渾我典制也。」

臣若水通曰：司馬光云：「選舉之法，先門第而後賢才，此魏晋之深弊，而歷代相因，莫之能改也。」夫君子小人，不在於世禄與側微。以今日視，愚知所共知也。當是之時，雖魏孝文之賢，猶不免斯弊。故夫明辨是非而不惑者，誠亦難矣。

○陳武帝永定三年六月，周左光禄大夫猗氏樂遜上言四事，其三曰：「選曹補擬，宜與衆共之。今州郡選置，猶集鄉閭，況天下銓曹不取物望，既非機事，何足可密？」

臣若水通曰：樂遜之言是也。古昔用人由鄉里而大司徒，凡七八升，而至于天子之朝，雖欲非賢，不可得也。後世黜陟之幾由諸文藝，舉措之權付之銓司，雖曰一時之進用亦或當才，而私情好惡亦豈少邪？噫！好惡以私，而欲得用舍之正，不亦難乎！雖然，知州郡者在冢宰，知冢宰者在人君，取人以身，此又在人君之知學。

校記：

〔一〕「軍」，原作「君」，據嘉靖本及左傳改。

〔二〕「旋」，原作「從」，據嘉靖本及左傳改。
〔三〕「檮」，原作「禱」，據左傳改。
〔四〕「堯」，原作「元」，據嘉靖本及左傳改。
〔五〕「洪範」，左傳原文作「商書」。按引文見尚書洪範。
〔六〕「羊舌赤」，左傳原文作「伯華」。按羊舌赤字伯華。
〔七〕「晨」，原作「景」，據嘉靖本及左傳改。
〔八〕「在」，原作「臣」，據嘉靖本及左傳改。

聖學格物通卷之六十五

舉措三

○隋文帝開皇十九年九月，以太常卿牛弘爲吏部尚書。弘選舉先德行而後文才，務在審慎，雖致停緩，其所進用並多稱職。吏部侍郎高孝基鑒賞機悟，清慎絶倫，然爽俊有餘，迹似輕薄。時宰多以此疑之，唯弘深識其真，推心委任。隋之選舉得人，於斯爲最。

臣若水通曰：古之才德合而爲一，故八元、八凱謂之才子。孔子稱：「才難，不其然乎！」後世德與才判而爲二，故稱其德者以爲未必可致用，而有文才者不必求其德也。孔子曰：「如有周公之才之美，使驕且吝，其餘不足觀也已。」易曰：「貞固，足以幹事。」夫貞固，德也，而有幹事之才矣。驕吝，無德者也，雖有周公才美，不足觀，故君子不謂之才矣。嗚呼！才德異而天下無全人也，故用人者主德行，而才能在其中矣。今人才陶鎔於國家之化久矣，其德行之士，世未嘗無之，司銓衡者擇之僚寀，居僚寀者擇之選舉，則賢者在位，能者在職，雍熙和平之治，豈不與三代比隆耶？

○唐高祖武德九年九月，房玄齡嘗言，秦府舊人未遷者皆嗟怨。上曰：「王者至公無私，故服天下之心。當擇賢才而用之，豈以新舊爲先後邪？必也新而賢，舊而不肖，安可捨新而取舊乎？今不論其賢不肖，而直言嗟怨，豈爲政之體乎？」

臣若水通曰：爵賞者，天子馭天下之術，不可以私情與之也。與以私情，則爵賞者非天命有德矣。書曰：「任官惟賢，位事惟能。」太宗以之。以玄齡之賢，且有此言，幾敗乃公事矣。

○太宗貞觀二年，上謂魏徵曰：「爲官擇人，不可造次。用一君子，則君子皆至；用一小人，則小人競進矣。」對曰：「天下未定，則專取其才，不考其行。喪亂既平，非才行兼備，不可用也。」

臣若水通曰：易云：「開國承家，小人勿用。」用人惟以純德君子耳，豈論未定與既平邪？程顥曰：「才與誠一，則周天下之治。」天下豈有無行之才哉？才與行分，此世之所以無真儒矣。後世以治煩劇者爲才，謹踐履者爲行，而才行始二矣。安有才行二，而可以言學乎？其所謂才行者，各成於氣質之近，而無學問變化之道，此二者所以判而二之也。噫！魏徵非知聖學者，其爲此對，無足怪矣。

○貞觀二年十一月，太宗曰：「爲朕養民者，惟在都督、刺史。朕嘗疏其名於屏風，坐臥觀之，得其在官善惡之跡，皆注於名下，以備黜陟。縣令尤爲親民，不可不擇。」乃命内外五品以上各舉堪爲縣令者，以名聞。

臣若水通曰：都督臨刺史，刺史臨縣令，縣令近民。民之安否，治亂之所由生也。故刺史、縣令，不可不察也，但患其遠於君而無以察之耳。太宗疏都督、刺史之名於屏風，而注其善惡之跡以黜陟之。至於縣令，則命五品以上各舉其人焉。則都督、刺史、縣令之賢否，日寓於目，日聞於耳，舉措無有不當。是都督、刺史、縣令，下親於民，上親於君，所謂天威不違咫尺，而各勉於善而懲其惡，民安而天下治矣。方今聖明以知府爲重，而令三品以上各舉其賢者任之，天下皆有樂得其父母之幸矣。但知縣尤爲近民，不能不廑。聖念若與知府通行之，法太宗疏名屏風故事，推而上之，至於公卿亦然，則上有以察乎下而不忽，下畏上之察而不敢肆，賢才脩職，而天下豈有不舉之政哉！

○貞觀三年閏月，濮州刺史龐相壽坐貪污解任，自陳嘗在秦王幕府。上憐之，欲聽還舊任。魏徵諫曰：「秦王左右，中外甚多，恐人人皆恃恩私，足使爲善者懼。」上欣然納之，謂相壽曰：「我昔爲秦王，乃一府之主。今居大位，乃四海之主，不得獨私故人。大臣所執如是，朕何敢違？」賜帛遣之，相壽流涕而去。

臣若水通曰：魏徵之諫，有見於人之多寡，無見於賞罰一人而千萬人之知勸懲。太宗之言，有見於事之是非，無見於心之邪正。惟仁人能愛惡人也。夫相壽之貪污，可惡也。徇幕府之舊，而容惡以暴民，仁者固如是乎？是雖有感於魏徵之諫而曰不敢違焉，夫仁人之心至公無私，非不敢違於人也，不能違於心也。人君反求諸心之公，則舉措鮮不當矣，豈待人言而改之邪？

○貞觀七年十一月壬辰，以開府儀同三司長孫無忌爲司空。無忌固辭曰：「臣忝預外戚，恐天下謂陛下爲私。」上不許，曰：「吾爲官擇人，惟才是與。苟或不才，雖親不用，襄邑王神符是也。如其有才，雖讎不棄，魏徵等是也。今日所舉，非私親也。」

臣若水通曰：臣之事君，不恃於親者，忠也。君之用賢，不疑於親者，公也。有如無忌之賢，太宗任之不疑固也。廼若呂、王之輩，而假其權，漢之危岌岌矣。故富貴其身，而不與以大政，乃我國家親親之仁、保全之義兼得之矣。

○貞觀九年十一月，以光禄大夫蕭瑀爲特進，復令參預政事。帝曰：「武德六年以後，高祖有廢立之心而未定，我不爲兄弟所容，實有功高不賞之懼。斯人也，不可以利誘，不可以死脅，真社稷臣也。」因賜瑀詩曰：「疾風知勁草，板蕩識誠臣。」

臣若水通曰：記稱：「好而知其惡，惡而知其美者，天下鮮矣。」蕭瑀當將欲易儲之際，不以利誘死脅，可謂忠正矣，宜爲太宗所惡。及登帝位，反以是取瑀，可不謂惡而知美者邪？獨惜廢立之事未定，而利害之決攸存，瑀也不能以太伯勸建成，而帝無叔齊之清也，遂致蹀血禁門，慚德彰著矣，噫！

○貞觀十一年，馬周上疏曰：「百姓所以治安，惟在刺史、縣令。苟選用得人，則陛下可以端拱無爲。今朝廷惟重内官而輕州縣之選，所以百姓未安，殆由於此。」疏奏，上稱善。久之，謂侍臣曰：「刺史，朕當自選。縣令，宜詔京官五品已上各舉一人。」

臣若水通曰：刺史、縣令，民之父母，一失其人，民受其殃。太宗納馬周之説，而鄭重其選矣。獨謂刺史朕當自選，何邪？孟子曰：「左右皆曰賢，未可也。諸大夫皆曰賢，未可也。國人皆曰賢，而後察之。見賢焉，然後用之。」博訪於人，而決斷於獨，夫然後庶幾賢人可得也。太宗所謂自選者，焉知其不溺於私也哉？

〇貞觀十一年，魏徵曰：「今陛下立政致治，必委之君子。事有得失，或訪之小人。其待君子也敬而疏，遇小人也輕而狎。狎則言無不盡，疏則情不上通。夫中智之人，豈無小慧？然才非經國，慮不及遠，雖竭力盡誠，猶未免有敗。況內懷姦宄，其禍豈不深乎！夫雖君子不能無小過，苟不害於正道，斯可畧矣。既謂之君子，而復疑其不信，何異立直木而疑其影之曲乎？陛下誠能愼選君子，以禮信用之，何憂不治？不然，危亡之期未可保也。」

臣若水通曰：內君子而外小人則爲泰，內小人而外君子則爲否。待君子也，雖敬而疏，亦所謂外之也。遇小人也，雖輕而狎，亦所謂內之也。此魏徵所以進諫，而有危亡之慮乎！

〇唐高宗上元元年，劉曉上疏論選，以爲：「今選曹以檢勘爲公道，書判爲得人，殊不知考其德行才能。況書判借人者衆矣。又禮部取士，專用文章爲甲乙，故天下之士，皆捨德行而趨文藝。有朝登甲科而夕陷刑辟者，雖日誦萬言，何關理體？文成七步，未足化人。況盡心卉木之間，極筆煙霞之際，以斯成俗，豈非大謬？夫人之慕名，如水趨下。上有所好，下必甚焉。陛下若取士以德行爲先，文藝爲末，則多士雷奔，而四方風動矣。」

臣若水通曰：成周取士，先六德六行，而後及於六藝。劉曉德器爲先、文藝爲末之言，有先王之遺法也。古今選舉之法，惟聖明審焉。

○高宗永淳元年四月，魏玄同上言銓選之弊，以爲：「人君之體當委任而責成功，所委者當則所用者自精矣。故周穆王命伯冏爲太僕正，曰『慎簡乃僚』，是使群司各求其小者，而天子命其大者也。乃至漢氏，得人皆自州縣補署，五府辟召，然後升於天朝。自魏、晉以來，始專委選部。夫以天下之大、士人之衆，而委之數人之手，用刀筆以量才，案簿書而察行，借使平如權衡，明如水鏡，猶力有所極，照有所窮，況所委非人，而有愚闇阿私之弊乎？願略依周、漢之規，以救魏、晉之失。」疏奏不納。

臣若水通曰：銓選之善，周爲上，漢次之。魏、晉專任選部，固不能無弊矣。孔子曰：「舉爾所知，爾所不知，人其舍諸？」成周之法，各舉其僚，以天下之聰明爲聰明也。漢法由自辟而升，猶爲近古。至於一任選部，是以一人之聰明盡天下之聰明，雖聖哲亦有所不能，誠如玄同之論矣。而帝不之納，惜哉！後之用人者，宜考於斯焉。

○中宗嗣聖八年，薛謙光上疏，以爲：「選舉之法宜得實才，取舍之間，風化所係。要在文吏察其行能，武吏觀其勇畧，考居官之職否。行舉者，賞罰而已。」

臣若水通曰：薛謙光之説一行，則司銓衡者黜陟不視爲虚文，爲人才者進退有關於實政，仕路清而奔競之風息，考覈嚴而尸素之習遠，治化烏有不成者哉。惜乎女主奸政之朝，不能信用其言也。

○玄宗天寶十二載，中書舍人宋昱知選事，前進士廣平劉迺以選法未善，上書於昱，以爲：「禹、稷、皋陶同居舜朝，猶曰載采采，有九德，考績以九載。近代主司察言於一幅之判，觀行於一揖之間，何古今遲速不侔之甚哉！借使周公、孔子今處銓廷，考其辭華則不及徐、庾，觀其利口則不若嗇夫，何暇論聖賢之事業乎？」

臣若水通曰：察言於一判，觀行於一揖，選法之莫不善於此者也。使宋昱能用斯言，慎重銓選，何用人之不當哉！慎選舉者宜察之。

○代宗廣德元年六月，禮部侍郎楊綰上疏，論進士、明經之弊，請令縣令察孝廉，取行著鄉閭，學知經術者，薦之於州；刺史考試，升之於省。任各占一經，朝廷擇儒學之士，問經義二十條，對策三道。上第即注官，中第得出身，下第罷歸。左丞賈至議以爲，自東晋以來，人多僑寓，士居鄉土百無一二，請兼廣學校，保桑梓者，鄉里舉焉；在流寓者，庠序推焉。敕禮部具條目以聞。七月，綰上貢舉條目：秀才問經義二十條，對策五道。國子監舉人，令博士薦於祭酒，試通者升之於省，如鄉貢法。明法，委刑部考試。或以爲明經、進士行之已久，不可遽改。事雖不行，識者是之。

臣若水通曰：成周之教與其取士之法，一而已矣。故或以德行，或以道藝，或以言揚。其所謂德行者，德乎！其所謂道藝、言揚者，業乎！德業、舉業合一，其亦猶古之道也，故二者不可偏廢也。德業而〔一〕舉之以文，則猶源泉之水，放之四海而不竭。徒舉業者，所謂溝澮之水耳矣。故不易業而進於德者，舉業也；不易志而有助於舉者，德業也。綰之斯奏，實欲兼焉，而或者沮之，唐之不幸也。雖然，又在主選者之明且公耳，苟得公且明者主之，則先王之德行道藝之化，將見於今矣，何其幸！

○代宗大曆十四年八月，沈既濟上選舉議，以爲：「選用之法，三科而已，曰德也、曰才也、曰勞也。今選曹皆不及焉，考校之法皆在書判簿歷、言詞俯仰而已。夫安行徐言非德也，麗藻芳翰非才也，累資積考非勞也。執此以求天下之士，固未盡矣。今人未土著，不可本於鄉閭；鑒不獨明，不可專於吏部。臣謹詳酌古今，謂五品以上及羣司長官宜令宰臣進叙，吏部、兵部得參議焉。其六品以下或僚佐之屬，許州府辟用。其牧守、將帥或選用非公，則吏部、兵部得察而舉之，罪其私冒。不慎舉者，小加譴黜，大正刑典，責成授任，誰敢不勉？夫如是，則賢者不奬而自進，不肖者不抑而自退，衆才興起，而官無不治矣。」

臣若水通曰：曰德、曰才、曰勞，選用之三科也，其成周之德行道藝，虞廷之三載考績之意乎！唐之選曹考校，知不及此，欲其得人也難矣。此沈既濟所以建選舉之議也。後之人君，果能本之三科，責成慎舉，則君子自進，小人自退，百官治而萬事理矣，天下其有不平哉？

○大曆十四年十二月，德宗問爲政之要。關播對曰：「爲政之本，必求有道賢人與之爲理。」上曰：「朕比已下詔求賢，又遣使臣廣加搜訪，庶幾可以爲理乎？」對曰：「下詔所求及使者所薦，惟得文詞干進之士耳，安有有道賢人肯隨牒舉選乎？」上悦。

臣若水通曰：爲政固當求有道賢人也。然必人君致敬盡禮、尊德樂道，乃可得之，非下詔遣使可致也。下詔遣使，而惟文詞干進之求，此有道賢人之所以不至也。代宗能悦闗播之言而不能繹，惜哉！

○德宗貞元十年夏四月，陸贄上奏，其畧曰：「夫登進以懋庸，黜退以懲過，二者迭用，理如循環。進而有過則示懲，懲而改脩則復進，既不廢法，亦無棄人。惟纖芥必懲而用材不匱，故能使黜退者克勵以求復，登進者警飭而恪居，上無滯疑，下無蓄怨。」

臣若水通曰：用人之道，公而已矣。進而有過則懲，懲而改過則復進，進退在彼，己何與焉？若有一毫芥蔕于其間，非大公之道也。雖然，陸贄此疏爲德宗猜忌而言耳。若夫進賢如不得已，盡左右大夫、國人之公然後察，則用無非人矣。非謂用人者必伺其有過而退，退而改過而復進也。

○德宗貞元十年，帝性猜忌，不委任臣下，官無大小，必自選而用之，宰相進擬，少所稱可。群臣一有譴責，往往終身不復收用。好以辯給取人，不得敦篤之士，艱於進用，群材淹滯。陸贄上疏諫，其畧曰：「以一言稱愜爲能而不核虚實，以一事違忤爲咎而不考忠邪。其稱愜則付任逾涯，不思其所不及；其違忤則罪責過當，不恕其所不能。是以職司之内無成功，君臣之際無定分。」帝不聽。

臣若水通曰：孔子告仲弓曰「先有司，赦小過，舉賢才」，三者爲政之要務也。雖爲爲宰告，而治天下之道不外乎此矣。德宗之進擬少可，不先有司矣；一譴不用，不赦小過矣；不進敦樸之士，不舉賢才矣。夫其甘於違背而不自惜者，何也？良由學問之功不加，而以氣質用事故耳。使其玩索涵養以體認於心身，則聰明可發，氣質可變。以之治天下，則舉措得人，庶事康而庶績熙矣。故曰明君以務學爲急，惟聖明念之。

○憲宗元和七年，帝嘗於延英謂宰相曰：「卿輩當爲朕惜官，勿用之私親故。」李吉甫、權德輿皆謝不敢。李絳曰：「崔祐甫有言：『非親非故，不諳其才。』諳者尚不與官，不諳者何敢復與？但問其才器與官相稱否耳。若避親故之嫌，使聖朝虧多士之美，此乃偷安之臣，非至公之道也。苟所用非其人，則朝廷自有典刑，誰敢逃之？」帝曰：「誠如卿言。」

臣若水通曰：人主之職在論相而已，相而果賢，則所舉雖親必賢，所措雖讐必不肖。苟非其人，不肖以親而舉，賢以讐而措，人主何所賴哉？易曰：「方以類聚，物以群分。」又曰：「同聲相應，同氣相求。」非親故乎不察乎此，而徒以舉措責諸相，亦末矣。噫！堯明峻德而後用舜，舉元凱、措四凶；武王亶聰明而後用周公，握髮吐哺以勞天下之士。善論相者，盍亦反其本與。

○周世宗顯德四年冬十月戊午，設「賢良方正直言極諫」、「經學優深可爲師法」、「詳閑吏理達於教化」等科。

臣若水通曰：五代之時，取士之法不行久矣。周世宗獨舉而行之，其知爲治之要者歟！此五代之治所以莫盛於世宗之朝也。然其曰文理優長、人物爽秀，則亦爲取人之疵耳。

○賈誼新書曰：王者官人有六等：一曰師，二曰友，三曰大臣，四曰左右，五曰侍御，六曰廝役。與師爲國者帝，與友爲國者王，與大臣爲國者伯，與左右爲國者强，與侍御爲國者若存若亡，與廝役爲國者亡可立待也。〔二〕

臣若水通曰：賈誼官人六等之差，誠確論也。夫師者以道，道者大同也。友者以德，德者大化也。大臣者以功，功者伯道也。左右者科，科者富强而已。侍御廝役，固不足與議之矣。然則爲人君圖天下之治者，將自擇於何者哉。

○劉向說苑：樂羊爲魏將，以攻中山。中山懸其子以示樂羊，樂羊不爲衰志，攻之愈急。中山因烹其子遺之，樂羊食之盡一杯。中山見其誠也，不忍與之戰，果下之。遂爲魏文侯開地，文侯賞其功而疑其心。孟孫獵，得麑，使秦西巴持歸，其母隨而鳴。秦西巴不忍，縱而與之。孟孫怒，而逐秦西巴。居一年，召以爲太子傅。左右曰：「西巴有罪於君，今以爲太傅，何也？」孟孫曰：「夫以一麑而不忍，又將能忍吾子乎？」

臣若水通曰：孟子稱「不信仁賢則國空虛」，以言當急於用仁賢也。西巴不忍之心及於麑，可謂仁矣。樂羊貪功而殺其子，可謂仁賢乎？當時之君，惟以是而定賞罰，則足以勸天下之仁賢矣。賞而疑，罪而用之，何賞罰之不明，而舉措之不正耶！

○說苑：齊景公出獵，上山見虎，下澤見蛇。歸，召晏子而問之曰：「今寡人出獵，上山則見虎，下澤則見蛇，殆所謂不祥也？」晏子曰：「國有三不祥，是不與焉。夫有賢而不知，一不祥；知而不用，二不祥；用而不任，三不祥也。」

臣若水通曰：孟子言「不祥之實，蔽賢者當之」。又曰：「不用賢則亡。」彼見虎蛇者，常耳。若夫不用賢，則危亡隨之。天下之至不祥，莫過於此。晏嬰之言，得孟子之意矣。夫後世之君，犯此三不祥者多矣，可不懼哉！

○唐陸贄奏議：贄告德宗曰：「君子小人，用捨不並。國家否泰，恒必由之。君子道長，小人道消，於是上下交而萬物通，此所以爲泰也。小人道長，君子道消，於是上下不交而萬物不通，此所以爲否也。夫小人於蔽明害理，如目之有眯，耳之有充，嘉穀之有蟊，梁木之有蠹也。是以古先聖哲之立言垂訓，必懇勤切至，以小人爲戒者，豈將有意讐而阻〔三〕之哉？誠以其蔽主之明，害時之理，致禍之源博，傷善之釁深，所以有國有家者，不得不去耳。户部侍郎裴延齡者，其性邪，其行險，其口利，其志凶，其矯妄不疑，其敗亂無耻，以聚斂爲長策，以詭妄爲嘉謀，以掊克斂怨爲匪躬，以靖譖服讒爲盡節，總典籍之所惡以爲智術，冒聖哲之所戒以爲行能，可謂堯代之共工，魯邦之少卯。伏惟陛下協放勳文思之德，而鑒其方鳩僝功，體仲尼天縱之明，而辨其順非堅僞，則天討斯得，聖化允孚，小往大來，孰不欣幸！」

臣若水通曰：舉措，國之大典，治道關焉。故夫君子進則爲泰，小人進則爲否，否泰之幾，安危存亡之兆，此固有國者所宜慎也。德宗之朝，裴延齡方以言利得幸，陸贄之賢終以直言見疏，舉措若兹，危亡之禍豈可免哉？

校記：

〔一〕「而」，嘉靖本作「宜」。

〔二〕此條至卷末，嘉靖本收入卷六十六。

〔三〕「阻」，嘉靖本作「沮」。

聖學格物通卷之六十六

舉措四

〇宋真宗景德二年秋七月，增置制舉六科。賢良方正等三科久不行，至是增置爲六科，曰：賢良方正能直言極諫、博通墳典達于教化、才識兼茂明于體用、詳明吏理可使從政、識洞韜畧運籌決勝、軍謀宏遠材任邊寄，凡六科。詔中書門下試察其材，具名奏聞，臨軒親策之。〔一〕

臣若水通曰：用人之法，虞之九德咸事，湯之立賢無方，周之六德、六行、六藝，至漢立賢良方正之科，猶爲近古，唐之詞章則求之愈下，遺賢多矣。宋真宗有志復古，則唐虞三代之制可考也，否則漢制賢良方正足矣，而何多門邪？蓋未有賢良方正而不能明體用、通墳典、詳吏理、識韜畧、宏軍謀者也。然其視九德同謂之德，無方同謂之賢，六德、六行、六藝同謂之德行道藝者，有間矣。故古之人才出于一，後之人才出于六，此道德之所以不一，而風俗之所以不同也，惟在上者所立耳。

○哲宗元祐元年四月，司馬光請立經明行修科，歲委升朝文臣各舉所知，以勉勵天下，使敦士行，以示不專取文學之意。若所舉人違犯名教，必坐舉主毋赦，則自不敢妄舉。而士之居家居鄉者，惟懼玷缺外聞，不待舉官日訓月察，立賞告訐，而士行自美矣。於是詔：「自今凡遇科舉，令升朝官各舉經明行修之士一人，俟登第日用以升甲。」

臣若水通曰：書云：「舉能其官，惟爾之賢；稱匪其人，惟爾弗任。」故光建論舉士之法，舉主連坐則士務修其行，官務舉其賢，賢才出而天下治矣。然而所謂經明行修者何邪？夫古之明經將以修行也，德性稟於天，生而蒙，長而不學則愚。明經學問於師友，所以發其蒙而破其愚，成其德而行修矣。易曰：「君子多識前言往行，以畜其德。」又曰：「修辭立其誠，所以居業也。」夫學一而已矣，舉措人者，德行之修否而已矣。此又爲人上者不可不知。

○徽宗宣和七年十二月，太學生陳東上書，請誅蔡京等六人。時天下皆知蔡京等誤國，而用事者多受其薦引，莫肯爲帝明言之。東率諸生上書曰：「今日之事，蔡京壞亂於前，梁師成陰賊於内，李彦結怨於西北，朱勔聚怨於東南，王黼、童貫又從而結怨于二虜，創開邊隙，使天下勢危如絲髮。此六賊者，異名同罪。伏願陛下擒此六賊，肆諸市朝，傳首四方，以謝天下。」

臣若水通曰：帝舜誅四凶，而天下咸服。舉直措枉，天下之心也。舉措得當，則體統尊、紀綱正、法度修、政事舉，仁賢在位而天下安矣。京等六人在徽宗之朝，各以奸邪惑主危國，而徽宗明不足以知之也。君臣以酒色相娛，屢幸私第，禮如家人，則體統紊矣。開邊生事，和議誤國，則紀綱頽矣。祖宗舊章紛更殆盡，則法度壞矣。聚斂無經，刑殺肆志，則政事亂矣。斥黜忠直，竄死遠方，仁賢殄矣。舉措若此，尚何以安天下乎？滿朝縉紳，黨京莫言。而東爲布衣，憤忠極論，折首而不顧，至今猶能使人興起於百代之下也。爲人君觀此，思得如此人者而用之，則善人進而國昌矣。

○孝宗乾道五年八月，以陳俊卿、虞允文爲尚書左右僕射，並同平章事兼樞密使。俊卿以用人爲己任，所除吏皆一時之選，奬廉退，抑奔競。或材可用而資歷淺者，則密薦於帝，未嘗語人。每接朝士及牧守自遠至，必問以時政得失、人才賢否。允文爲相，亦以人才爲急，嘗籍爲三等，有所見聞即記之，號材館録，故所用皆知名士。

臣若水通曰：俊卿、允文，可謂得爲相之體矣。夫宰相之於天下，能以其身利之者蓋寡也，惟以人利之，則所謂人各親其親，然後不獨親其親，其利將普於天下矣。故以人事君，而宰相之職盡矣，故仁不徧愛物，急親賢也。後之輔相者，身爲大臣而徒以韋布之行自勵，閉門謝客，而於天下人之賢否，置之而不問，其亦異乎俊卿、允文之見矣。

〇元世祖至元二十四年閏月，復置尚書省，以桑哥、鐵木兒並爲平章政事，阿魯渾薩里爲右丞，葉李左丞，馬紹參知政事。麥木督丁言：「自制國用使司改尚書省，頗有成效。今仍分兩省爲宜。」詔從之。安童諫曰：「臣力不能回天，但乞不用桑哥，别選賢者，猶或不至虐民誤國。」不聽。

臣若水通曰：人皆以元世祖之爲賢君，臣不信也。夫賢君必能用賢去不肖。世祖尚書省之復，是矣。然用人失當，則其國必危。矧平章、丞相、參知政事皆朝廷機務所關，乃以鐵木兒輩爲之，可謂能用人乎？況桑哥之惡，安童諫之而不顧。舉措如此，其不至于虐民誤國者幾希。以是知世祖之非賢君也，爲人君者所宜深鑒。

〇宋儒周敦頤曰：心純則賢才輔，賢才輔則天下治。純心要矣，用賢急焉。

臣若水通曰：孔子告哀公「取人以身」。身心者，取人之本也；賢者，治天下之輔也。故心弗純則用賢弗專，用賢弗專則聰明日蔽於上，惡政日加於下，而國事日見其非矣。益曰「任賢勿貳」，蓋一則純，二則雜，至於雜則賢才日遠，而莫爲之用矣。有天下者慎之。

〇程頤應詔上英宗皇帝書云：朝廷至於天下公卿文武、百職群僚，皆稱其任而已。何以得稱其任？賢者在位，能者在職而已。何以得賢能而任之？求之有道而已。雖天下常用易得之物，未有不求而得者也。金生於山，木生於林，非匠者採伐不登於用，況賢能之士傑出群類，非若山林之物廣生而無極也，非人君搜擇之有道，其可得而用乎？自昔邦家張官置吏，未嘗不取士也，顧取之之道何如爾。今取士之弊，議者亦多矣。臣不暇條析而言，大槩投名自薦、記誦聲律，非求賢之道爾。求不以道，則得非其賢。間或得其才，適由偶幸，非知其才而取之也。朝廷選任盡自其中，曾不虞賢俊之棄遺於下也。果天下無遺賢邪？抑雖有之，吾姑守法於上，不足以爲意邪？將科舉所得之賢已足自治而不乏邪？臣以爲致天下今日之弊，蓋由此也。

臣若水通曰：賢才之有益於人國也大矣。求之有道，則賢才可得也。然而求之有道者鮮矣。古之於賢者，必自上求之。後之於賢者，必使下自求之。則賢者必不肯求，求者必非賢者也。夫然後賢者退，不賢者進，而國亂矣。如是而謂天下無其人焉，不可也。是故智者之求賢也，必自求之。求之之道，盡心焉耳矣，未有求而不得者也。程頤之言最爲切至，爲人君者，其念之哉。

〇邵雍曰：虞舜陶于河濱，傅説築于巖下，天下皆知其賢，而百執事不爲之舉者，利害使之然也。吁！利害叢于中，而矛戟森于外，又安知有虞舜之聖而傅説之賢哉？河濱非禪位之所，巖下非求相之方，昔也在億萬人之下，而今也在億萬人之上，相去一何遠之甚也。然而必此云者，貴有名者也。

臣若水通曰：相臣之不薦賢者，非無是非之心而智之弗明也，多生於忌嫉耳。上者忌其逼己，下者忌其軋己，故非惡之惡、非非之非生焉，非無是非、好惡之本心也。以大舜、傅説之賢聖，在唐虞商周之隆猶不免焉，而況於後世哉。殊不知相臣之薦賢，乃己職分内事也；人君之求賢，乃己性分内事也，何與於賢者哉？故認得爲己分内事，則忌心釋矣。故曰：爲天下得人者謂之仁，惟仁人爲能好人。君相有國家之責者，其亦隱於心哉。

〇張載理窟曰：萬事只一天理。舜舉十六相、去四凶，堯豈不能？堯固知四凶之惡，然民未被其虐，天下未欲去之，堯以安民爲難，遽去其君則民不安，故不去，必舜而後因民不堪而去之也。

臣若水通曰：好惡，吾心之天理也。作好作惡，則非中正矣。舜舉十六相而天下蒙其福，誅四凶而天下服其罪，豈有心好惡之哉？因民好惡而好惡之也。豈堯之時不能誅之、舉之，而舜獨能之哉？時也。時然而然，天理也。民好惡而好惡，亦天理也。故可舉可措，在四凶、十六相耳，在民之心耳，在其時耳，帝舜之心何與哉？

〇胡宏曰：人君，聯屬天下以成其身者也。內選於九族之親，禮其賢者，表而用之，以聯屬其親。外選於五方之人，禮其英傑，引而進之，以聯屬其民。是故賢者衆之表、君之輔也，不進其親之賢者，是自賊其心腹也；不進其人之賢者，是自殘其四肢也。

臣若水通曰：人君以天下爲一體者也，不禮九族之賢，則親心乖離，腹心賊矣。不禮五方之賢，則民心離散，四肢解矣。故內舉不遺親，外舉不遺才，蓋欲聯屬天下，以成一體之義也。誠如是也，則爲君者不至孤立于上，而股肱耳目皆有所托矣，賢才豈有不用，而天下豈有不安哉?

○楊時曰:三代、兩漢人才之盛、風俗之美,後世莫能及者,取士以行,不專以言故也。今雖詔内外官舉經明行修之士,中第之日優其恩典,不獨取之以言,又本其行,庶乎近古。然徒使舉之,而不由鄉里之選,又無考察之實。與斯舉者,隨衆牒試於有司,糊名謄録,校一日之長,不惟士失自重之義,且於課試之際無以别異於衆人,則所謂本其行者亦徒虚文而已。謂宜别立一科,稍倣三代、兩漢取士官人之法,因今之宜斟酌損益,要之無失古意而已。至於投牒乞試、糊名謄録之類,非古制者一切罷之。待遇恩數盡居詞賦、經義等科之上。庶使學者尊經術、惇行義,人人篤於自修,則人才不盛、風俗不美,未之有也。

臣若水通曰:楊時此論,真得取士之法矣。夫循其名而不責其實,信其言而不核其行,則羊質虎皮或得以倖進,而玉在石中者不得一售矣。故三代、兩漢人才之盛,有由然也。伏惟聖明學稽古昔,而惟楊時之言是行焉,則人才可以日盛,風俗可以日美,唐虞三代之治豈難致哉!特在一念轉移之間耳。

○張栻跋司馬光黼座銘藁有云:壅蔽者,天下之大患也。古之明王所以致治者，亦去此而已矣。其道莫先於虛己，莫要於任賢。虛己則壅蔽消於內，任賢則壅蔽撤於外。內外無蔽，而下情畢通，泰治所繇興也。

臣若水通曰：壅蔽之患大矣。心志蔽於內，聰明蔽於外，則德業不修，而治道隳矣。張栻推其要在於虛己任賢，致虛以去其蔽於內，任賢以去其蔽於外，內外無蔽，則光大高明之德業可成矣。然以二者論之，則任賢尤在乎虛己。故易曰「君子以虛受人」，書曰「明四目，達四聰」。爲人君者，其念茲哉。

○羅從彥曰：君子在朝，則天下必治。蓋君子進則常有亂世之言，使人主多憂而善心生，故天下所以必治。小人在朝，則天下必亂。蓋小人進則常有治世之言，使人主多樂而怠心生，故天下所以必亂。

臣若水通曰：君子之志，在行道以濟時；小人之心，務阿世以取寵。志在行道，則憂世之言日進，使其君有憂世之心，是以大本正而大化出矣。志在阿世，則治世之諛日進，使其君有自肆之志，是以大本惑而大亂成矣。夫以君子小人之進退而治亂階焉，可畏之甚也。伊尹〔二〕曰：「其難其慎。」官人者，其亦辨之於早乎！

○胡安國曰：善善而不能用，則無貴於知其善。惡惡而不能去，則無貴於知其惡。

臣若水通曰：不知其善而不用，不知其惡而不去，曰不知者也，猶可言也。惟其知善而不能用，知惡而不能去，豈得諉之於不知乎？不可言也。夫知而不用，則終無用賢之心矣。知而不去，則卒有濟惡之禍矣。其爲害也可勝計哉？是以人主之學，當在於明斷焉而已矣。

○國朝太祖高皇帝開國之初，詔天下曰：「自洪武三年爲始，特設科舉以起懷才抱德之士，務在經明行修、博古通今、文質得中、名實相稱。其中選者，朕將親策於廷，觀其學識，品其高下，而任之以官。果有才學出衆者，待以顯擢。使內外文臣，皆由科舉而選，非科舉者毋得與官。」

臣若水通曰：此太祖始立科舉取士之詔也，用人之道盡之矣。其與虞廷之九德、成湯之立賢、有周之德行道藝，千載同符矣。故曰懷才抱德，曰經明行脩，曰博古通今，曰文質得中，曰名實相稱，其爲賢則一也。必五者純備，然後謂之賢也，此聖人合一之道也。至於策之者，所以觀其五者之蘊，如敷奏言揚之道耳，非以文章取之也。奈何傳世既久，逐末忘本，而教者與學者，皆拘拘於言語華采之間，而太祖立法之意，澌盡無幾矣。仰惟聖明務學崇本，脩復舊章，特易易耳。此固養賢用賢之大要，不可不重也。

○洪武十六年，上御謹身殿。東閣大學士吳沈等進講周書「國則罔有立政用憸人」。上曰：「甚矣！國家不可有小人，有小人必敗君子。故唐虞任禹、稷，必去四凶；魯用仲尼，必去少正卯。」沈進曰：「書云：『去邪勿疑。』所深致其戒。」上曰：「國家不幸有小人，如人蓄毒藥，不急去之必爲身患。小人巧於悅上，忍於賊下，人君若但喜其能順適己意，任其所喜而不問，以爲怨將在彼。辟如犬馬傷人，人不怨畜犬馬者乎？」沈曰：「小人中懷奸邪，而其所言甚似忠信，不可不察。」上曰：「然。小人善於逢迎，彼知人主所樂爲者，不顧非義，乃牽合傅會，曰是不可不爲。知人主不樂爲者，不顧有益於天下國家，亦牽合傅會，曰是不必爲。此誠國之賊也。自古以知人爲難，而知言亦不易也。」

臣若水通曰：君子小人不共國而治，如薰蕕不同器而藏也。苟不去小人以安君子，雖聖人亦不能有爲。皇祖所謂唐虞用禹稷必去四凶，魯用仲尼必去少正卯，雖聖王百世不能易矣。然欲知君子小人而進退之，在於君身。人君苟能明諸心以全天理，則至明足以燭天下之微，至公足以滅天下之私，於理之可爲不可爲者知之明、斷之果，則小人不得以乘其間。人主苟於不可爲者樂爲，小人得以阿順，曰是不可不爲；苟於可爲者不樂爲，小人得以阿順，曰是不必爲。此固小人罔上之奸，亦由人主之不明不果有以召之也。既公而明，則牽合傅會之說、阿諛逢迎之態舉無所容矣。皇祖諭講官而審於君子小人之辨，真得知人圖治之要矣。聖子神孫，可不致謹於此哉！

○國朝太祖高皇帝謂皇太子、諸王曰：「純良之臣，國之寶也；殘暴之臣，國之蠹也。自古純良者爲君造福，而殘暴者爲國致殃。何謂純良？處心忠厚，臨民豈弟，雖材有不逮者，亦不致於傷物，所謂日計不足、月計有餘者也。何謂殘暴？恣睢擊搏，遇事風生，鍛鍊刑獄，掊尅聚斂，雖若快意一時，而所傷甚多。故武帝任張湯而政事衰，光武褒卓茂而王業盛。此事甚明，可爲深鑒。」

臣若水通曰：國之治亂，非自天降，乃由人生者矣，故用人乃爲政之急務也。聖祖以國之寶與蠹歸於純良、殘暴之臣，真知言矣。然欲知二者之辨而進退之，在於反求諸心。心存則理明，心純乎理，則至明足以知人。我惟純良也，故於人之純良者，必知而用之，雖才有不逮，可恕也。我無殘暴也，於人之殘暴者，必知而去之，雖快意一時，不取也。然而純良用，而殘暴者遠矣。皇祖諭太子、諸王及此，欲其知當務之急，其深切矣乎！

○洪武十八年七月丙辰，上御華蓋殿，與群臣論及治天下之道。文淵閣大學士朱善進曰：「古者人主致治，重任人。蓋擇衆賢爲耳目，則視聽周乎四海；任衆智爲計慮，則利澤施於萬民。今天下太平，惟選任賢才，宜留聖慮。」上曰：「然。任人之道，當嚴於簡擇，專於任使。嚴則庸鄙之人不進，專則苟且之意不行。然必賢者乃可以專任之，非賢而專任者必生奸也，是任人爲難。然人亦有謹於始而怠於終者，亦有過於前而敬於後者，則固不能保其終始。惟終始如一者，其懷忠報國之心堅如金石，安得不任之。若匿詐似信，懷奸若忠者，決不可任也。」

臣若水通曰：孟子曰「國君用賢，如不得已」，擇之審也。書曰「任賢勿貳」，任之專也。皇祖所謂嚴於簡擇、專於任使，真用人之法也。然必擇之審，然後可以任之專。皇祖之明，蓋已洞見其幾微矣。不然則始終惟一之賢未著，而奸詐忠信之人易混矣，其禍敗豈小也哉！

○洪武十九年七月，詔舉經明行修、練達時務之士，年七十以下者，郡縣禮送京師。太祖諭禮部郎中鄭居貞曰：「古之老者雖不任以政，至於咨詢謀謨，則老者閱歷多而聞見廣，達於人情，周於物理，有可資者。」居貞對曰：「人至六十，精力衰耗，則不能勝事，請六十以上不遣。」太祖曰：「政謂比來有司不體朕意，士有耆年便置不問，豈知老成古人所重，文王用呂尚而興，穆公不聽蹇叔而敗，伏生雖老，猶足傳經，豈可槩以耄而棄之也？若年六十以上、七十以下者，當置翰林以備顧問。四十以上、六十以下者，則於六部及布政司、按察司用之。」

臣若水通曰：書曰「人惟求舊」，曰「無遺壽耇」，曰「無侮老成人」。夫老成之人，其德成，其識遠，其更歷也多，用之則有補於天下國家也。故古之聖帝明王，必於老成而重委任焉。蓋藉其猷謀之大，以匡其所不逮也。我太祖高皇帝知老成之可用也，拳拳詔郡縣而禮送焉，可謂得爲政之首務矣。聖子神孫，固亦賴賢才以輔理也，其以祖宗爲法可焉。

○大明令吏令：凡在流品人員，果有文武長才、通曉治體、廉潔者，臺憲官具實跡奏聞。

○諸司職掌：凡各府州縣，每歲於所轄隅廂鄉都内拔選容止端謹無過人材一名，申送布政司考覈，轉行按察司覆考，堪充歲貢，開坐考過詞語，差人送部。應有賢良方正及山林岩穴隱逸之士，并通曉經書儒士、秀才、孝廉，俱各訪求到官，審無過犯違礙，不拘名數，差人伴送到部。或内外官員人等，薦舉人材、秀才，即便行移原籍官司，起取赴部。如儒士、秀才，出題考試果否通經。賢良隱逸等項人材，量其才能，定其高下。仍取本户丁糧數目、作何營生，及户内有無雜役事故，供結明白，然後開發送部選用。如將鄙陋不堪之人一槩朦朧濫舉，原舉官吏依貢舉非其人律問罪。

○凡舉保孝廉、人材、秀才及山林隱逸，本部即行所屬，委自正官，選求民間。果係名實相副，素無過犯之人，有司起送到部，咨發吏部聽用。

臣若水通曰：帝王之治天下也，惟在得人而已矣。大明令、諸司職掌三事，皆我祖宗舉用賢才之盛典也。詳考覈之法，以求其能；嚴並坐之戒，以防其弊，可謂至精至密矣。惟聖明法而行之，則天下治矣。

○諸司職掌：一、科舉。凡遇子、午、卯、酉年則鄉試，辰、戌、丑、未年則會試。畢則殿試，其取中舉人，咨發吏部聽用。

臣若水通曰：此我聖朝科舉之制，取士之正途也。鄉試、會試以三年者，事業之積以三年而成，國之人材以三年而消長也。夫以聖王德行道藝之教，舉業德業合一之學，日就月將而不已焉，則三年有成矣。以今三年考績黜陟之法，則人才之進退，三年可定矣。此祖宗之立法，舉用之者與進退之者，應其期而不謬也乎！

○諸司職掌：巡按御史所至，體知有司等官奉公廉能昭著者，隨即舉奏。其姦貪廢事蠹政害民者，究問如律。

臣若水通曰：惇德允元而難任人，舜之所以咨十二牧也。胡安國曰：「善不蒙賞，惡不即刑，雖堯爲君、舜爲臣，不能以化天下。」是故舉直錯諸枉，孔子蓋拳拳焉。臣願當斯任者，明以察之，健以斷之，則刑賞一人而千萬人勸懲矣。

○仁宗皇帝即位之初，命吏部令在京七品、在外五品以上文官及知縣，於五品以下見任官及軍民中，訪舉德性惇篤、行止端方或材能出衆、政績顯著或文學有稱、識見優遠者，量材擢用。若有蔽賢及濫舉者，論罪如律。所舉之人後犯贓罪，舉者連坐。曰：「朝廷比年數下詔舉賢，而奉行者率多狥私背公，或以賄賂舉，或以親故舉，所得實用十不三四，政事何由而理？生民何由而安？自今必嚴舉主連坐之法，庶得實材。」

臣若水通曰：賢才固國家之利器，而濫舉尤爲生民之蝨賊也。取之有其道，防之有其法，則才必見用，而用者無匪才。故仁宗皇帝申舉賢連坐之法，所以重蔽賢之責，而又嚴濫及之防，並行而不悖矣。我朝之治，所以高出於漢、唐、宋者，由是道也。伏惟聖明勵精圖治，法之以求真才，以致太平，天下幸甚！

○國朝天順間，英宗皇帝一日召學士李賢曰：「吴與弼如何？」對曰：「與弼，儒者之高蹈。自古聖君莫不好賢下士，徵聘隱逸。」乃命行人賫敕帛造其廬。與弼接見，即謂：「蒙朝廷厚意，當赴闕謝恩。」但本意不受官職，數月乃至。入見，命爲左春坊左諭德。朝士皆悚然驚異，以爲布衣召至，一旦至此。次日引至上前，問曰：「久聞高誼，特聘爾來。」對云：「臣草茅賤〔三〕士，年二十嬰疾虚怯，不能出仕，不敢有高世之心。不意聲聞過情，爲當道論薦，蒙皇上以天書幣帛來聘，天使到門，不勝感愧，因而動作。老疾復發，數月方能起程。況年六十有八，衰朽之人，實不堪供職。」上曰：「宮僚亦從容閒暇，且宮僚甚衆，不專勞先生。」不允所辭，於是賞文帛四表裏、羊酒柴米，遣太監牛玉送至館。上顧謂賢曰：「此老非迂闊者，務令就職。」與弼終不就，三辭。間日，上謂賢曰：「與弼既來，如何不就職？若受職，亦不相拘，聽其自在。」賢曰：「與弼亦願就職，第以老疾不愈，進退狼狽。」上曰：「果然，亦難留也。既以行人聘來，還以行人送歸。」再與敕令，有司供月糧以終其身。於是與弼感激，條陳十事上之，復上表謝恩而去。

臣若水通曰：書曰：「嘉言罔攸伏，野無遺賢。」而成湯之於伊尹，高宗之於傅説，皆所汲汲焉。何哉？徵聘隱逸，所以期實用、興治道也。與弼常言曰：「宦官、釋氏不除，而欲治天下，難矣！」觀其言，固非忘天下者。然必如是而後可爲，則亦古天民之志矣。善哉英宗之待與弼也，迎而送之，致敬以有禮。其爲聖德之光、治化之助，豈淺淺哉！

校記：

〔一〕此條及以下四條，嘉靖本收入卷六十五。

〔二〕「尹」，原作「川」，據嘉靖本改。

〔三〕「賤」，原作「殘」，據嘉靖本改。

聖學格物通卷之六十七

課功上

○易師：上六，大君有命，開國承家，小人勿用。象曰：大君有命，以正功也。小人勿用，必亂邦也。

臣若水通曰：師之爲卦，坤上坎下，内險外順。師，險道，而以順行，故爲師。師終必有賞功之典。上六，師之終也，故以正功言。坤爲土，故有裂土封爵之象。程頤曰：「開國，封之以爲諸侯也。承家，以爲卿大夫也。」承，受也。象言大君於師終功成之時，因其功而命之以爵賞。功之大者，則封之爲諸侯而開國。功之次而小者，則封之爲卿大夫而受成家之慶。然有貪殺冒功者，小人也，則黜之而不用。蓋五爻皆陰，故有小人勿用之戒。若封之使有國有家，則爲政害人必多，而爵賞濫及惡德，亦不足以爲勸懲，而人心不服矣。象又釋之，以爲夫大君之爵命者，所以報軍旅之功，使大小各以其等而得其正也。所謂小人勿用者，固非正功之典，使如此之人而用之，必播其惡於衆而亂人國家矣。夫立功者，人臣之忠也；報功者，人君之正也。故有天下非得而私，開國承家亦非得而私，因其功而差等之，小人不得而與焉，天下之正也。夫賞之也以天下之正，其勿用之也亦以天下之正，聖人亦何容心哉！

○謙：九三，勞謙，君子有終，吉。象曰：勞謙君子，萬民服也。

臣若水通曰：朱熹云：「卦惟一陽，居下之上，剛而得正，上下所歸，有功勞而能謙。」臣謂以陽剛之才而上得君、下得民，其功德可施，是有勞也。以九居三，得位之正，正則不矜伐，是能謙也。以有〔一〕爲之才而得正，故久而不變，有終而吉也。象又釋之，以爲君子之有勞有謙如此，而萬民之心皆服之矣。夫挾勞以傲物，小人之情也。勞而不自伐，知道之君子也，以爲功非有加於我也，性分之當爲也。惡盈好謙，人情之公也。故民皆服其謙德之盛，莫與之争功争能者矣。功高天下而不危，位極人臣而不疑，其有終而吉也宜矣。人君立課功之法，天下之公也，萬民之公也。九三，君子之勞謙〔二〕而不伐，人臣當以此自考焉可也。

○書虞書舜典：五載一巡守，群后四朝。敷奏以言，明試以功，車服以庸。

臣若水通曰：此史臣記帝舜立朝巡課功行賞之法如此也。敷，陳也。奏，進也。庸者，民功。蔡沈曰：「五載之内，天子巡守者一，諸侯來朝者四。蓋巡守之明年，則東方之諸侯來朝于天子之國。又明年，則南方之諸侯來朝。又明年，則西方之諸侯來朝。又明年，則北方之諸侯來朝。又明年，則天子復巡守。是則天子、諸侯雖有尊卑，而一往一來，禮無不答，是以上下交通而遠近洽和也。」諸侯來朝使各陳其爲治之説，言之善者則從而明考其功，有功則賜車及服以旌之，其言不善則亦有以告飭之也。臣謂朝巡之禮，非特上下交通而已，巡守所以觀政于下，述職所以報政于上，上下交相勸勉於政，如是而政不脩、治不成者，未之有也。後世此制既廢而諸侯縱恣，遂以爲封建不可行，易之以郡縣，抑豈反本之論哉？

○舜典：三載考績。三考，黜陟幽明，庶績咸熙。

臣若水通曰：此史臣記帝舜考績黜陟之法也。考者，核實也。黜，降。陟，升也。三考，謂九載也。蔡沈傳曰：「九載，則人之賢否、事之得失可見，於是陟其明而黜其幽，賞罰明信，人人自力於事功，此所以庶績咸熙也。」此言舜命二十二人之後，立此考績黜陟之法，以時舉行而卒言其效如此也。臣伏覩國朝立三年考察外官、六年考察京官之法，蓋本於此。然以三年進退未至於三考，甚者上官苛刻以爲能，或逞其喜怒之私，多有莅任一年半歲而蒙黜退者，雖使聖賢生於其間，如孔子、子産，德政未能盡施，而人心未易卒協，則亦無以自見也。伏願聖明慎任之於初，久任之於後，必三載而考，三考而黜陟，則事皆核實而治可責成矣。

○周書周官：六年，五服一朝。又六年，王乃時巡，考制度于四岳。諸侯各朝于方岳，大明黜陟。

臣若水通曰：此周官之書，史臣紀朝巡之典所以課功也。五服者，侯、甸、男、采、衛也。朝者，諸侯見天子之名也。時巡者，以時而巡，猶舜之四仲巡狩也。考制度者，猶舜之協時月正日、同律度量衡等事也。建官之體統既定，然無以激勵之，則人不能各勉於脩職致治。故周官之法，必諸侯六年一朝于天子而述其職，又六年則十二年也，王乃分四時巡狩各方諸侯之國，考其時日律度量衡之事，所以一道德而同風俗。而諸侯則各來朝于方岳，天子乃各於方岳大明其黜陟，賢而脩職者升之，不賢而廢職者黜退之，所以示勸懲之典，使之鼓舞而不已也。夫人主所以鼓舞天下者，黜陟與奪而已。然必施得其當，用一人足以爲千萬人之勸，退一人足以爲千萬人之懲，然後可也。

〇詩大雅江漢：王命召虎，來旬來宣，文武受命，召公維翰。無曰予小子〔三〕，召公是似。肇敏戎公，用錫爾祉。

臣若水通曰：此詩人美召穆公平淮南之夷而作。旬，徧也。宣，布也。召公，召康公奭也。翰，榦也。似，嗣也。肇，開。戎，女也。公，功也。詩人述宣王命召虎來江漢徧治事而布命曰：昔文武受命，爾祖召公奭爲國之楨榦，今爾且勿以予爲言也。爾祖之事可以不嗣而開敏汝功乎？若然，則我當與汝以福矣。夫勸功之道在激其心，而爵賞次之。夫人心激之以義則奮，賢臣固不待賞而立功也，顧人君所以激之何如耳。故激之以忠則以忠奮，激之以孝則以孝奮，而功業隨之。周宣王每於臣子效忠之日，必激之以繼先之孝。「纘戎祖考」、「南仲太祖」，所以激樊侯、皇父也。此詩曰「文武受命，召公維翰。無曰予小子，召公是似」，所以激召虎也。此諸臣所以皆用命思奮，大佐中興之功，以復文武之業也，豈非由人君感激中來耶？後之人主不知此義，徒以爵賞畜其臣而不責其功，其亦異乎先王之政矣。

○周禮天官大宰：歲終，則令百官府各正其治，受其會，聽其致事，而詔王廢置。三歲，則大計群吏之治而誅賞之。

臣若水通曰：此即書三載考績、三考黜陟幽明之典，而大宰掌之，特加詳焉。於一歲之終，則令庶府百執事各脩其職。一歲之計謂之會，則受之以聽，察其所致之事，以此進而告于王，無功者則貶削而廢之，有功者則轉遷而置之。以至于三歲，則又大計群吏之治，於無功者不但廢也，而誅行焉；於有功者不但置也，而賞行焉。如此，則賞罰當而勸懲嚴矣。其視後世較米鹽之利、責旦暮之效者，豈可同年而語哉！

○天官司會：以參互考日成，以月要考月成，以歲會考歲成。以周知四國之治，以詔王及冢宰廢置。

臣若水通曰：事合衆數爲目，合衆目爲凡。曰參者，以凡考目、以目考數之謂也。曰互者，凡與數相考、數與目相考之謂也。既參以考，又互以考，則日成無遺矣。積日而爲月，月合衆凡謂之要，故以月要而考月成。積月而爲歲，歲合衆要謂之會，則以歲會而考歲成。如此則治雖在四國之遠，可以坐而知矣。然此特掌之於司會之手，而賞罰之典又在於君相，故進而告于王及冢宰。凡吏治惰而無功者則有廢，廢以懲之也；吏治勤而有功者則有置，置以勸之也。此所以成太平之治而垂無疆之休者，有由然哉。

○宰夫：掌治法，以考百官府、群都、縣、鄙之治，乘其財用之出入。凡失財用物辟名者，以官刑詔冢宰而誅之。其足用長財善物者，賞之。

臣若水通曰：群都者，諸采邑也。六遂五百家爲鄙，五鄙爲縣。此云縣、鄙，六鄉、州黨亦在其中矣。財者，錢穀也。用者，貨賄也。物者，百物也。辟名謂僞作文書，與實不相應也。官刑，司寇所掌是也。夫辟名則財、用、物三者皆違於是，宰夫詔冢宰誅之。得辟名，則財、用、物三者皆長足而善矣，故賞之。賞罰明，則課功之典舉，孰有怠玩而不戒勉者哉？

○宰夫：歲終，則令群吏正歲會。月終，則令正月要。旬終，則令正日成，而以考其治。治不以時舉者，以告而誅之。

臣若水通曰：歲有會，冢宰會之而小宰贊之；月有要，小宰受之而宰夫贊之；日有成，宰夫受之，而皆得以令群吏正要會焉。蓋一事之脩，積而至於無事不脩；一日之謹，積而至於無日不謹。故歲會、月要、日成之治，宰夫皆得以令之也。考，治也者。小宰既有常刑之戒令，其有違時令失期會者，則宰夫告冢宰而誅之以法。是司會考於前，宰夫正於後，課功之典，其至詳而至備矣。

○國語周語：單襄公曰：「夫仁、禮、勇，皆民之爲也。以義死用謂之勇，奉義順則謂之禮，畜義豐功謂之仁。姦仁爲佻，姦禮爲羞，姦勇爲賊。夫戰，盡敵爲上，守龢同順義爲上。故制戎以果毅，制朝以序成。」

臣若水通曰：豐，大也。守和同，謂不相與戰而平和也。殺敵爲果，致果爲毅。朝不越爵則政成。易曰：「大君有命，以正功也。」功之不正，民焉用勸？若郤至佻天以爲己庸，不亦異乎？單襄公仁、禮、勇、義之論，非課功制戎之定法邪？

○魯語：展禽曰：「夫仁者講功，而知者處物。無功而祀之，非仁也。不知而不問，非知也。」

臣若水通曰：展禽，魯大夫柳下惠，字季。講，論也。仁者心平，故可論功也。處，名也。

夫古之聖王報德報功之典，所以爲功德之勸也。無故而加焉，則不足以爲勸矣。仁以行之，知以察之，夫然後施當其實也。爲人君者，可不慎其所施乎？

○晋語：叔向曰：「夫爵以建事，禄以食爵，德以賦之，功庸以稱之。」

臣若水通曰：事，職事也。禄以食爵，謂隨爵尊卑也。稱，副也。先王班爵禄之制，所以酬德而報功也。故爵以定職，禄以稱爵，凡以德與功爲之差等也。故絳商雖富足以行賄於諸侯，然而祗以韋藩木楗而不得金玉其車、文錯其服者，無爵禄功德故也。秦楚二公子田止一卒，爵禄然也。豈可同於富，而厚薄其禄哉！

○漢高帝六年，始剖符封諸功臣爲徹侯，蕭何封酇侯，所食邑獨多。功臣皆曰：「臣等身被堅執鋭，多者百餘戰，少者數十合。今蕭何未嘗有汗馬之勞，徒持文墨議論，反居臣等上，何也？」帝曰：「諸君知獵乎？追殺獸兔者，狗也；而發縱指示者，人也。今諸君徒能得走獸耳，功狗也。至如蕭何，發縱指示，功人也。」群臣皆莫敢言。

臣若水通曰：班固嘗稱蕭何以謹信守管籥，功冠群臣，漢高封之食邑獨多，宜也。發縱指示之喻，亦足以服諸臣之心矣。然禮擬人必於其倫。宋牼説秦楚搆兵以不利，孟子言其號則不可。君子於其言，無所苟而已。今以狗功爲喻，得無視臣犬馬之心也乎？至於葅醢誅戮相繼，其已幾於功狗之一言矣，豈所以報功之典乎？故高帝課功則當，而其義則非後世所宜法也。

○高帝詔定元功十八人位次，皆曰：平陽侯曹參身被七十創〔四〕，攻城畧地功最多，宜第一。鄂千秋進曰：「群臣議皆誤。夫曹參雖有野戰畧地之功，此特一時之事。上與楚相距五歲，失軍亡衆跳身遁者數矣，蕭何常從關〔五〕中遣軍補其處。又軍無見糧，蕭何轉漕關中給食不乏。陛下雖數亡山東，何常全關中以待陛下。此萬世之功也。今雖亡〔六〕參等百數，何闕於漢，奈何欲以一旦之功而加萬世之功哉？蕭何第一，曹參次之。」上曰：「善。」於是乃賜蕭何帶劍履上殿，入朝不趨。上曰：「吾聞進賢受上賞，蕭何功雖高，得鄂君乃益明。」於是封鄂千秋爲安平侯。

臣若水通曰：功以兵而成，兵以食而强。蕭何漕餉不絶而兵賴焉。故有蕭何，則天下自有成參等之功者矣。無蕭何，則雖百參等無所施也。漢定元功十八人位次，鄂千秋以蕭何爲萬世之功，宜第一，是不易之論矣。故漢祖並封之，則非徒足以報何之功，且足以報千秋之功也。嗚呼！天下後世無千秋之見，以一時之功而忽萬世之功者豈少哉！

〇宣帝甘露三年，上以戎狄賓服，思股肱之美，乃圖畫其人於麒麟閣，法其形貌，署其官爵、姓名。唯霍光不名，曰：「大司馬、大將軍、博陸侯，姓霍氏。」其次張安世、韓增、趙充國、魏相、丙吉、杜延年、劉德、梁丘賀、蕭望之、蘇武，凡十一人，皆功德知名當世，是以表而揚之。明著中興輔佐，列於方叔、召虎、仲山甫焉。

臣若水通曰：功臣之圖，始於博陸，終於蘇武。雖一時人材功業各有可觀，然忠節如武者，豈盡出於張、韓諸人之下哉？故論者謂斯舉也正遠人觀聽所係，平日知畏者武而已，置之於後，使中國隱然有虎豹在山之勢耳。然則此殆非課功之常典矣。

〇宣帝地節二年。帝興于閭閻，知民事之艱難。霍光既薨，始親政事，勵精爲治，五日一聽事。自丞相以下，各奉職奏事，敷奏其言，考試功能。侍中、尚書，功勞當遷，及有異善，厚加賞賜，至于子孫，終不改易。樞機周密，品式備具，上下相安，莫有苟且之意。

臣若水通曰：漢宣考試功能，賞賜異善，勸課之典明矣。所以然者，良由帝起自閭閻，備知疾苦，勵精爲治，智慧益長。故其信賞必罰，吏稱民安有如此者，可謂中興之茂烈矣。貞觀、開元之治，鮮克有終，又豈足以望之哉！

○元帝建昭二年，京房曰：「古之帝王以功舉賢，則萬化成，瑞應著。末世以毀譽取人，故功業廢而致災異。宜令百官各試其功，災異可息。」

臣若水通曰：天道遠，人事邇，故以功舉賢則賢者勸，上以福於君，下以福於民。否則誤君殘民之事至矣，此所謂人事也。房之學雖未知聖賢之道，然其爲此舉功成化毀譽廢業之説，庶幾得課功之法矣。至於區區祥瑞災異而已，天道幽遠，豈足憑耶？

○明帝永平三年，帝思中興功臣，乃圖畫二十八將於南宮雲臺。以鄧禹爲首，次馬成、吴漢、王梁、賈復、陳俊、耿弇、杜茂、寇恂、傅俊、岑彭、堅鐔、馮異、王霸、朱祜、任光、祭遵、李忠、景丹、萬修、蓋延、邳彤、銚期、劉植、耿純、臧宫、馬武、劉隆，又益以王常、李通、竇融、卓茂，三十二人。馬援以椒房之親，獨不與焉。

臣若水通曰：明帝圖畫功臣三十二人於雲臺，可謂善繼世祖褒功之志矣。而馬援獨以椒房之親不與。夫以雲臺之繪，報功也。夫報功者，不以其人之親疏，惟以功之大小耳。邊功如援，斯亦偉矣。而乃以嫌掩之，像設不及，殊非國家賞勸之公，恐外戚藉口沮其建功立業之心者，未必不由此也。然則人君之報功者，而可以不公哉？

〇永平七年，荆州刺史郭賀官有殊政，上賜以三公之服，黼黻冕旒。敕行部去襜帷，使百姓見其容服，以章有德。

臣若水通曰：唐虞之典，車服以庸，昭功德也。郭賀有殊政，而帝褒表之，使百姓見其容服，以章有德。非但報功爾，章一人而使千萬人勸，則人孰不思自奮於功德者乎！後世有功德表表者，則群起而忌之，從而與碌碌常流同混。是不以德章于百姓也，豈不誤哉！

〇雒陽令王涣居身平正，發姦擿伏，外猛内慈，京師以爲有神。卒于官，百姓流涕，爲立祠作詩，每祭輒絃歌而薦之。太后詔以涣子石爲郎中，以勸勤勞。

臣若水通曰：仕者世禄，先王之仁政也。鄧太后追惟王涣之善政，官其子石爲郎中，以勸勞勤，非考據經典，何以知此哉？人君欲廣賞延于世之意者，其勿以鄧后女主之政爲不足法焉。

〇安帝延光四年，濟陰王即皇帝位，楊震門生虞放、陳翼詣闕，追訟震事。詔除震二子爲郎，贈錢百萬，以禮改葬於華陰潼亭。遠近畢至，有大鳥高丈餘，集震喪前。郡以狀上，帝感震忠，詔復以中牢具祠之。

臣若水通曰：震以畏四知不受暮金，跡其清白，則忠直賢臣也。被宦官之譖見殺，忠氣鬱積，天地神人鑒之，而莫伸者久矣。濟陰以幼沖即帝位，乃能聽其門生之追訟，官其二子，賜錢禮葬。及致異鳥之祥，又重以中牢之祠。數年忠貞之積，一旦獲伸，達於天地，神人無間矣。嗚呼，褒死者於前，所以警生者於後，帝亦賢哉！

○宋蒼梧王元徽元年正月甲戌，魏詔縣令能静一縣劫盗者，兼治二縣，即食其禄；能静二縣者，兼治三縣，三年遷爲郡守。二千石能静二郡，上至三郡，亦如之，三年遷爲刺史。

臣若水通曰：盗賊之起，大抵由於守令之貪殘。故孔子曰：「苟子之不欲，雖賞之不竊。」清源正本，止欲之道也。故能静二縣、三縣之盗則令之德足以及二三縣矣；能静二郡、三郡之盗則守之德足以及二三郡矣。以此而遷秩，則賞當其功，而守令知勸矣。是亦足爲課功之法也。

○齊明帝建武元年九月壬申朔，魏主宏詔曰：「三載考績，三考黜陟。可黜者不足爲遲，可進者大成賒緩。朕今三載一考，即行黜陟。欲令愚滯無妨於賢者，才能不壅於下位。各令當曹考其優劣爲三等，其上下二等仍分爲三。六品已下〔七〕，尚書重問。五品已上，朕將親與公卿論其善惡，上上者遷之，下下者黜之，中中者守其本任。」魏主之北巡也，留任城王澄銓簡舊臣。自公侯已下有官者以萬數，澄品其優劣能否爲三等，人無怨者。壬午，魏主臨朝堂，黜陟百官，謂諸尚書曰：「尚書，樞機之任，非徒總庶務、行文書而已。朕之得失，盡在於此。卿等居官，年垂再期，未嘗獻可替否，進一賢退一不肖，此最罪之大者。」又謂録尚書事廣陵王羽曰：「汝爲朕弟，居機衡之右，無勤恪之聲，有阿黨之私。今黜汝録尚書、廷尉，但爲特進、太子太保。」又謂尚書令陸叡曰：「叔翻到省之初，甚有善稱。比來偏頗懈惰，由卿不能相導以義。雖無大責〔八〕，宜有小罰。今奪卿禄一期。」又謂左僕射拓跋贊曰：「叔翻受黜，卿應大辟。但以咎歸一人，不復重責。今解卿少師，削禄一期。」又謂左丞公孫良、右丞乞伏義受曰：「卿罪亦應大辟，可以白衣守本官，冠服禄卹盡從削奪。若三年有成，還復本任；無成，永歸南畝。」又謂尚書任城王澄曰：「叔神志驕傲，可解少保。」又謂尚書于果曰：「卿不勤職事，數辭以疾，可解長，兼削禄一期。」其餘守尚書尉羽、盧淵等，並以不職，或解任，或黜官，或奪禄，皆面數其過而行之。

臣若水通曰：唐虞三載考績，三考黜陟幽明，其黜陟行於九年之後，非賒緩也。俗淳事簡，在位皆各思盡其職，不爲奸欺。就有不稱者，考而未黜，冀其能自盡也。其不能盡者，曰才力有所逮、有不逮耳。再考未稱而猶未黜，曰才有短長、臨事有過誤。前考已稱其職，今考不稱，則必曰過誤也。前考不稱，今考已稱者，則曰能自勉也。三考皆不稱，其人信不可用矣，於是乎黜之。此唐虞忠厚之至也。周官計群吏之治，旬終則令正日成，月終則令正月要，歲終則令正歲會，三歲則大計群吏之治而誅賞之。是皆無日而不考覈，而誅賞則行於三年大計之時。蓋俗益薄、人益偷，而行九年之黜陟，則爲賒緩。觀魏孝文之考績，既無唐虞敷言明功之實，又無成周日成、月要、歲會之詳，而徒以察察爲明，雖或巧中，恐傷苛刻，非有道之氣象也。然而不以親而貸，又自引咎，其善不可誣也。

○梁武帝大同五年，東魏丞相高歡以徐州刺史房謨、廣平太守羊敦、廣宗太守竇瑗、平原太守許惇有政績清能，與諸刺史書，褒稱謨等以勸之。

臣若水通曰：刺史，民之父母也，得其人則一方之民蒙其福，不得其人則一方之民受其殃。高歡於政績清能者褒稱之，其知所先務者與！夫褒一人，而衆之賢者莫不知勸，其不賢者莫不知懲。刺史之職處之而各得其宜矣。賢愚混淆，則孰肯自勵哉？

校記：

〔一〕「有」，原作「可」，據嘉靖本改。

〔二〕「謙」，原作「謹」，據嘉靖本改。
〔三〕「子」，原作「人」，據詩經改。
〔四〕「創」，嘉靖本作「鎗」。
〔五〕「關」，原作「闕」，據嘉靖本改。
〔六〕「亡」，嘉靖本作「無」。
〔七〕「下」，原作「上」，據資治通鑑卷一百三十九齊紀五建武元年條改。
〔八〕「責」，原作「賞」，據資治通鑑卷一百三十九齊紀五建武元年條改。

聖學格物通卷之六十八

課功下

○隋文帝開皇元年，岐州刺史安定梁彦光有惠政，隋主下詔褒美，賜束帛及御傘，以勵天下之吏。久之，徙相州刺史。岐俗質厚，彦光以静鎮之，奏課連爲天下最。時又有相州刺史陳留樊叔畧有異政，帝以璽書褒美，頒示天下，徵拜司農。新豐令房恭懿政爲三輔之最，帝賜以粟帛，累遷德州司馬。帝謂諸州朝集使曰：「房恭懿志存體國，愛養我民，此乃上天宗廟之所祐。朕若置而不賞，上天宗廟必當責我，卿等宜師範之。」因擢爲海州刺史。由是州縣吏多稱職，百姓富庶。

臣若水通曰：奏課，奏計帳及輸籍也。隋志：每元會，諸州悉遣使赴京師朝集，謂之朝集使。夫人性好善而惡惡也，勸之以其善，懲之以其惡，君之責也，賞罰之典也。有功不賞，有罪不罰，雖堯舜無以治天下也。故賞其善，所以戒不善；賞一人，而千萬人勸矣。隋之課功而賞其最者三人，開皇之治，吏稱民安，豈非勸懲之效歟？人君欲使民勸，顧己之賞罰何如爾，道豈遠乎哉！法豈多乎哉！

〇開皇五年二月，始令刺史上佐每歲暮更入朝，上考課。

臣若水通曰：上佐，謂長史、司馬也。唐虞之法，明試以功，車服以庸。夫庸者，民功也。民功莫大於教化，而簿書期會次焉。後世之課功，惟以獄訟之平反，會計之遲速，而催科政拙斯爲下下矣。則其所謂功者，其亦異於古乎？噫！課功既異乎古，欲得古賢才而用之，不亦難哉？夫取賢於簿書期會，而不責效於教化之本，此古今之所以異治也歟？

〇開皇十一年二月，平鄉令劉曠有異政，以義理曉諭，訟者皆引咎而去，獄中草滿，庭可張羅。遷臨潁令。高熲薦曠清名善政爲天下第一。上召見勉之，謂侍臣曰：「若不殊獎，何以爲勸？」優詔擢爲莒州刺史。

臣若水通曰：古之治者，先德教而後刑罰，故人知悦。悦者，出其本心也。後之治者，先刑罰而後德教，故人知畏。畏者，非其本心也。劉曠以義理諭人，而使民無訟，其所謂道德齊禮而有恥且格者邪？人君察天下之令有如曠者，崇獎而超擢之，其所以勸天下之守令，以勸天下之民心者至矣。夫使天下之民心知勸，治之極也。

○煬帝大業二年，制百官不得計考增級，必有德行功能灼然顯著者進擢之。

臣若水通曰：計考增級，所謂拘於資格之常也。德行功能，則非資格所能拘矣。用人而拘以資格之常，則賢能者滯於下位，僥倖者循次而上升，賢否莫辨，以是治國，雖堯舜不能致理矣。隋煬帝不足道也，孰謂其有此善法乎？雖然，記曰「取人以身」，煬帝之荒淫既無其本，雖有堯舜之善法，不能用矣。後之人君欲爲天下得其人者，姑取其法行之，不以人廢言可也。

○唐太宗貞觀三年，房玄齡、王珪掌内外官考。治書侍御史權萬紀奏其不平，上命侯君集推之。魏徵諫曰：「玄齡、珪皆朝廷舊臣，素以忠直爲陛下所委，所考既多，其間能無一二人不當？察其情終非阿私。且萬紀比來恒在考堂，曾無駁正，及身不得考，乃始陳論，此正欲激陛下之怒，非竭誠狥國也。使推之得實，未足裨益朝廷；若其本虛，徒失陛下委任大臣之意。臣所愛者治體，非敢苟私二臣。」上乃釋不問。

臣若水通曰：玄齡、王珪在唐，所謂忠直大臣也。惟忠與直，則考課之是非當不忒也。然而知人則哲，惟堯其難。萬紀欲指〔摘〕〔一〕其失，以濟一己之私怨，以太宗知二臣之深且猶惑焉。甚矣，讒人之易以蠱人主也。向微〔二〕魏徵之辨，則貞觀之治未可知也。故考天下之君子小人者，銓衡之責也。而考大臣之君子小人，則存乎人君之心爾。

○貞觀十七年，上命圖畫功臣趙公長孫無忌等於凌煙閣。

臣若水通曰：唐太宗以文武平定天下，大抵得群賢而用之，以共成其功也。而圖像二十四人於凌煙，以示不忘，其酬德報功之意隆矣。其爲功德之勸，豈小小也哉！

○玄宗天寶九載，禄山獻奚俘八千人。上命考課之日書上上考。

臣若水通曰：奚、契丹未見罪釁，而禄山爲設會飲誘而坑之，且貪爲己功以獻，所謂功辜也。爲玄宗者，宜明正典刑以爲擅誅者戒，夫何考課之日命書禄山以上上？則是非之心不明，已動奸雄之竊笑矣。他日竄身失國，豈獨歸罪於禄山也哉？

○德宗貞元十年夏四月，陸贄論長吏以增户加税闢田爲課績，其略曰：「立法齊人，久無不弊。理之者若不知維御損益之宜，則巧僞萌生，恒因沮勸而滋矣。請申命有司，詳定考績。若當管之内，人益阜殷，所定税額有餘，任其據户口均減，以減數多少爲考課等差。其當管稅物通此，每户十分減三者爲上課，減一者次焉，減一者又次焉。」

臣若水通曰：地有定數，户有消長。稅以地定，非以户增也。漢唐以來，時君世主每以增户加稅爲功，必至於刻掊小民之膏脂以爲功也。故王成以僞增户口蒙賞識者，至今譏之。德宗之時以加稅爲最，而贄獨請以減稅爲最，最在民功也。嗚呼！人君奉天惠民，設守令也。爲人君者之最守令，其可不以民爲功、以贄之言爲法也哉？

○班固白虎通曰：三歲一考績何？三年有成故。於是賞有功、黜不肖。

臣若水通曰：三載考績，三考黜陟幽明，此唐虞之制也。固之所云，三年賞黜，其周制乎？成周日成、月要、歲會之法，至是三周矣。天道期三百有六旬有六日者，亦至是三周將變而閏矣。聖人體天人之道，而立三載考績黜陟之法，所以責有成也。我國家立法，三年各省來朝，即考覈而行黜陟焉。其倣成周之制，隨時因俗之道至矣。

○宋太宗淳化四年二月，置審官院。初，帝慮中外官吏清濁混淆，命官考課，號「磨勘院」。至是改爲「審官院」，掌審京朝官。其幕職、州縣官，別置「考課院」主之。

臣若水通曰：官吏之清濁混淆，由在上者無激揚之道，而任激揚之責者或無公正之心，故清者無所勸，濁者無所懲，則亦安得而不混淆也？宋太宗置「審官院」，誠爲盛舉矣。然置院則易，得人則難。人非難也，以難得光明正大之心者也。使得是人，而有是心焉，則所謂仁人能好人、能惡人，當不以己之愛憎爲人之清濁，而天下自平矣。

○國朝洪武二年正月，太祖皇帝敕中書省臣曰：「元末政亂，禍及生靈。朕倡義臨濠，以全鄉曲。繼率英賢渡大江，遂西取武昌，東定姑蘇，北下中原，南平閩廣，越有十六載始克混一。每念諸將相從，捐軀戮力，開拓疆宇，有共事而不睹其成，建功而未食其報，追思前勞，痛切朕懷。人孰無死？死而不朽，乃爲可貴。若諸將者，生建忠勇之節，死有無窮之榮，身雖没而名永不磨矣。其命有司立功臣廟于鷄鳴山，序其封爵，爲像以祀之。」

臣若水通曰：書云：「德懋懋官，功懋懋賞。」禮曰：「以死勤事則祀之，以勞定國則祀之。」此先王崇德報功之典，所以榮生者於前，而追死者於後也。太祖高皇帝立廟於鷄鳴山，所以報諸臣者至矣。其亦先王之遺意乎！其視麒麟、凌煙之圖而無報功之祀典者，不可同年而語矣。聖子神孫，所宜法守焉。

○洪武四年五月丁巳，以李守道、詹同爲吏部尚書。太祖諭之曰：「吏部者，衡鑑之司。鑑明則物之妍媸無所遁，衡平則物之輕重得其當。蓋政事之得失在庶官，任官之賢否由吏部。任得其人則政理民安，任非其人則瘝官曠職。卿等居持衡秉鑑之任，宜在公平以辨别賢否，毋得庸庸碌碌，充位而已。」

臣若水通曰：周官：冢宰統百官，均四海。今之吏部即其職也。其任最重，必得人以司之，則任官惟賢惟能，而天下治矣。不得其人，則賢否倒置，而天下亂矣。人主誠不可不慎擇之也。我太祖高皇帝諭李守道、詹同爲吏部尚書，以衡鑑爲言，真切至矣。夫鑑者必其本體之明，衡者必其本體之平，然後能舉以定乎物之妍媸輕重也。否則我先不平不明，何以正物哉？所謂明平者非他也，在於吾心也。聖祖之見，高出漢、唐、宋之君，而上追三代矣。伏惟聖明以祖宗爲法，天下幸甚。

○洪武十一年，河間府知府楊冀安等考績來朝。上命吏部曰：「考績之法，所以旌别賢否，以示勸懲。今官員來朝，宜察其言行，考其功能，課其殿最，爲第三等。稱職而無過者爲上，賜坐而宴；有過而稱職者爲中，宴而不坐；有過而不稱職者爲下，不預宴，序立于門，宴者出然後出。庶使有司知所激勸。」

臣若水通曰：羞惡者，人之良心也。故聖人立賞罰之典，因其良心而勸懲之爾。皇祖諭吏部考績之法，立三等之勸懲，即成周旌别淑慝之遺意乎！有是大政之行，而人不知羞惡者，無人心者也，無人心者非人也。使天下之臣庶反求諸心以體認之，而得其羞惡是非之實焉，則賞罰不必遍於天下，而天下知勸懲矣，惟聖明留意焉。

○永樂元年十二月丁亥，太宗皇帝謂吏部尚書蹇義、左都御史陳瑛等曰：「爲國牧民，莫切於守令。守令賢則一郡一邑之民有所恃，而不得其所者寡矣。如其不賢，當速去之。蓋吏部選授出一時倉卒，未能悉其才行，必考察所行乃見賢否。其令巡按監察御史及按察司，凡府州縣官到任半歲之上者，察其能否廉貪之實具奏。」

臣若水通曰：守令者，國家治亂之所係，民物休戚之攸關也。故郎官上應列宿，其職尤爲近民。苟不得循良之吏以分任之，鮮有不受其殃者。使天下守令皆非其人，則天下之民皆受其殃矣，此大亂之道也。我太宗皇帝身居九重，念及四海，拳拳以守令爲言，必欲審用之於先，而考覈之於後，可謂知當務之急者矣。伏冀聖明以祖宗之心爲心，留意民事，綜核吏治，俾銓曹慎之於選授之初，而撫巡、監司察之於莅官之後，則人人知所勸懲矣，百姓寧有不安堵者乎？

○本朝三年一朝覲，天下布政、按察諸司，府、州、縣官吏，各齎須知文册來朝。六部、都察院行查其所行事件，有未完報者，當廷劾奏之，以行黜陟。舊制，官員考滿，給由到部。考得平常及不稱職者，亦皆復任，必待九年之久，三考之終，然後黜陟焉。其有緣事降職除名，亦許其伸理。雖當臨刑，亦必覆奏。

臣若水通曰：考以三年，察之詳也、公也；必九年黜陟，緣事伸理，待之厚也、恕也。此我朝考績黜陟之法，公恕並行者也。書曰「三載考績，三考黜陟幽明」，萬世課功之原也。是故太祖於考滿官員，必待九年之久，三考之終，然後黜陟焉者，其有得於此與！其後執政者，不體祖宗久任賢才之典，造生靈之福，乃有一考或未及一考而去其官、降其任者。借使所降所去果中其人，猶爲公恕之累也。如非其人，或有少忤上司即與此例，以朝廷之重典爲一人私怨之報，何以勸功而懲過哉？

○大明令：凡各處府州縣官員，任内以户口增、田野闢爲尚。所行事蹟，從監察御史、按察司考覈明白，開坐實跡申聞，以憑黜陟。

臣若水通曰：郡縣之職，所以親民也。苟得其人，則如赤子之得慈母，而民受其福矣。我聖祖命臺憲考覈，具實跡申聞，以憑黜陟，所以勵天下之爲郡縣者，使各奉其職，以宣布德意而已爾。其爲民之意，不亦深哉！

○國朝諸司職掌：考功部凡六部五品以下官，太常司、光禄司、通政司、大理寺、國子監、太僕寺、欽天監、翰林院、太醫院、儀禮司屬官，歷任三年，聽於本衙門正官察其行能，驗其勤惰，從公考覈，明白開寫「稱職」、「平常」、「不稱職」詞語，送監察御史考覈，本部覆考。其在京軍職文官，俱從監察御史考覆，各以九年通考。其四品以上官員，任滿黜陟，取自上裁。其在外有司官，三年考滿，給由到京，考覈「平常」、「稱職」者，遇缺借除京官，亦以九年通考。

○一〔三〕、凡内外入流并雜職應考官員，任滿給由赴京，本部從實考較才能優劣，依例黜陟。果有殊功異能超邁等倫者，取自上裁。

臣若水通曰：漢唐以下，考課之法不同，行之不能無弊。我聖祖斟酌古制，凡内外官三年一考，九年通考而黜陟之，與唐虞三載考績、三考黜陟之法脗合矣。夫如是，則賢才無淹滯之虞，不賢者無僥倖之望，而天下治矣，其盛矣哉！

○國朝節行事例：在京六部、太常寺、光禄寺、通政司、大理寺、國子監、太僕寺、欽天監、翰林院、太醫院屬官，五府各衛軍職文官，應天府首領并上元、江寧二縣官，俱從本衙門正官考覈。應天府五品以下官，從監察御史考覈。監察御史從都御史考覈，給事中從都給事中考覈。東宮官、王府官、尚寶司、中書舍人、都給事中、儀禮司、行人司正官，從本衙門將該考官員行過事蹟并應有過犯，備細開寫，送吏部考覈。

○又曰：凡在外府州縣官三年考滿，先行呈部，移付選部作缺銓註，司勳開黄，仍令給由。其見任官將本官行過事蹟，保勘覆實明白，攢造文册、文簿交付本官親齎。如縣到州，州官面察言行勤惰，從實考覈「稱職」、「平常」、「不稱職」詞語送府。州到府、府到布政司，亦如之。以上俱從按察司考覆，仍將各詞語呈部。直隸府官送監察御史考覈，吏部覆考，類奏以上。三年考滿，「平常」、「稱職」者對品別用，「不稱」者降黜，俱以九年通考。

○又曰：凡各布政司、按察司、鹽運司屬官，從本司正官考覈。按察司首領官，從監察御史考覈。其餘衙門，並從本按察司覆考。茶馬鹽課司正官至首領官，并在外軍職文官，俱布政司考覈，按察司覆考。布政司四品以上、按察鹽運司五品以上正佐官，三年考滿，給由，進牌，俱從都察院考覈，吏部覆考，黜陟取自上裁。

臣若水通曰：自帝舜咨二十有二人之後，立考績黜陟之法，而課功之典肇於此矣。然才德出衆者，固非三考之可拘。其庸劣苟容者而亦例以三考進焉，安在其能咸熙也？故曰執簿呼名，一吏足矣。蓋事固有時異勢殊者，變而通之，神而明之，存乎其人。其夫常格之設，可以待常材者爾。師其意而不師其迹，以成咸熙之績，惟在聖明善體祖宗之良法美意焉。

校記：

〔一〕「摘」，據嘉靖本補。

〔二〕「微」，原作「徵」，據嘉靖本改。

〔三〕「一」，嘉靖本作「又曰」。

聖學格物通卷之六十九

任相上

○易渙：六四，渙其群，元吉。渙有丘，匪夷所思。

臣若水通曰：天下以一而治，以渙而亂。六四，柔順居正之臣，上承九五剛正之君，道之同而任之專，剛柔相濟，以一天下之渙而群之。乖者合，散者聚，大善之吉也。民歸於一統而無異志，其聚若丘之大矣。夫渙者，天下之變也；渙而濟者，天下之功也。有高天下之見，而後成天下之功，豈常人之思慮可及哉！人君得斯人以爲之相，天下有不足治矣。

○書虞書舜典：舜曰：「咨！四岳，有能奮庸熙帝之載，使宅百揆，亮采惠疇。」

臣若水通曰：此帝舜任大禹作相之言。咨，嗟也。四岳，一人而主四方諸侯之事者也。奮，起也。熙，廣也。載，事也。亮，明也。惠，順也。疇，類也。舜言有能奮起事功，以廣帝堯之事者，使居百揆之位，以明亮庶事而順成庶類也。臣惟〔一〕百揆乃唐虞之相職，亮采惠疇即周官三公論道經邦、燮理陰陽，三孤貳公弘化、寅亮天地也。周分二職六人，唐虞皆統於百揆。我朝建官有三太、三少，其制最爲近古。然三公或未能常與天子坐而論道，三孤或不能與三公貳而弘化，是以陰陽未盡燮和，天地未盡位育爾。仰惟聖明脩唐虞盛典，復祖宗故事，時召公卿與之論道燮理，以和陰陽，以位天地，以致祥瑞，以消災變，天下幸甚！

○書商書咸有一德：任官惟賢才，左右惟其人。臣爲上爲德，爲下爲民。其難其慎，惟和惟一。

臣若水通曰：此伊尹陳告太甲以用人之道也。官，百官也。臣，總百官大臣而言也。賢，有德者也。才，有能者也。左右者，輔弼大臣也，坐與天子論道燮理，非碩德重望不可，故曰「惟其人」。難者，不輕易之意，所謂進賢如不得已也。慎者，謹擇之意，所謂真知灼見也。既得人而用之，則又惟和而可否相濟，惟一而始終如一。以爲上則裨益君德，以爲下則惠愛兆民，臣職所繫之重如此，此所以當慎也。人君欲成德以下布於民者，可不謹於用人乎！

○商書說命：爰立作相，王置諸其左右，命之曰：「朝夕納誨，以輔台德。」

臣若水通曰：此商高宗命傅說爲相之事也。爰，於也。左右，言常相親近也。台，我也。史臣記高宗以夢得說之後，審知其賢，於是立之爲相。又常置諸王之左右而親炙之，蓋欲近其人以學也。乃命之以朝夕納誨，無時不進善言以輔其德，可謂知所本矣。臣謂德者，吾心之理也，人人同此心，人人同此理，況人君聰明出衆者乎？但爲衆欲之攻，比之匪人，故德日壞。若與善人居，則或因事納忠，或應時諫正，所以涵養氣質，薰陶德性，其功至大。蓋人君天下之本，而君心又人君之本，君心正則萬幾不足理矣。孟子曰：「人不足與適也，政不足間也，惟大人爲能格君心之非。」高宗命説納誨，不曰「規過」而曰「輔德」，真所謂知所本哉！

○説命：官不及私昵，惟其能；爵罔及惡德，惟其賢。

臣若水通曰：此傳説告高宗之言也。官者，六卿百執事也；爵者，公卿大夫也。官非才能不能理，故曰「能」；爵非有德無以稱，故曰「賢」。所用而惟賢惟能，則治矣。所用而私昵惡德，則亂矣。是故治亂由人而生者也。人君欲撥亂圖治者，必審於用舍之際哉。

○周書召誥：今沖子嗣，則無遺壽耇。曰：其稽我古人之德，矧曰其有能稽謀自天。

臣若水通曰：此召公告成王崇信老臣之言也。沖，幼沖也。嗣者，繼位也。遺，忘棄也。壽耇，老成之臣也。稽，考也。矧，況也。幼沖之主，於老成之臣尤易疏遠，故召公言今王以幼沖嗣位，不可遺棄老成輔相之臣。所以然者，蓋言其老成，能稽考古人之德。蓋自堯傳之舜、舜傳之禹、禹傳之湯、湯傳之文武，皆是一德，老臣能知之，是固不可遺也。況言其能稽謀自天，蓋人與天一也。老臣得天之理，故謀合天之心，知天之所爲，是尤不可遺矣。無遺壽耇，蓋君天下之要務。後之人君，欲稽古敬天，可不重耆舊之臣乎？

○君奭：我聞在昔成湯既受命，時則有若伊尹，格于皇天。在太甲時，則有若保衡。在太戊時，則有若伊陟、臣扈，格于上帝。巫咸乂王家。在祖乙時，則有若巫賢。在武丁時，則有若甘盤。

臣若水通曰：此周公舉殷六臣之輔殷者，以留召公也。格，至也。太戊者，太甲之孫也。伊陟，伊尹之子也。保衡，即伊尹也。巫咸，臣姓名。祖乙，太戊之孫也。巫賢，巫咸之子也。武丁，高宗也。甘盤，高宗之師也。召公欲告老而去，周公留之，言我聞昔成湯既受天命而爲天子，當此時則有伊尹輔之，故其功至於與天作配。其後尹又輔太甲。若太戊之時，又有伊陟、臣扈二人輔之，故功格于上帝。又有巫咸治王家之事。若祖乙之時，則有巫賢。武丁之時，則有甘盤輔之。周公歷舉言之，欲召公匹休於前人，未可言去也。臣謂六臣皆殷之賢相也，臣每讀書至此，未嘗不起敬欽慕之。人君世主，必思得如是之賢相而相之，則格天格帝之功烈不難致矣。

○立政：周公若曰：「拜手稽首，告嗣天子王矣。」用咸戒于王曰：「王左右常伯、常任、準人、綴衣、虎賁。」周公曰：「嗚呼！休茲，知恤鮮哉。」

臣若水通曰：此周公率群臣同戒成王以立政用人之言也。拜手稽首者，手至首又至地也。嗣天子王者，言成王繼位爲天子也。咸，皆也。常伯者，牧民之長也。常任者，任事之公卿也。準人者，守法之有司也。綴衣，掌服器者。虎賁，執射御者。此見周公率群臣進戒，一時首尾相承言語氣象。當群臣拜手稽首之時，周公從旁先贊之曰：「拜手稽首，告嗣天子王矣。」於是群臣用皆戒曰：「王左右之臣，有常伯切於牧民者，有常任切於任事者，有準人切於守法者。三事之外，有綴衣、有虎賁，雖執服器射御之小，然朝夕狎近君德，尤所係重。」群臣言未終，周公即嘆息，繼言之以盡其意曰：「美哉此官，然知憂恤者鮮矣。」夫三宅大臣，所以贊襄治道，國家倚爲休戚，誠不可不得其人矣。若綴衣、虎賁，乃左右奔走之役，周公乃慎重之，至與三宅之官並稱焉。何也？蓋人主朝夕與居，而氣體之習染、心術之轉移，常必由之。故曰：僕臣正厥后克正，僕臣諛厥后自聖，所繫豈小小哉？伏惟皇上於公卿大臣慎擇其人有德望者居之，至如外則錦衣衛，内則衣服食御之司，左右近侍之人，必擇誠實謹厚老成者用之，則内外夾持，涵養君德，輔成王道，有不難矣。

○立政：「古之人迪惟有夏，乃有室大競，籲俊，尊上帝。迪知忱恂于九德之行，乃敢告教厥后曰：拜手稽首后矣！曰：宅乃事，宅乃牧，宅乃準，茲惟后矣。」

臣若水通曰：此亦周公率群臣進戒成王之言也。迪，行也。競，强也。籲俊，求賢也。宅，任也。事，即常任也。牧，即常伯也。準，即準人也。迪知者，蹈知而非苟知也。忱恂者，誠信而非輕信也。九德者，即皋陶言寬而栗、柔而立、愿而恭、亂而敬、擾而毅、直而温、簡而廉、剛而塞、彊而義者也。言古之人有能行此慎於任用之道者，惟有夏之君大禹當王室大强之時，而求賢以爲事天之實也。而夏之大臣蹈知誠信於九德之行，乃敢告教其君曰：「今臣等拜手稽首於我后矣。」而言曰：「能任爾任事之公卿，能任爾九州之牧伯，能任爾守法之有司，兹惟后矣。」言如此然後稱其爲君之實也。由是觀之，則人君之道在奉天以致治，致治之要在用人而已矣。帝舜所以無爲而治者，有人以任之爾。雖然，孔子告哀公曰：「人道敏政，故爲政在人。取人以身，脩身以道，脩道以仁。」夫君道在求仁而已矣。仁存則德立，德立則道行，道行則身脩，身脩則得人，得人則君臣上下交泰，而政治出矣。伏願聖明留心講求焉。

〇立政：亦越成湯陟，丕釐上帝之耿命。乃用三有宅，克即宅，曰三有俊，克即俊。嚴惟丕式，克用三宅三俊。其在商邑，用協于厥邑；其在四方，用丕式見德。

臣若水通曰：此亦周公與群臣告成王之言也。亦越者，繼前之辭也。陟，升也。丕，大也。釐，治也。耿，光也。三宅，即常伯、常任、準人之官也。三俊，謂有三宅之才者。湯自七十里升爲天子，大理上天之光命，敦典庸禮，命德討罪，皆天命昭著於天下。然丕釐耿命，在用人以共理。故湯所用三宅，實能就是位而不曠其職；所稱三俊，實能就是德而不浮其名也。蓋三宅、三俊，所以輔君之治，人君所以理天之事者也。知君之事即天之事，即知不容以不謹於擇人以圖治矣。此在人君所汲汲以求之者也。

○立政：亦越文王、武王，克知三有宅心，灼見三有俊心，以敬事上帝，立民長伯。

臣若水通曰：此亦周公述文武用人之家法，以告成王也。三宅、三俊，文武克知灼見，皆曰心者，真知其心術之善，不但取其才可辨事而已。知之既真，然後推心委任之。宅俊所司，莫非天職，故曰「以敬事上帝」。長伯，如王制所謂五國以爲屬，屬有長；二百一十國以爲州，州有伯。蓋當時宅俊有出而爲藩封者，故曰「立民長伯」。於此可見，古之用人必欲知其心。後世徒謀諸面，或信其言，無恠其官使非人，而治效之不臻也歟。

○立政：繼自今立政，其勿以憸人，其惟吉士，用勱相我國家。

臣若水通曰：此周公戒成王以任用賢才之道也。勱，勉也。上既言立政用憸人，不能訓德，罔顯在厥世矣。故此又言成王繼自今以往立政勿用憸利小人，其惟用有常吉士，使勉力以輔相我國家也。如何爲憸人？觀其人舉動輕浮、有沾沾便捷之狀者，即其人也。如何爲吉人？觀其人容止可觀、進退可度而厚重平易者，即其人也。一則罔顯在世，一則勸相國家，一舉措之間而興亡之兆已決矣，可不謹乎？謹之之道，在心誠求之爾。

○周官：立太師、太傅、太保，兹惟三公，論道經邦，燮理陰陽。官不必備，惟其人。少師、少傅、少保，曰三孤，貳公弘化，寅亮天地，弼予一人。

臣若水通曰：此成王訓迪百官，立公孤之職也。經者，經綸之也。燮理者，調和之也。孤，特也。陰陽以氣言，易曰「一陰一陽之謂道」。弘，大也。化，治化也。天地以形言。寅亮，敬明之也。太師、太傅、太保者，賈誼曰「保者保其身體，傅者傅之德義，師道之教訓」，此所謂三公是也。與天子坐而論道，道明則可以經綸邦國，使大經人倫各以品叙，人事脩則和氣致，故陰陽調和也。然此非經綸天下之大經、參天地之化育者，豈足以任此？故官不必備，惟得其人可也。又立少師、少傅、少保，所謂三孤者，其職在貳三公，贊成論道經邦之治化。凡人君治化之事，皆天地之事也。弘化者，所以敬明天地之事，而輔我一人，所謂裁成天地之道，輔相天地之宜是也。臣謂此自秦漢以來，所謂宰相、所謂中書省、所謂參知政事也。我國朝特立三太三少之職，所以遠追成周之制，至爲崇重。故公、孤得其人，則君德成、治化理、陰陽和、天地位、萬物育矣。至若或有不惟其人而徒備其官，是則君德、治化、陰陽、天地、萬物之否塞，亦必由之。仰惟皇上繼天立極，以圖化理，尤宜慎選此官，以答天地之付託，以慰天下民物之望，幸甚！

○周官：推賢讓能，庶官乃和，不和政厖。舉能其官，惟爾之能。稱匪其人，惟爾不任。

臣若水通曰：此成王戒卿士以人事君之道也。推，謂推之使在前也。讓，謂與之相讓也。賢，有德者也。能，有才者也。庶官，群臣也。厖，雜也。稱，亦舉也。大臣推賢讓能，推讓之心，乃公心也。以公感公，公同則和，此庶官所以乃和也。大臣妬賢疾能，妬疾之心，乃私心也。以私召私，私異則乖，此庶官所以不和也。庶官不和，乖戾之萌生於心、發於政、害於事，故政必雜亂而不純矣。然其公其私、其和其乖、其理其亂，皆大臣自己分内事也。故所舉之人，能脩其官，是亦爾公和氣之所致也，故曰「惟爾之能」。舉非其人，亦爾私心乖氣之所致也，故曰「惟爾不勝其任」。古者大臣與物同體，以人事君，其責如此。雖然，爲人君欲知大臣之賢否者，又當以此例觀之可也。

○秦誓：邦之杌隉，曰由一人。邦之榮懷，亦尚一人之慶。

臣若水通曰：此秦穆公悔用孟明而誓衆之言也。杌隉，不安也。懷，安也。言國之危殆不安，繫於所任一人之非；國之尊榮安富，繫於所任一人之是。夫所任之是非一人爾，似無足爲邦之安危也，殊不知一賢進則衆賢以類而進，一邪入則衆邪以類而入。泰之彖繫小往大來，則曰「天地交，而萬物通也」。否之彖繫大往小來，則曰「上下不交，而天下無邦也」。泰則至於萬物通，否則至於天下無邦焉。曾謂一人之是非有不足爲邦之安否者乎？爲人君者，所以貴於擇相也。

○詩小雅節南山：尹氏太師，維周之氐。秉國之均，四方是維。天子是毗，俾民不迷。不弔昊天，不宜空我師。

臣若水通曰：此周家父所作以刺王之詩也。太師，官名。氐，本也。均，平也。維，持也。毗，輔也。弔，愍也。空，窮也。師，衆也。言太師尹氏爲周家百官風化之本，而秉國之均平，即所謂統百官、均四海者，宜維持四方，使綱舉而目張，以上輔天子，上下交通，而民不至於迷可也。今乃不爲均平，不見愍於上天，而使我衆空乏，至於四海困窮矣。抑以下文觀之，所謂「弗躬弗親」，所謂「弗問弗仕」，所謂「式夷式已，無小人殆，瑣瑣姻婭，則無膴仕」，則見王委政於尹氏，尹氏委政於姻婭之小人，而以未嘗事、未嘗問者欺其君，四者皆失相體之大者也。而尹氏則兼之，顧乃位於太師，秉國均衡，則均不均、衡不衡，其不能維持四方、毗輔天子，喪亂國家必矣。雖然，致亂者固尹氏，而用尹氏者乃王心之蔽於小人而不明不斷爾。故任相者必明且斷，則奸邪不惑，相道得而萬國理矣。

○商頌長發：昔在中葉，有震且業。允也天子，降于卿士。實維阿衡，實左右商王。

臣若水通曰：此商人祫祭之詩，頌成湯功德之辭也。中葉，中世也。震，懼也。業，危也。允，信也。天子，指湯也。降，言天錫之也。卿士，伊尹也。阿衡，伊尹官號也。詩言昔在中世之時，國祚中衰，亦震懼而危業矣。以成湯之聖敬，故天降伊尹以爲之阿衡，於是伊尹相湯，而左右輔弼乎湯焉。夫謂阿衡、左右，不過輔弼以得其平，可謂盡相之道矣。其本在於有莘之野，樂堯舜之道之時，其體固已具矣。故能以天下爲己任，相湯伐夏，以王天下，皆自其本發之爾。故人主欲爲天下得相者，必有伊尹之志而後可。苟非能自立其大者，而付之鼎鼐，覆公之餗必矣。

○春秋定公十年：齊人來歸鄆、讙、龜陰田。

臣若水通曰：鄆、讙、龜陰，皆魯舊三邑，所謂汶陽之田是也。歸者，復其舊物也。不曰歸，而曰來歸者，齊人心服而歸之也。魯之田入於齊久矣，一旦曷爲而來歸焉？蓋定公得孔子爲之攝相也，故能深服齊人之心，化强暴而爲效順爾。定公會齊侯于夾谷，孔子攝相事，具左右司馬以從，斬侏儒，却萊夷之兵，罷享禮于野，凛乎邪正夷夏之防，此齊人所以心服而還所侵之疆，相之得人之效也。使當時不用孔子，吾見魯其岌岌矣乎！況能復數十年之侵疆邪？相之得人，其效有如此者。然而猶攝相之爾，使委心任之，舉國以聽，則魯之治豈不爲東周哉？

故國之有相，猶屋之有楹，所任重矣，可不慎歟！

○禮記緇衣：子曰：「大臣不親，百姓不寧，則忠敬不足，而富貴已過也。大臣不治，而邇臣比矣。故大臣不可不敬也，是民之表也。」

臣若水通曰：此言人君當親敬宰相也。大臣，即宰相也。富貴已過者，謂徒爵禄之也，言人君不能視之如手足腹心而親信之。大臣者，人君之股肱，君德賴之以輔佐，天下賴之以治安者也。苟信任之不專，則何以得行其道於天下哉？是故百姓之弗寧也。然所以致此，由君之敬臣者不足，臣之忠君者尚歉，而徒富貴之爾。是以大臣不親則不得治事，而近侍之臣得以潛窺上意以傾覆之矣。然臣觀三代而下，君之待臣有敬焉者，而臣不必其忠，宋神宗之於王安石是也。臣之事君有忠焉者，而君不必其敬，蕭望之之於漢元帝是也。夫君臣相遇之難也，故將大有爲之君，其任大臣也，必擇天下碩德王佐之才以居之，而信之必專，任之必篤，保之必固，不爲浮言所惑，不爲讒言所間，則可以坐收太平之效矣。

○孟子：故將大有爲之君，必有所不召之臣，欲有謀焉，則就之。其尊德樂道不如是，不足與有爲也。故湯之於伊尹，學焉而後臣之，故不勞而王；桓公之於管仲，學焉而後臣之，故不勞而霸。

臣若水通曰：大有爲非常之君，有志於盛德大業者。所不召之臣，謂其君不召之，所以尊禮之也。若有大疑以資其決擇，則顧其廬、造其室而請焉。蓋吾以其德可尊而尊之也，以其道可樂而樂之也。使其無尊德樂道之誠如此，則賢者必以德自尊，以道自樂，而不屑與之共治，則君之德何由而成，業何由而立哉？故伊尹，成湯之相也，成湯之於伊尹，必從之學而咸有一德，然後立之爲相。故伐夏救民而室家胥慶，以致徯后之歸矣。管仲，桓公之相也，桓公之於管仲，必從之學，一則曰仲父，二則曰仲父，然後以之爲相。故能九合諸侯，而成一匡天下之業矣。夫桓公之霸不足道也，猶能學焉而臣，況人君志於成湯之王道者，可無學焉而臣之相哉？

○左傳僖公二十三年：晋公子重耳之及于難也，遂奔狄，從者狐偃、趙衰、顛頡、魏武子、司空季子。過衛、及齊、及曹，曹共公聞其駢脇，欲觀其裸。浴，薄而觀之。僖負羈之妻曰：「吾觀晋公子之從者，皆足以相國。若以相，夫子必反其國。反其國，必得志於諸侯。」

臣若水通曰：曹僖負羈之妻，一女子爾，乃能識晋從者皆足以相，何其明於知人也！曰：不徒夫人言之也，楚子玉亦嘗有言：「晋公子文而有禮，其從者肅而寬，忠而能力。」夫寬肅、忠力，相之體也。矧其用人又頗得古人推賢遜能之意。當其艱關入國之初，得數子焉，亦足以霸矣。特所惜者，有介子推焉，蓋超于功名之表者，卒使隱而死綿上之田，徒以志過，亦何益於敬賢之道哉？

○國語晉語：叔向告單靖公之老曰：「居儉、動敬、德讓、事咨，而能辟怨，以爲卿佐，其有不興乎？」

臣若水通曰：叔向，晉卿。單靖公，王之卿士。老，靖公家臣之長也。叔向聘於周而歸，其老送之，故語其老，稱靖公之賢而卜周之再興如此。夫卿相，輔天子以燮理陰陽、寅亮天地者也。史佚曰：「動莫若敬，居莫若儉，德莫若讓，事莫若咨。」單子有之，相道得矣。如是而貳之以無私，重之以不殺，不亦能遠怨乎？羊舌肸以是稱之，可謂明於任相之術者矣。

○魯語：季文子相宣、成，無衣帛之妾，無食粟之馬。仲孫它諫曰：「子爲魯上卿，相二君矣。妾不衣帛，馬不食粟，人其以子爲愛，且不華國乎？」文子曰：「吾亦願之。然吾觀國人，其父兄之食麤而衣惡者猶多矣，吾是以不敢。人之父兄食麤而衣惡，而我美妾與馬，無乃非相人者乎？且吾聞以德榮爲國華，不聞以妾與馬。」

臣若水通曰：它，魯孟獻子之子子服它也。愛，吝也。夫爲相之道，爲上爲德，爲下爲民，所以佐承君德以下於民者也。季文子見國人之貧，不忍有衣帛之妾、食粟之馬，是足以爲國華矣。爲君者必求如是之人而相之可也。

校記：

〔一〕「惟」，原作「推」，據嘉靖本改。

聖學格物通卷之七十

任相中

○周赧王五十六年。初，魏安釐王聞子順賢，遣使者奉黄金束帛聘以爲相。子順曰：「若王能信用吾道，吾道固爲治世也。雖蔬食飲水，吾猶爲之。若徒欲制服吾身，委以重禄，吾猶一夫爾。魏王奚少於一夫？」使者固請，子順乃之魏。

臣若水通曰：孔子云：「所謂大臣者，以道事君，不可則止。」又云：「鄙夫可與事君也與哉？其未得之，患得之；既得之，患失之。」子順之言，宛然孔氏家法也。使魏能舉國以聽焉，則魏可以得志於天下矣。惜乎迎之致敬以有禮言，弗能行其言，此子順之所以終去魏也。子順去，而魏之國事可知也矣。

○漢王元年。陽武人陳平，家貧，好讀書。里中社，平爲宰，分肉食甚均。父老曰：「善，陳孺子之爲宰！」平曰：「嗟乎！使平得宰天下，亦如是肉矣。」

臣若水通曰：人君之宰天下，平而已矣。相臣相君以治天下，亦平而已矣。故周官冢宰之任，在統百官、均四海，其亦平之已乎。陳平宰肉均，而言宰天下亦當如此，此言雖小，可以喻大，其得爲相之體矣。雖然，必平其心，而後平乎物也。後之人君取相者，必求平心之人然後可。

○漢高帝十二年，呂后問曰：「陛下百歲後，蕭相國既死，誰令代之？」上曰：「曹參可。」問其次，曰：「王陵可。然少戇，陳平可以助之。陳平知有餘，然難獨任。周勃重厚少文，然安劉者必勃也，可令爲太尉。」呂后復問其次，上曰：「此後亦非乃所知也。」

臣若水通曰：宰相者，君之所擇，與公卿大夫議於公朝者也。后，理陰政於內，不宜問及此者也。呂后此問，所謂牝鷄之晨，非耶？高帝宜以是告之，以沮其臨朝之漸，而慮不出此，雖其所對如持權衡以上下人物，豈亦逆知其萌，而爲豶豕之牙之計耶？

○惠〔一〕帝二年七月癸巳，以曹參爲相國。參聞何薨，告舍人：「趣治行，吾將入相。」居無何，使者果召參。

臣若水通曰：古之用人者，人以是許之，彼以是自許焉，何也？是非之公也。高祖亦嘗與呂氏言之，參可繼何矣。及何死，而參亦自知其必入相，豈非公耶？夫以何畫一之法，其爲漢謀者至矣。繼之者使非曹參之清静，則民之初定者何自而安耶？此高祖所遺命以保于後王，而亦參之所自許者也。世之人君立相，皆得乎人心之公如此，則天下豈有不服哉？

○文〔二〕帝元年八月，陳平曰：「宰相者，上佐天子，理陰陽、順四時，下遂萬物之宜，外鎮撫四夷、諸侯，内親附百姓，使卿大夫各得任其職焉。」

臣若水通曰：陳平之言，可謂知相體矣。至於相道，則恐未之知也。孟軻氏曰：「惟大人爲能格君心之非」，此相道也。軻能言之，亦軻之所有也，斯其至矣。惜乎陳平不足以語此，安得大人者而與之論相哉。

○光〔三〕武建武七年夏五月，大司農江馮上言，宜令司隸校尉督察三公。司空掾陳元上疏曰：「臣聞師臣者帝，賓臣者霸。陛下宜脩文武之聖典，襲祖宗之遺德，屈節待賢誠，不宜使有司隸察公輔之名。」帝從之。

臣若水通曰：三公，相天子而論道經邦，所以師表百僚者也，選任不可不精爾。乃復以司隸校尉而督察之，則非尊師重傅之誠矣，是豈勸大臣之道哉？陳元一言，其畜君之過者至矣。惜乎事歸臺閣而置三公於散地，豈古人賓師之義也哉！

○安〔四〕帝永初元年秋九月庚午，太尉徐防以災異寇賊策免。辛未，司空尹勤以水雨漂流策免。仲長統昌言曰：「光武皇帝政不任下，雖置三公，事歸臺閣。自此以來，三公之職備員而已。今人主誠專委三公分任責成，而在位病民，舉用失賢，天地多變，人物多妖，然後可以分此罪矣。」

臣若水通曰：宰相職在燮理，人君必任之以實事，然後可以責其成功也。漢自光武以來，事歸臺閣，三公者徒擁虚器於百僚之上，所謂有其名而無其實者也。則夫陰陽失和，怪異數至，是可得而歸罪於相耶？若仲長統之言，可以爲待相之法矣。

○沖〔五〕帝永嘉元年，太后委政宰輔李固，所言太后多從之。宦官爲惡者，一皆斥遣，天下咸望治平。

臣若水通曰：郎顗薦李固曰：「固，王之佐臣。若任以時政，則可以垂景光、致休祥矣。」及永嘉初年，得太后之委遇，忠以進言，德以輔政，宦官之惡一切屏去，天下屬望焉。夫然後顗之薦爲不誣，而太后其亦可謂賢矣。惜乎梁冀竊權，竟爲所害，天之不祚漢也，固如是哉。

○靈〔六〕帝光和元年，詔問以災異及消復之術，議郎蔡邕對曰：「天於大漢，屢出妖變，以當譴責，欲令人君感悟，改危即安。夫宰相大臣，君之四體，委任責成，優劣已分，不宜聽納小吏雕琢大臣也。」

臣若水通曰：書云：「推賢讓能，庶官乃和，不和政厖。」夫庶官和則和氣至而災眚消，庶官不和則戾氣至而災眚作。靈帝不知相爲四體，反以台鼎之大臣遭小吏之雕琢，如自傷其四體，虧燮理之道，不和甚矣。如是而〔七〕欲妖眚之不生，何可得哉？吁！邕之斯言，豈非人君不知畏相者之鑑戒哉！

〇漢後主建興三年，吴主權以太常顧雍爲丞相。王常令中書郎詣雍有所咨訪，若合雍意，事可施行，即相與反復，究而論之。如不合意，雍即正色改容，默然不言。郎退告王，王曰：「顧公歡悦，是事合宜也；其不言者，即事未平也，孤當重思之。」

臣若水通曰：吴孫權之擅江表也，孰不以爲骨體非常、仁而多斷之功哉？殊不知委政宰輔，推誠相與，一可一否，視其欣戚以爲從違，已得人君用相之體矣，則其成鼎峙之業也，有由然〔八〕哉。夫權割據一方，不足道也，而猶有斯美，況天子爲萬國之主者，可以反不如權乎哉？

〇晋惠帝永熙元年，帝以楊駿爲太傅、大都督，假黄鉞，録朝政，百官總己以聽。傅咸謂駿曰：「聖上謙沖，委政於公，天下不以爲善，懼明公未易當也。竊謂山陵既畢，明公當審思進退之宜。」駿不平，欲出咸爲郡守。

臣若水通曰：夫相者，所以相人主也，必選名德之士。然亦未有獨任者，獨任則所相者於誰哉？晋惠庸愚，使賢者輔之猶懼不免，況如駿者乎？傅咸盡其忠益，而駿反見疾。晋氏之亂，蓋已兆於此矣。夫豈俟八王造禍而後見哉？易曰：「鼎折足，覆公餗，其刑渥，凶。」駿之謂也。臣故書之，以爲失於任相者之戒。

○唐太宗貞觀三年二月，上謂房玄齡、杜如晦曰：「公爲僕射，當廣求賢人，隨才授任，此宰相之職也。比聞聽受辭訟，日不暇給〔九〕，安能助朕求賢乎？」因敕尚書細務屬左右丞，惟大事應奏者乃關僕射。臺閣規模，皆二人所定。二人深相得，同心狥國，故唐世稱賢相推房、杜焉。

臣若水通曰：統百官、均四海、以人事君，此宰相之職也。聽受辭訟，一獄吏之事爾，豈爲相之道哉？唐太宗以是語房、杜，可謂知相體矣。夫宰相之職，非但用人也，論道燮理，固其職矣。今使出則受辭訟，以譏察爲心，入則與人主論道燮理焉，其精誠感格復幾何哉？惜乎房、杜稱賢相而不知也。

○貞觀三年四月，帝謂侍臣曰：「中書、門下，機要之司，詔敕有不便者，皆應論執。比來唯睹順從，不聞違異。若但行文書，則誰不可爲，何必擇才也。」房玄齡等皆頓首謝。

臣若水通曰：書云：「予違汝弼，汝無面從。」宰相掌經綸、代王言，以播諸天下，天下之治亂係焉，不可苟面從也。故天子曰可，宰相曰不可；天子曰然，宰相曰不然，而後詔令之施於天下者盡善，庶幾有益于生民，有裨于治道矣。苟君焉出令而相臣不敢矯其非，則是阿諛順從，遂非長惡，焉用彼相爲哉？此太宗所以拳拳爲房、杜戒也。夫房、杜，賢相也，而亦有此咎哉。

○貞觀十四年十二月，魏徵上疏，以爲：「在朝羣臣當樞機之寄者，任之雖重，信之未篤，是以人或自疑，心懷苟且。陛下寬於大事，急於小罪，臨時責怒，未免愛憎。夫委大臣以大體，責小臣以小事，爲治之道也。今委之以職，則重大臣而輕小臣。至於有事，則信小臣而疑大臣。信其所輕，疑其所重，將求致治，其可得乎？若任以大官，求其細過，刀筆之吏順旨成風，舞文弄法曲成其罪。自陳也，則以爲心不伏辜；不言也，則以爲所犯皆實。進退惟谷，莫能自明，則苟求免禍，矯僞成俗矣。」上納之。

臣若水通曰：任賢勿貳，唐虞所以敬信大臣以致治也。太宗於任之則大臣重於小臣，而信之則小臣過於大臣，可謂勿貳乎？此魏徵之言所以深著其弊也。

○貞觀十九年正月，太宗發京師，命房玄齡得以便宜從事，不復奏請。或詣留臺稱有密謀，玄齡問密謀所在，曰：「公則是也。」玄齡驛送行在。上問告者爲誰，曰：「房玄齡。」上曰：「果然。」叱令腰斬。璽書讓玄齡以不能自信，更有如是者，可專決之。

臣若水通曰：太宗專以生殺付玄齡，得無啓臣下作福作威之心，而權將下移乎？曰：此不可以爲常法也。方太宗自將輕身於萬里之外，使不專任玄齡留守京師，吾恐腹心空虛，而輦轂之下，變生不測矣。及其腰斬告密之人，則奸邪之萌絶，玄齡之心安，京師不復可慮矣。雖然，此特一時之權爾，然必得忠於奉國如玄齡者，然後可以當此任也。如晉惠之於楊駿，既施於平時，又付於匪人，則亦奚可哉！

○高〔一〇〕宗永徽元年六月，有洛陽人李弘泰誣告長孫無忌謀反，上命立斬之。無忌與褚遂良同心輔政，上亦尊禮二人，恭己以聽之。故永徽之政，百姓阜安，有貞觀之風。

○顯慶四年，許敬宗誣奏長孫無忌謀反。上以爲然，下詔削無忌太尉及封邑，於黔州安置。敬宗又奏無忌謀逆由褚遂良搆扇而成，於是詔追削遂良官爵。

臣若水通曰：記稱：「去讒、遠色、賤貨而貴德，所以勸賢也。」經曰「任賢勿貳」，貳者小人間之也。無忌、遂良悉心奉國，而高宗復賓禮之，不可不謂知其賢矣。既而自敬宗用而讒邪進，無忌、遂良乃以竄削，前日高宗賓禮之意安在哉？此詩人之惡讒所以必欲投彼有北也，人君任相，可不戒之哉！

○玄宗開元元年十月，姚崇爲相，嘗奏請序進郎吏，帝仰視殿室。崇再三言之，終不應。崇懼，趨出。高力士諫曰：「陛下新總萬機，宰相奏事，當面加可否，奈何一不省察？」帝曰：「朕任崇以庶政，大事當奏聞共議之。郎吏卑秩，乃一一以煩朕邪？」會力士宣事至省中，爲崇道帝語。崇乃喜，聞者皆服帝識人君之體。

臣若水通曰：書稱「任賢勿貳」，玄宗有焉。雖然，帝之所專任者，以得崇之公正君子也，是以致開元之治爾。使如裴延齡者，委任之如此，則其蠹國殃民，其可極邪？故人君之德，莫大於擇相，相擇則百僚群吏以正舉正，而天下治矣。故曰「勞於求賢，逸於任人」，必如是，然後爲無弊也。

○開元二年，姚崇、宋璟〔一一〕相繼爲相。二人志操不同，然協心輔佐，使賦役寬平，刑罰清省，百姓富庶。唐世賢相，前稱房、杜，後稱姚、宋，他人莫得比焉。二人每進見，上輒爲之起，去則臨軒送之。

臣若水通曰：玄宗身踐憂患，既即位，得姚、宋二人蚤夜孜孜，納君於道，開元之際幾致太平，何其盛也！自天寶已還，小人道長，林甫進而厲階作，謀之不臧，前功併棄。夫以一人之身，而治亂前後不同者，何也？相之賢否爾，可不懼哉！

○開元二十一年三月，韓休爲相，甚允時望。上曰：「蕭嵩奏事常順旨，既退，吾寢不安；韓休常力争，既退，吾寢乃安。吾用韓休，爲社稷爾，非爲身也。」

臣若水通曰：韓休爲相，力争不阿，帝亦知信用安社稷矣，而竟不如姚、宋之功，何哉？書曰：「允迪厥德，謨明弼諧。」蓋謨弼在相，而明諧之者，在君之迪德也。故君志滿則忽其所謀，意驕則拒其所弼，外雖許可而中未必然者。至於胡兒亂而身播遷，豈徒歸諸天哉？不用相之咎也。

○開元二十四年十一月，上欲以李林甫爲相，問於張九齡。對曰：「宰相繫國安危，陛下相林甫，臣恐異日爲社稷之憂。」上不從。時上漸肆奢欲，怠於政事，而九齡遇事無細大皆力争。林甫巧伺上意，日思所以中傷之。

臣若水通曰：此明皇治亂之機也。使九齡一日而不退，唐猶開元也；林甫一日而進，唐其天寶矣。然九齡之進退，係於林甫之用否也。夫明皇以一人之身，始以相之賢而致治，終以相之奸而致亂，任相之效昭然矣。君天下者，可不鑒哉，可不慎哉！

○天〔一二〕寶十六載，以楊國忠爲相國。忠爲人彊辯而輕躁，既爲相，公卿以下，頤指氣使，莫不震慴。臺省官有才行時名不爲己用者，皆出之。

臣若水通曰：林甫相，則養天下之亂矣；國忠相，則促天下之亂矣。書曰「邦之杌隉，曰由一人」，况二人邪？亂非二人能獨成也，由一人、二人，以至引其惡類，斯亂亡必矣。噫，以昏闇之君而委奸賊之相，雖無貴妃之妖淫、禄山之桀驁，其國亦不可保矣，况其朋類自有不期而至者矣乎！

○代〔一三〕宗大曆十二年，元載伏誅，楊綰爲相。綰性清簡儉素，制下之日，朝野相賀。郭子儀方宴客，聞之減坐中聲樂五分之四；京兆尹黎幹騶從甚盛，即日省之，止存十騎；中丞崔寬第舍宏侈，亟毁撤之。

○大曆十二年七月，上方倚楊綰，使釐革弊政。會綰有疾薨，上痛悼之甚，謂群臣曰：「天不欲致太平邪？何奪楊綰之速！」

臣若水通曰：楊綰之在官，惟以清儉稱爾。白麻一下，而子儀、黎幹、崔寬皆約其情以就繩墨。況名世之士，得君而居相位，既專且久，上下交泰，其風化所被豈小也哉？帝方倚以革弊，及死之日痛悼之，而咎天奪綰之速，不以死生易矣。宋儒范祖禹謂綰爲相而天下從之，況人君正己以先，海内其有不率者乎？是以先王必正其心、脩其身而天下自治。此又探本之論也。嗚呼！堯、舜、禹、湯之爲君，皋、夔、伊、周之爲臣，各克其艱，而黎民敏德，萬世所共仰者也，惟聖明圖之。

○德〔一四〕宗建中二年正月初，帝即位，崔祐甫爲相，務從寬大，故當時政聲藹然，以爲有貞觀之風。及〔一五〕盧杞爲相，知上性多忌，因以疑似離間群臣，始勸上以嚴刻御下，中外失望。

臣若水通曰：國之治亂，係於相之邪正焉爾。故祐甫相則引君當道而政聲藹然，盧杞相則勸君嚴刻而中外失望，此唐室所以由之不競矣。雖然，杞誤國之罪誠可誅，德宗誤國〔一六〕之罪尤可憾也。然則人君之於任相，而可不知所以擇乎？

○德宗貞元三年，李泌爲相。帝謂泌曰：「自今凡軍旅糧儲事，卿主之。吏、禮委延賞，刑法委渾。」泌曰：「不可。陛下不以臣不才，使待罪宰相。宰相之職，不可分也。非如給事則有吏過、兵過，舍人則有六押。至於宰相，天下之事咸共平章。若各有所主，是乃有司，非宰相也。」帝笑曰：「朕適失辭，卿言是也。」

臣若水通曰：德宗以六事屬三相，而不知宰相之職其致一而已矣。泌之對，得任相之體也。故范祖禹曰：「古者惟任一相，是以治出於一。後世多疑而職分，君以爲權在己，臣以爲政在君，治亂休戚，無所任責。」誠哉言也，然未盡人君擇相之道。古者伊、傅、周、召之爲相，其君擇之之精，所謂真知灼見其心者也。故其任之專以久，然後正大光明之業可與共成焉。我國家六卿分理，而內閣論思亦甚重矣。其擇之也，必如虞廷四岳之問乎？必如商周夢卜之求乎？其任之也，必有一德之合、交脩之託乎？如有之，帝王之治將復見矣，天下幸甚！

○貞元四年春二月，上從容與李泌論即位以來宰相，曰：「盧杞忠清彊介，人言杞姦邪，朕殊不覺其然。」泌曰：「人言杞姦邪而陛下獨不覺其姦邪，此乃杞之所以爲姦邪也。儻陛下覺之，豈有建中之亂乎？杞以私隙殺楊炎，擠〔一七〕顏真卿於死地，激李懷光使叛。賴陛下聖明竄逐之，人心頓喜，天亦悔禍。不然，亂何由弭！」

臣若水通曰：知人之難，自古爲然。幽求諸夢卜，明求諸人情，則亦何難之有？説者云：

人情賢於夢卜。盧杞之姦，誰不知之？是非之在人心也。德宗則以爲不覺其姦，爲是其智之不若常人哉？以其心有蠱惑，失其是非之本心爾。彼姦人之肆欺千態萬狀，有不可得而測者，故曰「大姦似忠，大詐似信」。使非察見夫天理，使吾心之本體不蔽於物欲之私，幾何而不被其欺乎！

○憲〔一八〕宗元和三年九月丙申，以户部侍郎裴垍爲中書侍郎、同平章事。上雖以李吉甫故罷垍學士，然寵信彌厚，故未幾復擢爲相。初，德宗不任宰相，天下細務皆自決之，由是裴延齡輩得用事。上在藩邸，心固非之。及即位，選擢宰相，推心委之，嘗謂垍等曰：「以太宗、玄宗之明，猶藉輔佐以成其理，況如朕不及先帝萬倍者乎！」垍亦竭誠輔佐。

臣若水通曰：憲宗雖嘗罷垍相，然寵信彌厚，故復相之。垍亦竭誠輔佐。觀其對爲理之要，而曰先正其心，亦庶幾乎知宰相之體矣。然徒知正心，而不知所以正心之學，使憲宗止於憲宗，爲可惜爾。嗚呼，此宰相所以貴於知學歟！

○元和十年六月，裴度同平章事。初，德宗多猜忌，朝士有相過者，金吾皆伺察以聞，宰相不敢私第見客。及度爲相，奏言：「今寇盜未平，宰相宜招延四方賢才與參謀議。」始請於私第見客，許之。

臣若水通曰：帝舜詢于四岳，闢四門，明四目，達四聰，蓋欲開天下之門，以廣天下之聰明也。德宗伺察宰相，使不得私接賓客，是欲自塗其耳目而廢其聰明也。使時有周公，且一沐三握其髮，一食三吐其哺，以延天下之士，惟恐其聰明之不廣矣。德宗乃又反之，此其所以致敗也。故裴度當大任，而首以爲言，即有周公吐哺握髮之風矣。憲宗從之，未幾四表降心，群雄歸命，度之言，誠可以自效焉。任相之驗，豈可誣哉！

○元和十三年八月，帝問宰相："玄宗之政先理而後亂，何也？"崔群對曰："玄宗用姚崇、宋璟、盧懷慎、蘇頲、韓休、張九齡則理，用宇文融、李林甫、楊國忠則亂。故用人得失，所係非輕。人皆以天寶十四年安禄山反爲亂之始，臣獨以爲開元二十四年罷張九齡相，專任李林甫，此理亂之所分也。願陛下以開元初爲法，以天寶末爲戒，乃社稷無疆之福。"皇甫鏄深恨之。

臣若水通曰：崔群以相之賢否爲玄宗治亂之判，是矣。臣又以人主一心之邪正爲相之賢否、世之治亂所由判也。蓋心得其正，則正人道合而相得其人，此世之所以治〔一九〕也。心陷於邪，則邪人同惡而不得其人，此世之所以亂也。故玄宗方用姚、宋六公之時，心未失其正爾。其用宇文、林甫、國忠之時，心先蠹矣。周敦頤曰"心純則賢才輔"，非此之謂乎？故人君欲任相以圖天下之治者，必自純心始焉，惟聖明留念。

事。○文〔二〇〕宗開成五年正月，武〔二一〕宗即位。九月，以李德裕爲門下侍郎、同平章爲欺罔。德裕言於帝曰：「致理之要，在於辨群臣之邪正。夫宰相不能人人忠良，或主心始疑，於是旁詢小臣，以察執政。如德宗末年，所聽任者，唯裴延齡輩，宰相署敕而已，此政事所以日亂也。陛下誠能慎擇賢才以爲宰相，有姦罔者立黜去之，常令政事皆出中書，推心委托，堅定不移，則天下何憂不理哉。」

臣若水通曰：人主無職，擇相其職；宰相無職，用賢其職。是故相得其賢者，其用人賢，是其君之賢也；相不得其賢者，其用人不賢，是其君之不賢也。故書曰「任賢勿貳，去邪勿疑」，此人君之職。故人君擇一相，相擇百官，而庶政理，則天下治矣。德裕之言，可謂識宰相之體，而引其君以當道者矣。不然，則貳心生於疑，疑心生於惑，小人進、君子退，則天下不亂者未之有也。此古今人主之龜鑑也，伏惟聖明留意焉。

校記：

〔一〕「惠」前，嘉靖本有「漢」字。

〔二〕「文」前，嘉靖本有「漢」字。
〔三〕「光」前，嘉靖本有「漢」字。
〔四〕「安」前，嘉靖本有「漢」字。
〔五〕「沖」前，嘉靖本有「漢」字。
〔六〕「靈」前，嘉靖本有「漢」字。
〔七〕「而」，原作「則」，據嘉靖本改。
〔八〕「然」，原作「焉」，據嘉靖本改。
〔九〕「暇給」，原作「給暇」，據嘉靖本乙。
〔一〇〕「高」前，嘉靖本有「唐」字。
〔一一〕「璟」，原作「景」，據舊唐書本傳改。
〔一二〕「天」前，嘉靖本有「玄宗」二字。
〔一三〕「代」前，嘉靖本有「唐」字。
〔一四〕「德」前，嘉靖本有「唐」字。
〔一五〕「及」，原作「又」，據嘉靖本改。
〔一六〕「國」，嘉靖本作「相」。
〔一七〕「擠」，原作「擁」，據嘉靖本改。

〔一八〕「憲」前，嘉靖本有「唐」字。
〔一九〕「治」，原作「正」，據嘉靖本改。
〔二〇〕「文」前，嘉靖本有「唐」字。
〔二一〕「武」前，嘉靖本有「帝崩」二字。

聖學格物通卷之七十一

任相下

○周世宗顯德元年夏四月庚申，太師、中書令、瀛文懿王馮道卒。道少以孝謹知名，唐莊宗世始貴顯。自是累朝不離將相、三公、三師之位。爲人清儉寬弘，人莫測其喜愠。滑稽多智，浮沈取容。嘗著長樂老叙，自述累朝榮遇之狀。時人往往以德量推之。

臣若水通曰：馮道之失節，先儒固已交譏之矣。然道之所以處之而不愧，人君之所以用之而不疑者，蓋由世教衰而學不明，是以良心斵喪，天理絶滅，禮義廉恥不存，上下莫知其非爾。然則爲人君者，見如是之人，宜誅之擯之，以爲相臣不忠所事之戒，幸勿以爲厚德雅量而相之哉。

○顯德四年秋九月，中書舍人竇儼上疏，以爲：「爲政之本莫大於擇人，擇人之重莫先於宰相。自有唐之末輕用名器，始爲輔弼，即兼三公、僕射之官。故其未得之也，則以趨競爲心；既得之也，則以容默爲事。但思解密勿之務，守崇重之官，逍遥林亭，保安宗族。乞令即日宰相於南宫三品，兩省給、舍以上，各舉所知。若陛下素知其賢，自可登庸。若其未也，且令以本官權知政事。期歲之間，察其職業。若果能堪稱，其官已高，則除平章事；未高則稍更遷官，權知如故。若有不稱，則罷其政事，責其舉者。」

臣若水通曰：宰相係天下之重，非得人之難，而知人之爲難也。使其知之真，則如湯之於伊尹，高宗之於傅説，文王之於太公，一旦用之於畎畝板築漁釣之間，何有不可？若非知之之明，則從竇儼之説，先以本官權知政事，期歲察其職業之稱，乃遷其官，否則罷之，庶幾爲不失人也。然此亦我祖宗之所已行者，惟聖明圖之。

○顯德六年，帝嘗問大臣可爲相者於兵部尚書張昭。昭薦李濤，上愕然曰：「濤輕薄，無大臣體。朕問相而卿首薦之，何也？」對曰：「陛下所責者，細行也。臣所舉者，大節也。昔晋高祖之世，張彦澤虐殺不辜，濤累疏請誅之，以爲不殺必爲國患。漢隱帝之世，濤亦上疏，請解先帝兵權。夫國家安危未形而能見之，此真宰相器也，臣是以薦之。」上曰：「卿言甚善，且至公。然如濤者，終不可置之中書。」濤喜詼諧，不修邊幅，與弟澣俱以文學著名，雖甚友愛，而多謔浪，無長幼體，上以是薄之。

臣若水通曰：張昭之薦李濤曰：「臣所薦者，大節也。漢隱帝之世，濤上疏請解先帝兵權，此真宰相器也。」夫既請解先帝兵權，可謂忠於漢矣，而復事周，其大節與忠安在也？其無忠節於漢，安有忠節於周耶？大抵五代之臣，多忘君事讎以爲常。宜其兄弟謔浪，習以成風，因恬而不知天理滅矣。張昭、李濤，其事相類，宜其以此而薦彼也。世宗雖善其言而終不取其人，意者其在此乎！

○賈誼新書〔二〕曰：大相上承大義，而啓治道。總百官之要，調天地之宜。正身行，廣教化，修禮樂，以美風俗。兼領而和一之，以合治安。故天下失宜，國家不治，則大相之任也。

臣若水通曰：天下一人而已，天子是也。天子下一人而已，大相是也。大相得其人，則天地宜，國家治。大相不得其人，則天地失宜，國家喪亂。是故大相不可以不擇也。爲人君者，其鑑於此哉。

○韓愈〔二〕曰：愈聞周公之爲輔相，其急於見賢也，方一食三吐其哺，方一沐三捉其髮。當是時，天下之賢才皆已舉用，奸邪讒佞欺負之徒皆已除去，四海皆已無虞，九夷八蠻之在荒服之外者皆已賓貢，天災時變、昆蟲草木之妖皆已銷息，天下之所謂禮樂刑政教化之具皆已修理，風俗皆已敦厚，動植之物、風雨霜露之所霑被者皆已得宜，休徵嘉瑞、麟鳳龜龍之屬皆已備至。而周公以聖人之才，憑叔父之親，其所輔理承化之功，又盡章章如是。其所求進見之士，豈復有賢於周公者哉？不惟不賢於周公而已，豈復有賢於時百執事者哉？豈復有所計議能補於周公之化者哉？然而周公求之如此其急，惟恐耳目有所不聞見，思慮有所未及，以負成王托周公之意，不得於天下之心。如周公之心，設使其時輔理承化之功未盡章章如是，而非聖人之才，而無叔父之親，則將不暇食與沐矣，豈特吐哺捉髮之勤而止哉？維其如是，故于今頌成王之德而稱周公之功不衰。

臣若水通曰：爲相以用人爲務，用人以好賢爲急。何者？其心好之，則不得不急見而用之矣。故韓愈稱周公見賢則一飯三吐其哺，一沐三握其髮，其急於求賢如此。此周公之所以聖，而賢才之所以盛，治之所以成也歟！後之爲君者，當求如是好賢之相爲相，則天下治矣。

○柳文〔三〕梓人傳曰：裴封叔之第，在光德里。有梓人款其門，願傭隙宇而處焉。所職尋引、規矩、繩墨，家不居礱斲之器。問其能，曰：「吾善度材，視棟宇之制，高深、圓方、短長之宜，吾指使而群工役焉。捨我，衆莫能就一宇。故食於官府，吾受禄三倍；作於私家，吾收其直太半焉。」他日，入其室，其牀闕足而不能理，曰：「將求他工。」余甚笑之，謂其無能而貪禄嗜貨者。其後京尹將飾官署，余往過焉。委群材，會衆工，或執斧斤，或執刀鋸，皆環立嚮之。梓人左持引，右執杖，而中處焉。量棟宇之任，視木之能，舉揮其杖曰：「斧彼。」執斧者奔而右。顧而指曰：「鋸彼。」執鋸者趨而左。俄而斤者斲，刀者削，皆視其色，俟其言，莫敢自斷者。其不勝任者，怒而退之，亦莫敢愠焉。畫宫於堵，盈尺而曲盡其制，計其毫釐而構大厦，無進退焉。既成，書於上棟曰「某年某月某日某建」，則其姓字也，凡執用之工不在列。余圜視大駭，然後知其術之工大矣。繼而嘆曰：彼將捨其手藝，專其心智，而能知體要者歟！吾聞勞心者役人，勞力者役於人，彼其勞心者歟！能者用而智者謀，彼其智者歟！是足爲佐天子、相天下法矣。物莫近乎此也。彼爲天下者本於人。其執役者，爲徒隸，爲鄉師、里胥。其上爲下士，又其上爲中士、爲上士，又其上爲大夫、爲卿、爲公。離而爲六職，判而爲百役。外薄四海，有方伯連率。郡有守，邑有宰，皆有佐政。其下有胥吏，又其下皆有嗇夫、版尹，以就役焉，猶衆工之各有執伎以食力也。彼佐天子、相天下者，舉而加焉，指而使焉，條其綱紀而盈縮焉，齊其法制而整頓焉，猶梓人之有規矩繩墨以定制也。擇天下之士，使稱其職；居天下之人，使安其業。視都知野，視野知國，視國知天下，其遠邇細大可手據其圖而究焉，猶梓人畫宫於堵而績于成也。能者進而用之，使無所德。不能者退而休之，亦莫敢慍。不衒能，不矜名，不親小勞，不侵衆官，日與天下之英才討論其大經，猶梓人之善運衆工而不伐藝也。夫然後相道得而萬國理矣。相道既得，萬國既理，天下舉首而望曰：「吾相之功也。」後之人循跡而慕曰：「彼相之才也。」士或談殷、周之理者，曰伊、傅、周、召，其百執事之勤勞而不得紀焉，猶梓人自名其功而執用者不列也。

臣若水通曰：柳宗元梓人之喻，可謂得爲相之體矣。書曰：「昧昧我思之，若有一个臣，斷斷猗無他技。」又曰：「人之有技，若己有之。人之彥聖，其心好之，不啻若自其口出，寔能容之。」其得爲相之道乎！故爲宫室者，規矩繩墨司其用，其環立奔左右者司其能，其怒而退者司其勸懲，其畫宫于堵者司其規模，而梓人獨若無所技能焉。然其成也，獨書其姓字者何哉？大匠不自用其技能，而衆工之技能皆其技能也。故爲相者不自任其聰明，而天下之聰明皆其聰明也。雖然，爲相之體，宗元能言之，而爲相之道，則宗元未必知也。惟知聖學者知之，宗元非其人矣，然亦不以人廢言可也。

○宋太宗端拱元年，以趙普爲太保兼侍中，呂蒙正同平章事。帝欲相呂蒙正，以其新進，藉趙普舊德爲之表率。會普以籍田入朝，帝遂留爲太保兼侍中。蒙正質厚寬簡，有重望，以正道自持。遇事敢言，每論時政，有未允者，必固稱其不可。帝嘉其無隱，故與普俱命。普開國元老，蒙正以後進，歷官一紀，進同相位，普雅重之。

臣若水通曰：周官：「三公，官不必備，惟其人。」苟得其人，耆舊可也，新進亦可也。苟不得其人，不必備亦可也。惟其賢而已矣，庸知新進與耆舊之人也哉？故趙普、蒙正之並用，亦惟其德爾。蒙正有天下重望，豈必待普以爲之重哉？史蓋誤之矣。

○宋神宗元豐八年，哲宗即位。司馬光自洛入臨。夏五月，詔求直言。光居洛十五年，天下以爲真宰相，田夫野老皆號爲司馬相公，婦人女子亦知其爲君實也。神宗崩，光欲入臨，避嫌不敢。時程顥在洛，勸光行，乃從之。衛士見光，皆以手加額曰：「此司馬相公也。」所至民遮道聚觀，馬至不得行，曰：「公無歸洛，留相天子，活百姓。」光懼，亟還。

臣若水通曰：孟子云：「仁者宜在高位。不仁而在高位，是播其惡於衆也。」朝廷建相，所以仁天下也。苟加之於所非望之人，則是亦不仁天下也。必求合天下之望者，而後從而與之。則與之者非吾與之也，天下共與之也。非以天下之位與人也，是以仁人與天下也。光自居洛時，天下以爲真宰相者十五年于兹矣。雖田夫野老、婦人女子亦知賢之，願以爲相，信可謂孚天下心而爲天下望矣。及爲門下侍郎，四海拭目以觀新政，自是言路一開，新法漸革，正人見用，生民復蘇，天下之望竟不孤也。嗚呼，人君爲天下求賢相而必得如光者用之，庶乎爲天下得人矣。爲天下得人者，斯可謂之仁矣。

○宋理宗端平三年六月，葛洪免。召崔與之參知政事，不至。與之上疏曰：「天生人才，自足以供一代之用，惟辨其君子小人而已。忠實而有才者上也，才不高而忠實存者次也，用人之道無逾于此。」帝嘉納之。

臣若水通曰：聖君賢相之治天下，無他道，在得人而已矣。夫治非自治，治之者人也。亂非自亂，亂之者人也。故孔子曰：「爲政在人，取人以身。」此崔與之所以於理宗之召雖不至而必進君子小人之辨也。若與之辨忠實而有才與才不高而忠實爲二等，然未有忠實而不才者也。易曰「貞固足以幹事」，大學言「無他技而有容」，漢之周勃重厚少文，皆足以當大任者矣。與之知理宗不足以有爲，至帝親七札而不起，真可謂所不召之臣與。

○宋儒程頤應詔上英宗皇帝書曰：夫以海宇之廣，億兆之衆，一人不可以獨治，必賴輔弼之賢，然後能成天下之務。夫圖任之道，以慎擇爲本。擇之慎，故知之明。知之明，故信之篤。信之篤，故任之專。任之專，故禮之厚而責之重。擇之慎，則必得其賢。知之明，則仰成而不疑。信之篤，則人致其誠。任之專，則得盡其才。禮之厚，則體貌尊而其勢重。責之重，則自任切而功有成。是故推誠任之，待以師傅之禮，坐而論道，責之以天下治、陰陽和。故當之者自知禮尊而任專，責深而勢重，則挺然以天下爲己任，故能稱其職也。

臣若水通曰：程頤言人君之於相，知明、信篤、任專、禮厚而責之重，皆本於慎擇，真知言乎！蓋慎擇而知信之，則其禮厚責重，自有不能已者矣。大臣任天下之重，其能辭乎？故成湯三聘伊尹，聿求元聖，此伊尹所以任天下之重也乎。

○象山〔四〕陸九淵曰：燕昭王之於樂毅，漢高帝之於蕭何，蜀先主之於孔明，苻秦之於王猛，相知之深，相信之篤，這般處所不可不理會。讀其書，不知其人，可乎？

臣若水通曰：九淵之言，引而不發。臣以爲上下之道感應而已矣，感應之道不可强也。其心一也，其理一也，夫然後能感應。易曰：「同聲相應，同氣相求。水就濕，火就燥。雲從龍，風從虎。聖人作而萬物覩。」故四君之於四臣，蓋相得於感應，感應蓋本於一心一理同聲氣者也。易曰：「上下交而其志同也。」其可以聲音笑貌爲之哉？君相之道其深矣，可不念乎！

○西山〔五〕真德秀曰：欲諫其君者，必先能受人之諫。儻在己則知盡言以諫君，而於人則不欲盡言以諫我，是以善責君，而未嘗以善責己也，其可乎哉？故爲大臣，必以群下有言爲救己之過而不以爲形己之短，以爲愛己而不以爲輕己，以爲助己而不以爲異己，然後可稱宰相之度矣。

臣若水通曰：大學云：「所藏乎身不恕而能喻諸人者，未之有也。」故宰相能正己，然後能正君。能取正直之言以善乎己，然後能進正直之言以善其君。真德秀之言切當矣，爲人君者，安得如是之人以爲相哉？惟聖明其留意焉，幸甚。

○國朝洪武十三年十月，敕四輔官王本等曰：「自胡惟庸不法之後，特召天下賢才，而有司又多泛舉。尚書范敏獨能薦卿等以輔朕，朕視卿等皆高年篤厚，故九月告于太廟，議立四輔，以王本、杜祐、龔斅爲春官，杜斅、趙民望、吴源爲夏官，惟秋冬官闕，以本等攝之。是年自春徂秋，災異疊見。維秋之暮，天氣尚暄。當諭本等沐浴致齋，精勤國務，以均四時。本等奉命盡誠，逮立冬，朔風釀寒，以成冬令。嗚呼，天其兆吉人乎！感應之機，如響斯答。古三公四輔，論道經邦，理陰陽，順四時。其或有乖戾，則曰公輔失職。蓋人事有不齊，則天應之有如此者。卿等尚當竭忠誠以勵厥職，庶幾感格天心。苟在己之誠一有不至，則不足以動人，況於動天乎？可不慎歟！」

臣若水通曰：天道不言，以四時之氣而成歲功。人君無爲，以三公四輔而成治化。夫君相法天以爲治，感應之機捷於影響，誠不可誣也。我皇祖擇名賢以充四輔之官，其敕諭拳拳，責以竭誠勵職，以格天圖治，得先王命相之道矣。夫人心與天心一也，輔相之職在論道經邦，燮理陰陽，以順四時，所謂心學也。夫道者，中而已矣。中者，天理之本體也。惟中則和，輔相能立中和，則心誠矣。由是啓乃心，以沃君心。君臣一心，則天地位，萬物育，陰陽有不理，四時有不順者乎？故相臣之學在於正心，輔君之道在於格心，伏惟聖明留神焉。

○洪武二十八年六月己丑，上御奉天門，敕諭文武群臣曰：「自古三公論道，六卿分職。自秦始置丞相，不旋踵而亡。漢、唐、宋因之，雖有賢相，然其間所用者多有小人，專權亂政。我朝罷丞相，設五府、六部、都察院、通政司、大理寺等衙門，分理天下庶務，彼此頡頏，不敢相壓。事皆朝廷總之，所以穩當。以後嗣君並不許立丞相，臣下敢有奏請設立者，文武群臣即時劾奏，處以重刑。」

臣若水通曰：天道之所以成歲功者，四時五行宣其氣也。聖人之所以寧萬邦者，三公六卿張其教也。職官之設，莫善於周，未有如秦、漢以來所謂丞相者。君不明以獨任，相不賢以擅權，治亂不常，無足怪者。我皇祖法天爲治，高見遠慮，超出百王之上。乃痛革丞相而設六部，任六卿，佐一人而理天下之務。立五府，禦四夷，以統天下之兵。又設都察院，以察六卿之政也。設通政司，以通六卿之政也。設大理寺，以評六卿之斷也。又設六科、十三道，以糾劾六卿之賢否得失也。古之冢宰，今之吏部尚書其職也。古之司徒，今之户部尚書其職也，然而周則掌教化，今則專理財賦，此其損益也。古之宗伯，今之禮部尚書其職也。古之司馬，今之兵部尚書其職也。周以之統六師，平邦國，今則掌兵權而兼之五府，則聽調而不得專焉。此其犬牙相制，其意深矣。古之司寇，今之刑部尚書其職也。今則又有都察院、大理寺兼審允之焉。古之司空，今之工部尚書其職也。周之所掌者，居四民、時地利，今專理營造工作之務焉。分部分職，各率其屬。如網之有綱，如絲之有紀。上下相統，内外交應，彼此頡頏，不敢相壓。脈絡相通，體統不紊。庶幾分理於下，大權悉歸於上，深得周官六典之意而尤密焉。是以百六十年來，朝廷無紛更之弊，臣宰無專擅之禍，上安其政、下保其位如一日，是皆聖祖貽謀之遠也。聖子神孫，體皇祖之心，求得其人而已矣。

○永樂二十二年九月，仁廟賜少傅兼吏部尚書蹇義、少保兼華蓋殿大學士楊士奇、太子少傅兼謹身殿大學士楊榮、太子少保兼武英殿大學士金幼孜銀圖書各一，其文曰「繩愆糾謬」。仍諭之曰：「卿等皆國家舊臣，祇事先帝二十餘年，又事朕於春宮，練達老成。今朕嗣位之初，軍國之務重，須卿等協心贊輔。凡政事有闕失，或群臣言之而朕未允，或卿等之言朕有不從，悉用此印密疏以聞，其毋憚於再三言之。君臣之間盡誠相與，庶幾朝無闕政，民不失所，而朕與卿等皆不負祖宗付托之重。」義等頓首受命。

臣若水通曰：相者所以佐君以道治天下者也。得其人而任之專則治，不得其人與任之不專則亂。治亂之所由分，可不慎乎！惟我仁宗有見於此，故賜相臣以「繩愆糾謬」圖書，托之重而信之深，無以加矣。故得以展其忠誠而天下可理也。其致雍熙之治而爲萬世法者，不有本於斯哉？伏惟皇上法而行之，幸甚。

○永樂二十二年十一月，仁宗御西角門，閱廷臣誥詞，顧謂大學士楊榮等曰：「卿三人暨蹇、夏二尚書，皆先帝親任舊臣，朕方倚卿等自輔。凡朕所行，卿等共知其有未善，皆當盡言。朕觀前代人主，一履尊位，輒惡聞直言。雖素所親信，亦皆畏威順旨，諛説取容。或有忠良時進一言，一有不納則退而杜口，以圖自全，致令人主因循肆志，卒至覆敗。今朕與卿等當以此爲戒，君臣一體，始終協心，庶幾可以共圖永久。」因取五人者誥詞，親御宸翰，增二語云：「勿謂崇高而難入，勿以有所從違而或怠。」曰：「此朕實心，卿等勉之。」榮對曰：「皇上聖德之至，臣等其敢不勉。」

臣若水通曰：上下交而其志同，志同則政出於一而天下治。否則不以君日亢而臣日諂而生其亂哉？仰觀仁祖委任先朝舊臣，親御宸翰，君臣之間矢心相與，湯之於伊尹，成王之於周公，何以異哉？不勞而成光前之治，宜矣。聖子神孫，其尚取法於斯乎！

○英宗皇帝天資英武，益明習政務，天下奏牘一親覽，或有毫末差失，便能察見。凡有發下裁斷，李賢等一出至公。上知其無私，委任益隆。凡事不肯輕易即出，必召問可否。或遣中官來問，務得其當然後行。是以政事無大差失，法度振舉，人心警懼，平昔放縱者莫不收斂。中官惟一二耆舊特加重焉，其餘雖寵眷至厚，一旦有失，即置于法，畧不假借。

臣若水通曰：孔子論爲政曰：「敬大臣則不眩。」書曰：「其侍御僕從，罔匪正人，以旦夕承弼厥辟。」夫臣有内外，性無内外，其善心一而已矣，在人主慎擇之也。英宗皇帝外知李賢之公而委任之，内擇耆舊之宦而加重之，誠得古人敬大臣、正侍從之道矣。蓋大臣者有經綸之道，有忠貞之節，有休戚之義。其力足以任重，其色足以消邪，其德足以變化，譬之太陽行空而群陰盡伏也。若夫中官之耆舊老成者，其血氣定，其閱歷多，其持守正，其勳名尊。使新進近昵之人皆敬而效之，以歸於正，以旦夕與人主燕處，匡其不及，繩愆糾謬，格其非心，尤爲親切，如丹所近者之必赤也，墨所近者之必黑也。然而皆本於輔相之賢矣，仰惟聖明留意焉。

校記：

〔一〕以下三條，嘉靖本置於「宋理宗端平三年六月」條下。

〔二〕「韓」下原衍「二「文」字，據嘉靖本删。

〔三〕「文」，嘉靖本作「宗元」。

〔四〕「象山」，嘉靖本無。

〔五〕「西山」，嘉靖本無。

聖學格物通卷之七十二

任將上

○易師：貞，丈人吉，无咎。

臣若水通曰：此師卦彖辭，言人君用師之道。六五以柔居上，爲人君任將。九二以陽剛居下得中，爲將兵之主，故曰貞，曰丈人。其餘諸爻皆陰柔，爲師之象。師者，兵衆也。貞者，師出以正也。丈人者，老成之人也。吉者，師出必勝，無敵於天下也。言得此九二剛中之將，則其德老成，而行師必得其正，乃得吉而无咎也。夫師之興實非得已，不貞則爲忿、爲貪、爲驕，非王者之師矣。戡亂禦暴，師之貞者，苟非其人而帥之，鮮不敗也。得如丈人之德之才，授以閫外之寄，無憂矣。何也？師貞足以服衆，將賢足以制敵。有不戰，戰必勝矣，吉又何咎焉？

○師：九二，在師中吉，无咎。王三錫命。象曰：在師中吉，承天寵也。王三錫命，懷萬邦也。

臣若水通曰：此爻有貞正丈人之德而爲君所委任者也。九二以一陽爲衆陰所歸，剛而居下卦之中，而六五正應以專任之，故有師中錫命之象。在師中吉者，言在軍旅之中則可，蓋古閫外專制之義也。王三錫命者，言爲君寵任之專也。夫爲將之道，德不備則不勝其任，任不專則不盡其才，皆致敗之機也。九二具有中之德而上應於五，其德備矣，其任專矣，克敵而得吉，非倖也。五者寵任之心，正欲其靖難撫萬邦而懷之也，九二可謂得其心而無負矣。爲人君任將者，可不求中貞之丈人而專任之哉？

○師：六五，田有禽，利執言，无咎。長子帥師，弟子輿尸，〔貞〕凶〔一〕。象曰：長子帥師，以中行也。弟子輿尸，使不當也。

臣若水通曰：六五以陰柔居君位而得中，師出以正而任丈人者也。田有禽者，田中有禽隼，猶國有門庭之寇也。利者，宜也。執言者，奉辭也，言蠻夷猾夏，寇賊姦宄，如田有此禽，則宜奉辭以征討之。此師出有名，非輕動以毒人者，何咎之有？長子，謂九二陽剛在中，爲師之主者也。弟子，三、四也。輿尸者，師徒撓敗，輿尸而歸也。夫兵凶器，戰危事，聲罪致討，不得已而用之。帥之以長子，善將將也。若使弟子，則必致敗而輿尸以歸，雖行師以正，亦凶矣。象又釋彖之義，言長子之帥師者，蓋長子以剛居柔，得其中行，不剛不柔，才德之全也。若任之弟子而輿尸者，蓋以弟子陰柔不中之人，使之爲將，非所宜也，故其敗必矣。夫師旅勝敗吉凶而國之存亡係焉，其要在於任將之得人與否爾，爲人君者可不慎擇而專任之邪？

○豫：利建侯行師。

臣若水通曰：此卦言豫之道，建侯行師，和悅之大者也。豫，和樂也，以順動而致也。逆理則拂人心而不和矣。建侯行師，必得人心之和可也。故豫以建侯，藩屏王室，惟賢惟能，天下樂而從之矣。豫以行師，除殘去暴，救民水火之中，天下悦而從之矣，非順動不可也。蓋順動則利天下而天下和矣，豈有不得天下之和而可以建侯行師邪？豈有不順動而可以得天下之和邪？故人君之擇將，必以順動爲本。

○既濟：九三，高宗伐鬼方，三年克之，小人勿用。

臣若水通曰：此爻因九三當既濟而用剛，故發此義以示人也。夫人君之德，剛主威而柔主愛。興師以征不服，剛德之著也。志於靖難而安民，則亦未嘗不愛矣，故曰仁義之師也。高宗之於鬼方是也。鬼方醜虜，爲商之患久矣。征之至於三年之久而後克之，功之難成如此，故兵非聖人之得已也。使復以小人用之，則除暴未能，先已爲暴也，人君其可不慎於將邪！

○詩小雅出車：王命南仲，往城于方。出車彭彭，旂旐央央。天子命我，城彼朔方。赫赫南仲，玁狁于襄。

臣若水通曰：此勞還率之詩，而述其傳命令衆之詞也。王，周王也。南仲，大將也。方，朔方。彭彭，衆盛貌。交龍爲旂，此所謂左青龍也。央央，鮮明也。赫赫，威名光顯也。襄，除也。夫自古閫將生事四夷、勞費中國者，皆起於貪功之心也。貪心一萌，則利於戰而不利於守，故有違天子之命而輕兵縱殺以毒民者矣。南仲之爲將也，其車則彭彭，其旐則央央，可利於戰矣，而傳命令衆，惟曰「天子命我，城彼朔方」。觀其立心，惟以守備爲上，如驅逐犬羊然，使不爲中國患，斯已矣，曾有一毫貪功之心乎？貪心既忘，以全取勝而大功自成，真可謂老成練達，得爲將之體者矣。朝廷命將出師而得斯人者，豈非中國生民之福哉？

○小雅六月：戎車既安，如輊如軒。四牡既佶，既佶且閑。薄伐玁狁，至于太原。文武吉甫，萬邦爲憲。

臣若水通曰：此詩美尹吉甫北伐成功，而見其爲文武全才也。輊，車之覆而前也。軒，車之却而後也。佶，壯健貌。閑，閑習也。太原，地名。憲，法也。夫征伐以車馬爲先，車不善而馬不良，則其成功也難矣。詩言吉甫帥師北伐，其車則如輊如軒〔二〕而車善矣，其馬則既佶且閑而馬良矣。車善馬良，不事窮追而但逐出玁狁，至于太原而止，蓋由吉甫有文以附衆，有武以威敵，而文武全才足以爲萬邦諸侯之法矣，尚何功而弗成者哉？嘗考諸三代而上，文武合而爲一，故出則爲將而入則爲相。三代而下，文武岐而爲二，而將相各專其門。此古今之所以不同，而治道之所以不能復古也。伏惟皇上欲有事於用將也，必求文武兼全者而用之，斯爲國家之福矣。

○春秋閔公二年：鄭棄其師。

臣若水通曰：書鄭棄其師，譏鄭也。何以不譏高克也？譏將之者也。夫高克好利而不顧其君，文公惡之而不能遠，使克將兵禦狄於境，翱翔河上，久而不召，衆散而歸，高克遂奔陳焉。夫人君擅一國之名，生殺予奪，惟我所制爾。使克不臣之罪已著，按而誅之可也。情狀未明，黜而遠之可也。愛惜其才，以禮馭之可也。烏有假以兵權，委諸境上，坐視其失位離次而莫之恤乎？此春秋所以不書出奔以貶克，而獨歸咎於鄭伯也。然則棄師者鄭伯，乃以國稱何也？二三執政，股肱心膂，休戚之所同也。不能進謀於君，協志同力，黜逐小人，而國事至此，是謂危而不持，顛而不扶，則將焉用彼相爲哉？

○宣公二年：春，王二月壬子，宋華元帥師及鄭公子歸生帥師，戰于大棘。宋師敗績，獲宋華元。

臣若水通曰：此鄭歸〔三〕生受命于楚以伐宋，宋遣華元以禦鄭。大棘交鋒，宋師敗績，宋華元且見獲焉。師、將、敗、獲，並書于策者何也？示兼重之義也。夫元帥，三軍之司命。大衆，有邦之基本。將不輕於師矣，師豈輕於將乎？爲人君者當審於用將，必丈人之貞吉，然後可以遣之，不可主以非人，間以親信，參以剛愎也。審於用師，必誅暴禁亂之事，然後可以用之，不可恣其驕兵、貪兵、暴兵也。是故師、將並録，所以示兼重之意爾。爲人君者，念師衆之重，其於命帥，可或輕乎？

○禮記月令曰：是月也以立秋。先立秋三日，太史謁之天子，曰：「某日立秋，盛德在金。」天子乃齊。立秋之日，天子親帥三公、九卿、諸侯、大夫，以迎秋於西郊。還反，賞軍帥、武人於朝。天子乃命將帥選士厲兵，簡練桀俊，專任有功，以征不義，詰誅暴慢，以明好惡，順彼遠方。

臣若水通曰：孟秋，盛德在金。金主殺，故特命將帥，所以順天時也。其曰選士，使精其能也。曰厲兵，使利於用也。然又以選士之中，簡其桀俊而練之。又於簡練之内，取其有功者而專任之。以之征討不義，詰誅暴慢，則好惡明矣。夫好賢惡不肖者，人之同心也。如是則遠方之人其有不順從乎？此先王順時以命將，而用武以順人如此。雖然，在今日雖承平無事也，然天下雖安，忘戰則危，固有不可不爲之備者矣。然則選任將帥，必法先王之遺意而後可也。

〇孟子：魯欲使慎子爲將軍，孟子曰：「不教民而用之，謂之殃民。殃民者，不容於堯舜之世。」

臣若水通曰：此魯欲使慎子爲將伐齊，取南陽，故孟子謂用兵之法以教習爲務，先有以教之，而後用之也。所謂教者，必教之以孝弟，教之以忠信，入以事父兄，出以事長上，比之什伍，時其簡練，於農隙以講武事，因田獵以寓訓兵，坐作進退之有數，攻殺擊刺之有法，使同心同德，如子弟之衛父兄，如手足之捍頭目，民有勇而知方，計萬全而不失，必如是而後用之可也。不以此教之，而徒驅市人而赴戰，無子弟父兄之固結，無手足頭目之照應，將不知卒，卒不知兵，以攻則不能取，以守則不能固，是殃民而使之糜爛，肝腦塗地也。如斯人者，無不忍之心、惻隱之實，使在堯舜之世，必見誅戮而不以宥者也。孟子此言，雖爲魯將慎子而發，實爲當時貪將、暴將而發也。

〇左傳桓公十七年：夏五月丙午，及齊師戰于奚，疆事也。於是齊人侵魯疆，疆吏來告。公曰：「疆埸之事，慎守其一而備其不虞。姑盡所備焉，事至而戰，又何謁焉？」

臣若水通曰：疆事，疆界之事也。疆吏，魯國守疆之吏也。疆場之事，當謹守其一定之疆界，而備不虞而已。盡其所備，寇至則戰，寇去則守，我常逸而彼常勞，是以逸待勞，禦侮之上計也，何必謁告乎？夫天下有道，則公侯能爲民干城而制其腹心，此邊之所以有將也。當是時，魯弱齊强，魯不幸而與齊爲疆，其戰于奚，疆事也。而侵魯疆，是曲在齊也。書曰：「惟事事乃其有備，有備無患。」善乎桓公之告疆吏，所以制勝而待敵者有道矣。魯用孔子夾谷之會，而侵田以還，則禦侮之道果在人也。漢趙充國守備之法，蓋合乎此。此可以爲邊將之法也已。

○國語魯語：叔孫穆子曰：「天子作師，公帥之以征不德。元侯作師，卿帥之以承天子。諸侯有卿無軍，帥教衛以贊元侯。自伯、子、男有大夫無卿，帥賦以從諸侯。是以上能征下，下無姦慝。」

臣若水通曰：師謂六軍之衆也，公謂諸侯爲王卿士者也。元侯，大國之君也。師，三軍之衆也。大國三卿，皆命於天子。諸侯，謂次國之君也。有卿，有命卿也。二卿命於天子，一卿命於其君。無軍，無三軍也。若元侯有事，則令卿帥其所教武衛之士，以佐元侯。贊，佐也。無卿，無命卿也。帥賦，帥國中出兵車甲士，以從大國之諸侯也。征，正也。慝，惡也。夫兵師之法咸有紀律，天子之帥唯公，元侯之帥唯卿，諸侯、伯、子、男則帥衛、賦以翊贊之，是故征伐自天子出矣。天子討而不伐，諸侯伐而不討，故邪慝無自生也。善乎叔孫穆子之知將道矣。

○晉語：晉文公問元帥於趙衰，對曰：「郤縠可。行年五十矣，守學彌惇。夫先王之法志，德義之府也。夫德義，生民之本也。能惇篤者，不忘百姓也。請使郤縠。」公從之。

臣若水通曰：元帥，上卿。彌，益也。惇，厚也。夫君必擇將，將必知兵，行師之大要也。不然，則以卒以國而與敵矣。若趙衰則知將者也，若郤縠則善將者也。夫如是，戰何不克？人君擇將，可不慎乎？

○楚語：范無宇曰：「國有都鄙，古之制也。先王懼其不帥，故制之以義，旌之以服，行之以禮，辨之以名，書之以文，道之以言。既其失也，易物之由。夫邊境，國之尾也。」

臣若水通曰：無宇，楚大夫也。帥，循也。禮謂名位不同，禮亦異數。名，號也。文，謂書其名位，定其掌主也。易物，易其尊卑服物之宜也。先王疆理宇内，必制外以轄内，弱末而重本。謹邊任將，勢若馭馬，然必制以義，旌以服，行以禮，辨以名，書以文，道以言，所以慎重而不敢忽也。苟非其人，其爲長城萬里何賴焉？

○越語：范蠡曰：「夫勇者逆德也，兵者凶器也，争者事之末也。陰謀逆德，好用凶器，始於人者，人之所卒也。淫佚之事，上帝之禁也，先行此者不利。」

臣若水通曰：德尚禮讓，勇則攻奪。德不行然後用武，故曰争者事之末也。卒，終也。始於伐人，人終害之。淫佚，放濫也。夫天道先春生而後秋殺，聖人法天，故先德而後刑。夫悖而出者，則亦悖而入。苟陰謀逆德，好用凶器，以始於人，人其不卒反之乎？若范蠡者，始可以將兵矣。使勾踐能用之，何至會稽之棲乎？而不然，此范蠡之所以見幾而去也。治天下者，尚其鑒諸！

校記：

〔一〕「貞」，據嘉靖本及易補。

〔二〕「軒」，原作「輊」，據詩經及本條正文改。

〔三〕「歸」，原作「學」，據嘉靖本改。

聖學格物通卷之七十三

任將中

○周威烈王二十三年。吴起者衛人，仕於魯。齊人伐魯，魯人欲以爲將。起取齊女爲妻，魯人疑之。起殺妻以求將，大破齊師。或譖之魯侯曰：「起始事曾參，母死不奔喪，曾參絶之。今又殺妻以求爲君將，起殘忍薄行人也。且以魯國區區而有勝敵之名，則諸侯圖魯矣。」起恐得罪，聞魏文侯賢，乃歸之。文侯問諸李克，克曰：「起貪而好色，然用兵司馬穰苴弗能過也。」於是文侯以爲將，擊秦，拔五城。

臣若水通曰：孟子云：「壯者以暇日脩其孝弟忠信，入以事其父兄，出以事其長上，可使制梃以撻秦、楚之堅甲利兵矣。」夫三綱者，軍政之本也。起之爲人如此，是三綱絶矣。求大將者，可以無父子夫婦之人爲之乎？雖百戰百勝，有不足恃也。文侯用將如此，曾足以爲賢乎？

○周赧王三十六年，樂毅圍二邑，三年未下。或譭之於燕昭王曰：「樂毅智謀過人，伐齊，呼吸之間克七十餘城。今不下者兩城爾，非其力不能拔，欲久仗兵威以服齊人，南面而王爾。」昭王於是置酒大會，引言者斬之，遣國相立樂毅爲齊王。毅惶恐不受，拜書以死自誓，由是齊人服其義，諸侯畏其信，莫敢復有謀者。頃之，昭王薨，惠王立。惠王自爲太子時，嘗不快於樂毅。田單聞之，乃縱反間曰：「樂毅與燕新王有隙，畏誅而不敢歸，以伐齊爲名。齊人惟恐他將來，即墨殘矣。」燕王已疑，得齊反間，乃使騎劫代將而召樂毅，毅遂奔趙。燕將士由是憤惋不和。田單乃身操版鍤，與士卒分功，妻妾編於行伍之間，盡散飲食饗士。令甲卒皆伏，使老弱女子乘城約降，燕軍益懈。田單乃收城中得牛千餘，爲絳繒衣，畫以五采龍文，束兵刃於其角，而灌脂束葦於其尾。燒其尾，鑿城數十穴，夜縱牛，壯士五千人隨其後。牛尾熱，怒而犇燕軍。燕軍大驚，視牛皆龍文，所觸盡死傷，而城中鼓譟從之，老弱皆擊銅器爲聲，聲動天地。燕軍大敗，走。齊人殺騎劫，追亡逐北，所過城邑皆叛燕，復爲齊，齊七十餘城皆復焉。乃迎襄王於莒，入臨淄，封田單爲安平君。

臣若水通曰：將以忠義爲先，燕用樂毅，齊用田單，皆可謂之得人矣。智勇仁信，皆忠義之心所發也。然單於敗亡之齊，得以忠義自遂而全齊；毅在盈盛之燕，故君聽間而疑。此燕、齊勝敗存亡之勢所以分也。然則人君之於將，其可以間諜動哉？

○秦王政三年，趙王以李牧爲將，伐燕，取武遂、方城。李牧者，趙之北邊良將也。嘗居代、鴈門備匈奴，以便宜置吏，市租皆輸入幕府，爲士卒費。日擊數牛饗士，習騎射，謹烽火，多間諜。爲約曰：「匈奴即入盜，急入收保，有敢捕虜者斬。」匈奴每入，烽火謹，輒入保不戰。如是數歲，亦不亡失，匈奴以爲怯。邊士日得賞賜而不用，皆願一戰，於是大破匈奴十餘萬騎，滅襜襤，破東胡，單于犇走，十餘歲不敢近趙邊。

臣若水通曰：李牧之爲趙邊將也，可謂藏大智於至愚，蓄大勇於至怯，而爲萬全之計矣。史稱其爲趙北邊之良將，然求之天下，豈多得哉？雖然，亦其君信任之專致然也。天之生材，何世無之？特以時君不能用之爾。古之命將者，君跪而推轂曰：「自閫以內，寡人主之。」自閫以外，將軍自主之。」故將在軍，君命有所不受。後世遣將者，能如是乎？生殺與奪，將能自專制之乎？市租之入，果能聽其餉勞之用乎？至於朝出爲將而夕有議其後者矣，必受廟堂之成筭，呼吸之間而事機往矣，是故雖有頗、牧不能用也。

○漢文帝十四年，上輦過郎署，問馮唐曰：「父家安在？」對曰：「臣大父趙人。」上曰：「昔有爲我言趙將李齊之賢，戰於鉅鹿下。今吾每飯，意未嘗不在鉅鹿也。」唐對曰：「尚不如廉頗、李牧之爲將也。」上拊髀曰：「嗟夫！吾獨不得廉頗、李牧爲將，吾豈憂匈奴哉？」唐曰：「陛下雖得廉頗、李牧，弗能用也。」上怒讓唐，唐曰：「上古王者之遣將也，跪而推轂曰：『閫以內，寡人制之。閫以外，將軍制之。』軍功爵賞，皆決於外。李牧是以北逐單于，破東胡，滅儋林，西抑强秦，南支韓、魏。今魏尚爲雲中守，其軍市租，盡以饗士卒。匈奴遠避，不敢近塞。虜曾一入，尚率車騎擊之，所殺甚衆。上功幕府，一言不相應，文吏以法繩之，其賞不行。陛下賞太輕，罰太重，魏尚坐上功首虜差六級，陛下下之吏，削其爵，罰及之。由此言之，陛下雖得廉頗、李牧，弗能用也。」上悦，是日令唐持節赦魏尚，復以爲雲中守，而拜唐爲車騎都尉。

臣若水通曰：人君之於將，必脩古命將之禮，然後軍法行。軍法行，則無不勝矣。文帝徒慕頗、牧之名，而不求任之之術，乃罰及於有功之魏尚，其能用頗、牧乎？然聞馮唐之言，即悟而赦尚者，此其所以爲漢令主也歟！

○文帝後六年冬，匈奴三萬騎入上郡，三萬騎入雲中，烽火通於甘泉、長安。以周亞夫爲將軍，次細柳；劉禮爲將軍，次霸上；徐厲爲將軍，次棘門，以備胡。上自勞軍，至霸上及棘門，中軍直馳入，將以下騎送迎。已而之細柳軍，軍士吏被甲鋭兵刃，彀弩持滿，天子先驅不得入。先驅曰：「天子且至。」軍中都尉曰：「將軍令曰，軍中聞將軍令，不聞天子詔。」上至，又不得入。於是上使使持節詔將軍：「吾欲入營勞軍。」亞夫乃傳言開壁門。壁門士請車騎曰：「將軍約，軍中不得驅馳。」於是天子乃按轡徐行。至營，將軍亞夫持兵揖曰：「介胄之士不拜，請以軍禮見。」天子改容式車，使人稱謝。皇帝敬勞將軍，成禮而去。既出軍門，群臣皆驚。上曰：「嗟乎！此真將軍矣。曩者霸上、棘門軍若兒戲爾，其將固可襲而虜也。至於亞夫，可得而犯邪？」稱善者久之。月餘，漢兵至邊，匈奴亦遠塞。漢兵亦罷，乃拜周亞夫爲中尉。

臣若水通曰：亞夫能守軍法，確乎不可拔，宜乎文帝之稱善矣。或曰：「然必就其中使三軍之士知尊君親上可也。」曰：「夫亞夫與三軍之士所守者，天子法也，凛乎而不可奪。其爲尊君親上孰大焉？」胡宏云：「亞夫不學，不知道。」蓋謂其少愷悌温潤之氣也邪？後日怏怏非少主臣之疑，而亡身之禍蓋先兆之矣。景帝不終馭將之道，其少恩哉。

○漢武帝元光六年，匈奴入上谷。遣將軍衛青出上谷，公孫敖出代，公孫賀出雲中，李廣出鴈門，各萬騎，擊胡。衛青至龍城，得胡首虜七百人。公孫賀無所得，公孫敖、李廣皆爲胡所敗。唯青賜爵關内侯。青雖出於奴虜，然善騎射，材力過人，遇士大夫以禮，與士卒有恩，衆樂爲用，有將帥材，故每出輒有功，天下由此服上之知人。

臣若水通曰：甚矣，史之好以成敗論人也！元老禦邊，四將當以李廣爲首，而青次之。廣爲名將而數奇，是以所向無功。故夫成敗者數也，安可遽以此論人，而以青之有功爲武帝知人之明哉？

○漢元帝竟寧元年三月，甘延壽、陳湯既至，論功。石顯、匡衡以爲延壽、湯擅興師矯制，幸得不誅，如復加爵土，則後奉使者争欲乘危徼倖，生事於蠻夷，爲國招難。帝內嘉延壽、湯功，而重違衡、顯之議，久之不決。故宗正劉向上疏曰：「貳師將軍李廣利捐五萬之師，靡億萬之費，經四年之勞，而僅獲駿馬三十匹。雖斬宛王毋寡之首，猶不足以復費，其私罪惡甚多。孝武以爲萬里征伐，不録其過，遂封拜兩侯。今康居之國彊於大宛，郅支之號重於宛王，殺使者罪甚於留馬，而延壽、湯不煩漢士，不費斗糧，比於貳師，功德百之。」於是天子下詔，赦延壽、湯罪勿治，令公卿議封焉。封延壽爲義成侯，賜湯爵關內侯。

臣若水通曰：御將之道，當求可通行無弊之法，而不爲不可繼之事也。春秋譏遂事，甘、陳之事，功過當相準，省費成功僅足以贖矯制之罪，此所謂通行之道也。劉向以方李廣利奉命之師，以費多寡而論優劣，是以利害而蔑義理，非其倫矣。夫以義而論事，則人爭競於義，所謂懷仁義以事其君也。以利而論事，則人爭競於利，所謂懷利以事其君也。利害相尋，其有極乎？此所謂不可繼之道矣。匡衡之論爲近之矣，後之取將者，其毋以功利求之哉。

○漢玄帝更始二年，蕭王以河內險要富實，欲擇諸將守河內者而難其人，問於鄧禹。禹曰：「寇恂文武備足，有牧民御衆之才，非此子莫可使也。」乃拜恂河內太守，行大將軍事。蕭王謂恂曰：「昔高祖留蕭何守關中，吾今委公以河內，當給足軍糧，率厲士馬，防遏他兵，勿令北渡而已。」

臣若水通曰：孟子云：「國君進賢，如不得已。」光武方聞鄧禹之言，即任寇恂而無疑者，何邪？不已易乎？孔子云：「舉爾所知，爾所不知，人其舍諸？」光武審在於擇禹之日，故信禹之所信爾。用將之效，擬於高祖，宜哉。

〇漢光武建武十五年十一月，使騎都尉張堪領杜茂營擊破匈奴於高柳，拜堪漁陽太守。堪視事八年，匈奴不敢犯塞。

臣若水通曰：邊將以備守爲上，而戰勝次之。堪之禦匈奴，猶李牧、充國也，始而擊之，安郡界而已，而其中也，開稻田八千餘頃，勸民耕種，爲自守之計爾。雖無斬獲之功，而以萬全取勝矣。卒之八年之久，邊塵晏然，豈非老成持重，自足以却敵也邪？噫，誠得若人而布之閫外，君天下者豈復有北顧之憂乎？

〇漢明帝永平十八年，司馬耿恭爲戊〔己〕〔一〕校尉。車師叛，與匈奴共攻耿恭。恭率勵士衆，禦之數月，食盡窮困，乃煮鎧弩，食其筋革。恭與士卒推誠同死生，故皆無二心。單于知恭已困，遣使招恭。恭誘其使，手擊殺之。單于大怒，更益兵圍恭，不能下。

臣若水通曰：恭之爲將，神箭以懼虜，拜井而得泉，孰不以爲幸也？及觀夫推誠而得士卒之心，固守而拒單于之圍，則平日之恩信洽人已深，而忠貞之節又瀕死而弗易，所以增漢之威而破敵人之膽者，豈無所自邪？謹書之以爲邊將者之法。

〇漢和帝永元四年，護羌校尉鄧訓卒，吏民、羌胡旦夕臨者，日數千人。羌胡或以刀自割，又刺殺其犬馬牛羊，曰：「鄧使君已死，我曹亦俱死爾。」前烏桓吏士皆奔走道路，至空城郭，家家爲訓立祠。

臣若水通曰：禽獸異類，能啄噬人者也，猶有使之馴者，恩育之爾。夷狄亦人類也，孰謂桀驁之性終莫得而柔化之邪？觀鄧訓之没而羌胡之感，可知矣。雖然，家爲立祠，訓之威德生殺，素服人心，雖亡猶存也。噫，安得將如訓者數十人以守四夷哉？

〇晋武帝泰始八年，羊祜歸自江陵，務脩德信，以懷吴人。每交兵，刻日方戰，不爲掩襲之計。出軍行吴境，割穀爲糧，皆計所侵，送絹償之。每會衆江沔遊獵，常止晋地。若禽獸先爲吴人所傷而爲晋兵所得者，皆送還之。於是吴邊人皆悦服。

臣若水通曰：羊祜之鎮南夏也，垂大信於南服，傾吴人於江沔。賢如陸抗，猶有不戰而服之語，則其平吴之功，不在於解縛焚櫬之日，而已預卜於償絹歸獸之先矣。及其成功弗居，幅巾閭巷，雖古之名將，何以加此哉？

○晉愍帝建興元年，祖逖居京口，糾合驍健，瑯邪王睿以逖爲奮威將軍、豫州刺史。逖將部曲渡江，中流擊楫而誓曰：「祖逖不能清中原而復濟者，有如大江。」遂屯淮陰，起冶鑄兵，募得二千餘人而後進。

○元帝大興三年秋七月，詔加祖逖征西將軍。逖與將士同甘苦，約己務施，勸課農桑，撫納新附，雖疏賤者，皆結以恩禮。

臣若水通曰：逖之慷慨忠義，見於渡江擊楫之日，然鋭氣頗凌邁矣。及鎮雍丘，智勇恩信結於士卒，雖古名將何以加焉？氈裘之心已寒，華夏之氣舒矣。雖石勒勇略，猶知畏避，況其他乎！使天假以年，則中原之地、二帝之讎，可一洗而復之矣。卒之怏怏發病而死，豈非才有餘而量不足哉？

○晉成帝咸和九年六月，太尉、長沙公陶侃在軍四十一年，明毅善斷，識察纖密，人不能欺。自南陵迄于白帝，數千里中路不拾遺。

臣若水通曰：明則有智，毅則有勇，斷察則有謀，三者皆將道也。侃以國之良臣，鎮西南重地，其威信服人，數千里道不拾遺，巍然國家之干城矣。江左之安，非賴此邪？

〇晋哀帝興寧三年，燕太宰恪爲將，不事威嚴，專用恩信撫士卒。務綜大要，不爲苛令，使人人得便安。平時營中寬縱，似若可犯，然警備嚴密，敵至莫能近者，故未嘗負敗。

臣若水通曰：爲將者，在得士卒之心而已。武王三千，同心同德，德以孚之，信以結之，而士心得矣。郤縠説禮樂，敦詩書，卒能勝楚於城濮。祭遵雅歌投壺，從容軍旅，亦能助漢於中興。恪不事威嚴，然警備嚴密，敵莫能近，此其不徒寬者矣。

〇隋文帝仁壽二年，皇太子問於賀若弼：「韓擒虎、史萬歲皆稱良將，其優劣何如？」弼曰：「楊素猛將，非謀將。韓擒虎鬬將，非領將。史萬歲騎將，非大將。」太子曰：「然則大將誰也？」弼拜曰：「惟殿下所擇。」弼意自許也。

臣若水通曰：太子，煬帝廣也。太子之問將，非所問矣。而弼之對，非所對矣。蓋爲將之道，才德兼備，然後可稱也。剛中而應，行險而順，易之稱爲丈人者，此將之道也。曰猛、曰鬬、曰騎，將於人可也，以之而將人，則敗矣，夫豈得謂之將乎？介胄之士，能稱者寡矣。間有之，亦偏裨之材爾。人君之用將，何所取哉？不得已取諸公卿之賢者可也。昔太公爲相，實兼司馬。周公家宰，亦主東征。文武一也，將相豈有二哉？

○唐太宗貞觀十四年十二月，岑文本上疏，以爲：「高昌昬迷，陛下命君集等討而克之，不踰旬日，並付大理。雖君集等自掛綱羅，恐海内之人疑陛下唯録其過而遺其功也。臣聞命將出師，主於克敵。苟能克敵，雖貪可賞。若其敗績，雖廉可誅。是以漢之李廣利、陳湯，晋之王濬，隋之韓擒虎，皆負罪譴，人主以其有功，咸受封賞。由是觀之，將帥之臣廉慎者寡，貪求者衆。是以黄石公軍勢曰：『使智使勇，使貪使愚。故智者樂立其功，勇者好行其志，貪者急趨其利，愚者不計其死。』伏願録其微勞，忘其大過，使君集重升朝列，復備驅馳，雖非清貞之臣，猶得貪愚之將。斯則陛下雖屈法而德彌顯，君集等雖蒙宥而過更彰矣。」上乃釋之。

臣若水通曰：侯君集討高昌之功，足以掩過。太宗因岑文本之言釋之，乃八議之法。而我國家之於武臣，功罪亦許相準。至於文本使貪，要之不可以爲訓也。夫世之以貪而窮黷，以貪而妄殺，以貪而敗績，以貪而失紀律者多矣，豈聖人任將之道哉？

○貞觀十五年十二月，以李世勣爲兵部尚書。世勣在并州十六年，令行禁止，民夷懷服。上曰：「隋煬帝勞百姓，築長城以備突厥，卒無所益。朕惟置李世勣於晉陽，而邊塵不驚。其爲長城，豈不壯哉！」

臣若水通曰：兵法貴嚴，故威克厥愛，允濟。世勣在并，令行禁止，威嚴所致也。民夷懷服而國家無西顧之憂，太宗稱之爲長城矣。然而不學無術，微臨大節不可奪之義，反與許、李同比，倡武氏之亂，幾絶唐祀。所謂長城，固如是乎？

〇唐高宗儀鳳三年，太學生[二]宋城魏元忠上封事，言禦吐蕃之策。以爲：「理國之要，在文與武。今言文者則以辭華爲首，而不及經綸。言武者則以騎射爲先，而不及方略。是皆何益於理亂哉？故陸機著辨亡之論，無救河橋之敗。養由基射穿七札，不濟鄢陵之師。此已然之明效也。古語有之：『人無常俗，政有理亂。兵無彊弱，將有巧拙。』故選將當以智略爲本，勇力爲末。今朝廷用人，類取將門子弟及死事之家，彼皆庸人，豈足當閫外之任？李左車、陳湯、呂蒙、孟觀皆出貧賤而立殊功，未聞其家代爲將也。夫賞罰者軍國之切務，苟有功不賞，有罪不誅，雖堯舜不能以致理。議者皆云近日征伐，虚有賞格而無事實，蓋由小才之吏不知大體，徒惜勳庸，恐虚倉庫，不知士不用命，所損幾何？黔首雖微，不可欺罔。豈得懸不信之令，設虚賞之科，而望其立功乎？」

臣若水通曰：選將以智略爲本，智略者所以求必勝之道也。行師以賞罰爲先，賞罰者所以勵必死之士也。若選將則以將門，是未嘗選將也；賞罰而無實事，是未嘗賞罰也，豈任將之道哉？宋城魏元忠之言，豈可謂諸生不識時務者哉？欲知行師者宜考焉。

○唐高宗永淳元年，突厥餘黨入寇并州，薛仁貴將兵擊之。虜問大將爲誰，應之曰：「薛仁貴。」虜曰：「吾聞仁貴流象州，死久矣，何以紿我？」仁貴免冑示之面，虜相顧失色，下馬列拜，稍稍引去。仁貴因奮擊，大破之。

臣若水通曰：仁貴驍勇冠軍，發三矢而定天山，提卒二千而降四十城，其威信服於虜也久矣，所以鋒鏑未交，而聲名自足以奪敵人之氣。向使流死象州，則何以致虜之畏遁，而其爲禍於國家者可勝道哉？然則名將者，天下之所屬心，而安危之攸係也。爲人君者，慎無輕黜之焉。

○唐玄宗開元元年六月，幽州大都督薛訥鎮幽州二十餘年，吏民安之，未嘗舉兵出塞，虜亦不敢犯。

臣若水通曰：邊將之道，以鎮静爲上。喜功好大，將斯爲下矣。訥性沉勇，綽有父風。當夫灤河覆没，白衣從軍，好大喜功之意消矣。所以幽州鎮静之久，內以撫民，外以却敵，開元之盛，邊釁不生，未必非訥之功也。爲邊將者，幸取法於是焉。

○玄宗天寶四載二月，以王忠嗣爲河東節度使。忠嗣少以勇敢自負，及鎮方面，專以持重安邊爲務。常曰：「太平之將但當撫循訓練士卒而已，不可疲中國之力以邀功名。」邊人以爲自張仁亶之後，將帥皆不及。

臣若水通曰：忠嗣撫循訓練，邊將之上策也。疲中國力以邀功名，此邊將之大患也。斯言可以爲萬世守邊者之勸戒矣。夫以忠嗣策石堡之得不當所亡，高馬直以空虜資，論祿山亂之有萌，可謂深謀矣，而復能韜滚弓於不用，以鎮静安邊，世號名將，宜也。然亦不免於讒，其亦工於謀國而拙於謀己者邪？豈天不欲福唐，使玄宗擯干城而生厲階也哉？

○唐肅宗乾元元年九月，命郭子儀等九節度討安慶緒。帝以子儀、光弼皆元勳，難相統屬，故不置元帥，但以宦官魚朝恩爲觀軍容宣慰處置使。觀軍容之名，自此始。明年三月，九節度之師六十萬潰於相州。

臣若水通曰：范祖禹云：「夙沙衛殿齊師，殖綽、郭〔最〕〔三〕曰：『子殿國師，齊之辱也。』」夫以諸侯之師，使閹人殿之，猶以爲辱，況天子之師而使宦者爲之主帥乎！」臣謂大將得其人，則有師中丈人之吉，而無弟子輿尸之凶矣。故傳曰：「將非其人則敗。雖得其人，而以親信剛愎者參焉則敗。」其肅宗之謂乎！夫以李、郭元勳，難相統屬，爲肅宗計者，命二人率各偏裨，分道并進，踦角同功，腹背交敵，則慶緒當束手就擒矣，奈何謬以宦者主之，卒使李、郭不出世之將，六十萬之衆，牽制于朝恩，心德離涣，潰于相州，非肅宗大棄其師乎？噫，可以爲戒矣。

○唐代宗永泰元年十月，回紇、吐蕃合兵圍涇陽。子儀欲挺身往説回紇，遂與數騎開門而出，回紇大驚。子儀免胄釋甲，投槍而進，諸酋長皆下馬，羅拜曰：「我曹豈肯與令公戰乎？」

臣若水通曰：兵貴乎先聲，將貴乎重望。蓋以其平素所養，自足以先服乎敵心，是以能却敵也。當夫二虜内侵，涇陽累卵，子儀單騎至壘，免胄一示，而敵人逡巡莫敢争鋒，是豈一朝一夕之能將所辦哉？宜乎功塞天地而哀榮終始，垂之萬世，爲將相之師表也。

○唐德宗貞元八年八月，陸贄上言，以邊儲不贍由措置失當、蓄斂乖宜。其略曰：「所謂措置失當者，戍卒不隸於守臣，守臣不總於元帥。至有一城之將，一旅之兵，各降中使監臨，皆承别詔委任。分鎮亘千里之地，莫相率從；緣邊列十萬之師，不設謀主。每有寇至，方從中覆，比蒙徵發赴援，寇已獲勝罷歸。吐蕃之比中國，衆寡不敵，工拙不侔。然而彼攻有餘，我守不足，蓋彼之號令由將，而我之節制在朝；彼之兵衆合并，而我之部分離析故也。」

臣若水通曰：古之命將者，跪而推轂曰：「閫以內，寡人制之。閫以外，將軍制之。」故將在軍，君命有所不受。此所以戰無不克而功無不成也。德宗之世，每有寇至，方從中覆，其有專制之權乎？一城之將，一旅之兵，各降中使監臨，其有由將之專乎？命將之制不脩，則軍法之令不行，其不敗而有成功者鮮矣。噫，斯弊也，自唐以來非一日矣，陸贄此疏真可以爲後世命將者之戒矣，豈獨可用於德宗之世而已哉？

○德宗興元元年五月，帝使謂陸贄曰：「渾瑊、李晟諸軍當議規畫，令其進取。朕欲遣使宣慰，卿宜細審，條疏以聞。」贄以爲賢君選將，委任責成，故能有功。況今秦、梁千里，兵勢無常，遥爲規畫，未必合宜。彼違命則失君威，從命則害軍事，進退羈礙，難以成功。不若假以便宜之權，待以殊常之賞，則將帥感悦。贄上奏，其畧曰：「鋒鏑交於原野，而決策於九重之中；機會變於斯須，而定計於千里之外。用捨相礙，臧否皆凶。上有掣肘之譏，下無死綏之志。」又曰：「傳聞與指實不同，懸筭與臨事有異。」又曰：「君上之權，特異臣下。唯不自用，乃能用人。」

臣若水通曰：古之制，將在軍，君命有所不受，是以能成功。傳曰：「有可以安國家、利社稷者，專之可也。」德宗多疑，贄之言反復詳盡，而歸要於自用之一言，深切而著明矣。范祖禹曰：「師之道在擇人而委任之，不可以牽制也。而人君常欲權在於己，或不欲歸功於人。將在外而以君命制之，兵從中御，未有能成功者也。」盡之矣。贄之言既入，曾未踰月而諸將奏凱，京師克復，贄之言於是驗矣。蓋李晟、渾瑊，仲山甫之流也。贄之内相，其張仲孝友也哉。

○唐宣宗大中五年春正月，上頗知党項之反，由邊帥利其羊馬，數欺奪之，或妄誅殺，党項不勝憤怨，故反。乃以右諫議大夫李福爲夏綏節度使，自是繼選儒臣以代邊帥之貪暴者，行日復面加戒勵，党項由是遂安。福，石之弟也。

臣若水通曰：邊境之不寧，以將帥之貪暴也。將帥之貪暴，由於武夫之不學也。故人君爲邊境長遠之慮者，當以儒臣之賢，有文武兼備者爲之，則文能附衆，武能威敵，貪暴遠而邊境靖矣。宣宗選儒臣以代邊將之貪暴者而党項遂安，是其驗也。我國家選用儒臣，以爲各邊總制，正用此道矣。然以一時人材之盛，豈無文武吉甫者乎？仰惟聖明留意焉。

校記：

〔一〕「己」，據後漢書耿恭傳補。
〔二〕「生」，原作「士」，據資治通鑑卷二百〇二唐紀十八儀鳳三年條改。
〔三〕「郭」，據左傳、唐鑑等補。

聖學格物通卷之七十四

任將下

○班固白虎通曰：大夫將兵必不御者，欲盛其威，使士卒一意繫心也。故但聞將軍令，不聞君命也。

臣若水通曰：將權惟其重而已，將將惟其賢而已。蓋必將大夫，所以尚賢也。不御盛威，所以重其權也。權重，故士卒一心。是故聞將命不聞君命，所以一其心也。心一則無敵於天下矣。武王曰：「受有臣億萬，惟億萬心。予有臣三千，惟一心。」其斯之謂乎！雖然，使之一心於將者，乃所以一心於君也。後之人君，必求一心之將，以專任之而勿疑哉。

○陸贄告德宗曰：「凡欲選任將帥，必先考察行能，然後指以所授之方，語以所委之事，令其自揣可否，自陳規模，須某色甲兵，藉某人參佐，要若干士馬，用若干資糧，某處置營，某時成績，始終要領，悉俾經綸。於是觀其計謀，校其聲實，若謂材無足取，言不可行，則當退之於初，不宜貽慮於其後也。若謂志氣足任，方畧可施，則當要之於終，不宜掣肘於其間也。是以古之遣將帥者，君親推轂而命之曰：『自閫以外，將軍裁之』，又賜鈇鉞，示令專斷。故軍容不入國，國容不入軍，將在軍君命有所不受。誠謂機宜不可以遠決，號令不可以兩從，未有委任不專而望其克敵之功者也。自頃邊軍去就裁決多出宸衷，選置戎臣先求易制，多其部以分其力，輕其任以弱其心，雖有所懲，亦有〔一〕所失，遂令分閫責成之義廢，死綏任咎之意衰。」

臣若水通曰：古之將將之道，始焉擇之精，既焉任之專。夫選惟精，則我之志不疑。任惟專，則彼之權不撓。不然則上失其所以待將之道，下無以盡其爲將之才，而衛內捍外之功，不可冀矣。唐之中葉，回紇、吐蕃出没無常，有一子儀幸而成功，猶未能以盡用也，況其他乎？若德宗猜疑之心，固非任將之道也。矧有權臣如延齡在內，而大將能立功矣乎？其能免乎？是故咫尺長安而不得見，李懷光始有負功而叛者矣。嗚呼，此固陸贄拳拳之意也。

○宋高宗紹興十一年十二月，秦檜殺故少保、樞密副使、武昌公岳飛。飛事親孝，家無姬侍。吴玠素服飛，願與交驩，飾名姝遺之，飛曰：「主上宵旰，豈大將安樂時耶？」却不受，玠益敬服。帝欲爲飛營第，飛辭曰：「金虜未滅，何以家爲？」或謂天下何時太平，飛曰：「文臣不愛錢，武臣不惜死，天下太平矣。」

臣若水通曰：岳飛者，所謂才德兼全、文武具備者也。故一鼓而破楊么，使遂長驅而北，則中原可復矣，而秦檜殺之，遺千載無窮之恨也。飛之被殺，固飛之不幸，乃亦宋室之不幸也。檜之殺飛，固檜之罪，亦高宗之罪也。使高宗剛明獨斷，察檜之奸而必去之，知飛之忠而專任之，則故物可計日而克復也。不幸而至於斯，非天乎？或曰：古之制，將在軍，君命有所不受。飛初爲將，必有命辭也。爲飛者，知姦臣之誤國而必將害己，引命將之制，拜表陳情而不受召，必長驅收復中原然後歸而請罪，則宋之祚未必絶也，宗廟未必不血食也，胡虜未必亂中國而遺千載所無之禍也。臣謂此亦一説矣，然飛事親孝，故事君忠，豈忍爲是哉？

○宋儒程頤上河東帥書云：自古乘塞禦敵，必用驍猛。招徠撫養，多在儒將。

臣若水通曰：後世學絶，士無文武全才，然必有豪傑之士出乎其間也。人君苟得將之儒者而用之，則招徠撫養有道，皆自其學問心得中來也。故升陑之師，必在一德之賢矣，舍儒將則不可。程頤之言，豈非真見哉！

○華陽〔二〕范祖禹曰：昔周宣王任賢使能，吉甫征伐於外，而王之所與處者張仲孝友也。夫使文武之臣征伐，而左右前後得正良之士善其君心，則讒言不至而忠謀見用，此所以能成功也。苟使憸邪之人從中制之，則雖吉甫，無以成其功。宣王能復文武之業，以致中興者，内順治而外威嚴也。

臣若水通曰：將之無成功者，必將非其人也。將得其人矣，而又無成功者，相之不賢也，内外之不一也。故有吉甫于外，必有張仲于内，然後可成中興之功。内外一德一心而功不成者，未之有也。雖然，亦本於宣王之心之賢爾。惟君之賢而後能擇相，能擇相而後能用將。不然則秦檜在内，雖有岳飛之賢將，非但不能用爾，殺身敗國之禍至矣，可不戒哉！

○楊時上欽宗疏，其略曰：臣嘗論姚古逗遛，當以軍法從事，久未蒙施行。今太原圍閉累月，危急甚矣。訪聞大兵尚在威勝軍，無一人一騎入太原境者。唯范瓊不受姚古節制，獨能引兵稍前，則諸將逗遛，古實爲之也。奈何惜姚古不誅，坐視要重之地而不救乎？

臣若水通曰：語云：「小不忍則亂大謀」，時之論姚古是矣。姚古知逗遛在軍法所必誅，所以然者，忍爾。欽宗知姚古之不誅，則人不效死，是無太原重地也，所以不行誅者，亦忍爾。

自古之興亡多矣，而未有如宋之慘者，忍爾。如人之患毒疽與命關者也，潰之則痛而可生，不潰之則忍而必死。宋以禮義而興，宜多歷年，然都汴則立國已弱，當盛之時北遷關中，則猶可延祚而不能者，忍爾。夷狄漸處中國而不去，及其盛而各據，而不能決戰，乃南遷而都杭，又忍而不決戰，主和議，岳飛諸賢且受禍焉。是又不忍，又遷閩、遷廣，隱忍以死，其禍毒矣。如疽之大潰而不可救以死，自古亡天下，未有如是之慘者也。噫，可以爲萬世戒矣。

○楊時擇將劄子有云：宜令兩制而上，各舉所知堪爲將帥者。有智勇足以敵愾待暴，久沉下僚，未爲世用者，令監司、郡守皆得以名聞。或自負材武，不爲人知者，亦使得自陳。詢事考言，有可採者，不次用之。則鼓刀販繒之傑，必有爲時而出者。未嘗求之，不可謂天下之廣咸無其人焉，此尤宜留意也。

臣若水通曰：知人惟難，而知將材者爲尤難。夫以趙括讀父書而人莫能難之，及將兵而致敗，而將材可以易知乎？楊時請令兩制而上各以沉於下僚者上聞，是欲嘗試之事也。又令自負材武而人不知者得自陳，是欲自審於己也。二者無遺策矣。雖然，唐虞任官，總言九德。至於徂征有苗，乃勤儉之禹也。將才之選，豈在他求哉？

○西山真德秀曰：古之用武者，不急於治兵，而急於擇將。將之勇怯，兵實係焉。故天下無必勝之兵，而有不可敗之將。

臣若水通曰：將也者，三軍之司命也。兵非可必勝者也。全兵固守以活三軍之命者，將之能也。故兵以十全爲上，知其可戰不可戰而已，此理勢之可必者也。人君之於將，求得如是之人而任之，則萬全常勝之勢可保矣。

○國朝乙巳春，太祖御奉天門，與劉基論用兵，謂基曰：「克敵在兵，而制兵在將。兵無節制則將不任，將非其人則兵必敗。是以兩軍之間，決死生成敗之際，有精兵不如良將。」基對曰：「臣荷聖上厚恩，得侍左右，每觀廟筭，初謂未必皆然。及至摧鋒破敵，動若神明，臣由是知任將在上，將之勝不若主之勝也。然臣觀陛下常不拘古法而勝，此尤所難也。」乃謂之曰：「兵者謀也，因敵制勝，豈必泥於古哉？朕常親矢石，觀戰陳之事，闔闢奇正，頃刻變化，猶風雲之無常勢，要在通其變爾，亦何暇論古法耶？」

臣若水通曰：後世之談兵者，不過坐作進退之節，擊刺攻守之宜，此其迹也。臣恐探本之論不如是也。何者？克敵在兵，制兵在將，而任將則在君也。是故明君慎擇其將而已矣。將其賢也，則呼吸之間，變態百出，如疾風之飄忽，如迅雷之過耳，用正用奇，如鬼神之莫測，安用夫六韜、三略之舊哉？韜畧者，無乃講於平時，以開發吾之聰明者爾。聰明在我，則視聽隨寓而用，豈可定哉？聖祖諭劉基之言，可謂不泥於迹而獨能用其神者矣。

○乙巳八月，太祖皇帝命中書左相國徐達爲大將軍，平章常遇春爲副將軍，帥師二十萬伐張士誠。集將佐諭之曰：「自大亂以來，豪傑並起，所在割據，稱名號者不可勝數。江南亂雄，西有陳友諒，東有張士誠，皆連地千里，擁衆數十萬。吾介乎二人之間，相與抗者十餘年。觀二人所爲，其志豈在於民，不過貪富貴、聚淵藪，劫奪寇攘而已。友諒敗滅，獨士誠據有浙西，北連兩淮，恃其彊力，數侵吴之疆埸。賴諸將連歲征討，克取兩淮之地，今惟浙西、姑蘇諸郡未下，故命卿等討之。卿等宜戒飭士卒，毋肆虜掠，毋妄殺戮，毋發丘壠，毋毁廬舍。聞張士誠母葬姑蘇城外，慎勿侵毁其墓。汝等毋忘吾言，諸將帥務在輯睦，勿縱左右欺凌軍士。凡爲將之功，必資士卒，善撫恤之。大抵克敵者必以成功爲效，樹德者必以廣恩爲務，卿等勉之。」諸將皆再拜受命。

臣若水通曰：孟子之於梁襄王，既告以定于一，又告以不嗜殺人者能一之。觀皇祖命將出師，以妄殺爲戒，其古之聰明睿智、神武而不殺者乎！其平一天下，宜矣。聖諭曰「克敵者以成功爲效，樹德者以廣恩爲務」，群雄劫寇，戡定禍亂，非所謂克敵乎？曰「毋發丘壠，毋毀廬墓，務在輯睦」，非所謂樹德乎？克敵者義也，樹德者仁也。以仁義之師，爲弔伐之舉，此所以不嗜殺而除民虐，應天命而一天下也歟。

○吳元年十月，命徐達爲征虜大將軍，常遇春爲征虜副將軍，率甲士二十五萬，由長淮入大河，北取中原。謂達曰：「閫外之事，汝實任之。茲行必自山東次第進取，山東古云十二山河之地，師行之際，須嚴部伍，明分數，一衆心，審進退之機，適通變之宜，使戰必勝，攻必取。我虛而彼實，則避之。我實而彼虛，則擊之。將者三軍之司命，立威者勝，任勢者强。威立則士用命，勢重則敵不敢犯。吾嘗與諸豪傑並驅，觀其取敗者，未有不由威不立而勢輕也，汝其慎之。」

臣若水通曰：「此我聖祖諭徐達、常遇春北征中原之言，其要在於識虛實，其道在於壯威勢而已。進退之機，變通之宜，所以運用乎此者爾。此誠萬世將帥決勝萬全之術也。後之爲將者，不可不取法於斯焉。」

○洪武三年六月，以大都督府都督僉事張温兼陝西行都督府僉事。温先從大將軍攻蘭州，有功，及是入謝。太祖諭之曰：「蘭州之捷，可謂奇功。夫將帥之道，有功不伐，則功益顯。恃功驕恣，則名益隳。故仁者不矜其功，而智者克成其名。仁智兼全，所向無敵。若乏仁義，雖有勇士百萬，不足恃也。古者仁智之將，撫摩安輯，見情達變，坐而制勝，以樹勳立名於當時者，國家莫不倚重之，功名始終，萬古不朽。其悍驕恣横之人，雖能成功，卒至敗亡者，蓋勇有餘而仁智不足也。古稱『高而不危，滿而不溢』，又曰『功蓋天下，守之以謙』。爾能守此爲戒，則可以長保富貴矣。」

臣若水通曰：《書》云：「臣罔以寵利居成功。」夫功名之際，難於保終也。才有餘而德不足者，鮮有不敗矣。是故仁智也者，保其位者也。我太祖高皇帝之諭張温而及於此焉，實將帥保功名之藥石也。後之爲人臣者，固當自保其終，而爲人君者亦當保臣之終焉。

○洪武六年，上以大將軍徐達等久出師，遣使齎敕諭之曰：「凡賢人君子，不以勤怠異其始終，不以富貴忘其艱難。卿等與朕平定天下，勳業已成，而瑣瑣殘胡不能盡討，致連年出師，勞民擾衆，孰任其咎？朕姑爲爾言之。今駐師去處，皆有房宇妻妾，身雖在外，實同家居，一也。肥馬輕裘，縱意馳騁，不知下人饑寒之憂，二也。燕樂玩愒，因循苟且，不能謀事，三也。軍士連年暴露，披堅執鋭，朝夕不息，意圖決勝，爾又失算，卒無成功，四也。昔田單攻狄，久之不下，問計於魯仲連。仲連曰：『將軍在即墨時，飲食起居與士卒同〔三〕，身先於士，所以獲生而取勝。今將軍東有夜邑之奉，西有淄上之娛，黃金橫帶，馳騁于淄、澠之間，有生之樂，無死之心，所以不勝也。』卿等皆起布衣，一旦至此，遂忘昔日之艱難，豈不犯仲連之誚乎？卿等宜益懋其功，以副朕懷。」

臣若水通曰：丹書之戒，敬勝怠者吉，怠勝敬者滅。臣謂敬者天理之公，怠者人欲之私，公私係於一念之微爾。惟能敬，則有憂勤惕厲之心，而無怠惰荒寧之氣，功以之崇，業以之廣，何所爲而不成也？皇祖與大將軍諸臣平定天下，勳業已成，而殘胡尚未盡討，譬之爲山九仞而功虧一簣也。所以然者，敬於始而怠於終爾。皇祖責以四失，起病之藥石也。所以作其敬，儆其怠，御將之道至矣。詩曰：「執競武王，無競維烈。」我皇祖以之。

○洪武十七年二月庚戌，上與翰林院侍講學士李翀等論武事。翀曰：「用兵重在任將。」上曰：「任將之道固重，然必任之專、信之篤，而後可以成功。昔齊用司馬穰苴，魏用樂羊，可謂任之專、信之篤，故皆有功。若唐肅宗用魚朝恩，憲宗用吐突承璀爲監軍使，諸將掣肘，以致敗事者，是任將不專、信之不篤故也。」翀曰：「惟陛下聖明，深知此失。」上曰：「將必擇有識、有謀、有仁、有勇者。有識，能察幾於未形。有謀，能制勝於未動。有仁，能得士心。有勇，能摧堅破鋭。兼是四者，庶可成功。然亦在人君任之何如爾。」

臣若水通曰：御將之道有二，曰專任，曰篤信而已。爲將之道有四，曰識，曰謀，曰仁，曰勇而已。爲將之道在乎臣，而御將之道在乎君。此皇祖之見，萬世不易之論也。若非有善御之君，則雖有識、謀、仁、勇之將車載斗量，不能用也。仰惟聖明，鋭意文德，不忘武備，必脩古遣將之法，專閫外之制，則可謂任之專矣。遠讒間之口，安展布之心，則可謂信之篤矣。能斯二者，則穰苴、樂羊豈無復見於今乎？

○洪武二十四年十一月丙申，宋國公馮勝、涼國公藍玉等遣使入奏，請勒兵巡邊，就討西蕃之未附者。上遣使報之曰：「朕觀天象，未利征討，慎勿輕舉爾。勝及左副將軍傅友德宜還京師，玉率諸將駐陝西，訓練士馬。且多市馬爲武備，待其有釁而後取之，朕當有後命也。」

臣若水通曰：兵者，所以行征伐也。征也者，所以討人之不正也。此我聖祖所謂待其有釁而後取之者也。無釁而動，是謂貪兵，不但戕民之生，抑以害民之財。先王耀德不觀兵，蓋以此爾。我聖祖養靜待動之策，誠得聖人用兵之道矣。兵不濫用，則食之者寡，而君民之財足矣。人君苟不體認於一念之間，防乎欲以存乎理，其不玩兵而害財者幾希矣。

○洪武三十年正月，命長興侯耿炳文爲總兵官，武定侯郭英爲副，征陝西及甘肅。選精銳步騎，巡西北邊，以備胡寇。上諭之曰：「帝王之治天下，務安民也。今海内無虞，民固安矣，然邊境之備，不可廢弛。爾其竭力以副朕心，凡有寇盜，即殄滅之，俾邊民樂業，則余汝嘉。」

臣若水通曰：邦賴民以守，民賴兵以衛。兵雖所以安民，亦或至於害民也。我皇祖安不忘危，治不忘亂，以義用兵，以仁存心，及命將備邊，乃拳拳以弭盜安民爲誡，此邦本之所以固，而天命之所以永也。若秦皇黷武，以至危亡，漢武窮兵，不免虛耗，亦獨何哉？

○國〔四〕朝凡軍器專設軍器局，軍裝設針工局，鞍轡設鞍轡局，掌管時常整點。若有缺少，隨即行下本局，計料，委官監督，定立工程，如法造完，進納内府。遇有關支，奏聞支給。其外藩府州縣呈稟成造，具奏，行下依式造完支撥。若各處有司歲造之數，起解到部，辨驗堪中，送庫交收。有不堪者，坐監造者以罪。其各邊軍器，弓有二等，曰二意角弓，曰交阯弓。鎗有二等，曰魚肚鎗，曰蘆葉鎗。刀之制，有馬軍鴈翎刀、步軍腰刀、將軍刀，凡三等。又有馬軍叉、黑漆鈚子箭、紅油團牌等器械。若夫甲胄，則有水磨頭盔、水磨鎖子護項頭盔、紅漆齊腰甲、水磨齊腰鋼甲、水磨柳葉鋼甲、水銀摩挲長身甲，併鎗馬赤甲之類。

臣若水通曰：此國朝軍器之制也。夫征伐以將卒爲先，將卒以器械爲命。一有不備，備而不美，雖有良將勇兵，亦無如之何矣。是故我朝於軍器極加意焉。然歲久而事弊生，器械不備，備而不美者多矣，何以壯士氣哉？書曰：「詰爾戎兵。」又曰：「惟事事乃其有備。」有備無患，在今日所宜戒飭焉者也。

校記：

〔一〕「有」，原作「無」，據嘉靖本改。
〔二〕「華陽」，嘉靖本無。
〔三〕「同」，原作「問」，據嘉靖本改。
〔四〕「國」，嘉靖本作「本」。